蒙台梭利教育法解读与实践

主编　杨钰　刘赫男　吴迪

天津出版传媒集团

天津科学技术出版社

图书在版编目(CIP)数据

蒙台梭利教育法解读与实践/杨钰，刘赫男，吴迪主编. --天津：天津科学技术出版社，2021.7

ISBN 978-7-5576-9434-0

Ⅰ. ①蒙… Ⅱ. ①杨… ②刘… ③吴… Ⅲ. ①学前教育—教学法 Ⅳ. ①G612

中国版本图书馆 CIP 数据核字(2021)第 126214 号

蒙台梭利教育法解读与实践

MENGTAISUOLI JIAOYUFA JIEDU YU SHIJIAN

责任编辑：吴　頔

责任印制：兰　毅

出　版：天津出版传媒集团 / 天津科学技术出版社

地　址：天津市西康路 35 号

邮　编：300051

电　话：(022)23332377(编辑室)

网　址：www.tjkjcbs.com.cn

发　行：新华书店经销

印　刷：三河市佳星印装有限公司

开本 710×1000　1/16　印张 12.25　字数 230 000

2021 年 7 月第 1 版第 1 次印刷

定价：50.00 元

前言

玛利亚·蒙台梭利，20 世纪以来世界公认的最伟大的教育家之一，她总结了卢梭、裴斯泰洛齐、福禄贝尔等自然主义教育家的思想精华，提倡“教育以儿童为中心，在深刻了解孩子的生理、心理发育过程基础上，尊重孩子和正确地爱孩子，使孩子在‘内在驱动力’的基础上自由成长”。

蒙台梭利是教育史上一位杰出的幼儿教育思想家和改革家，她的教育思想超越了国家、世界观、宗教上的差异而畅行欧美，影响了全球五代孩子的成长。发展到如今，蒙台梭利的著作《蒙台梭利早期教育法》《蒙台梭利教育手册》《发现孩子》《童年的秘密》和《有吸引力的心灵》早已成为当代幼儿教育的权威，成为全世界每一位父母和幼教工作者的案头必备读物。而蒙台梭利的教育方法也备受世界各国教育家们推崇。

英国教育家：“蒙台梭利是 20 世纪赢得世界承认的最伟大的教育家之一。”

美国教育家：“当代讨论学前教育的问题，如果没有论及蒙台梭利体系，便不能算全面。”

德国教育家：“在教育史上能像蒙台梭利教育这般举目众知的教育并不多见。在短期内能够超越国家、世界观、宗教上的差异而在全世界普及的教育理论，除了蒙台梭利教育之外，别无他选。”

如今，蒙台梭利的教育理念和方法已经影响了整个 20 世纪，成为当今世界公认的最优秀的教育方法之一。而在中国，蒙氏教育法也正启发和影响着越来越多的中父母和幼教工作者，甚至它对中国的传统教育理念都是一次颠覆性的冲击，值得我们深思并从中吸取值得我们学习的教育理念和方法。

然而，虽然我们已经意识到蒙氏教育法的可贵，并且近年来中国也不断有蒙台梭利的译作问世，但是由于理念的偏差或者价值观、思维方法的不同，这些译作良莠难分：有的语言不够流畅，双重否定句过多，大大削弱了原著的文学色彩；有的重理论而少实践，操作性差；有的解读得不够深入，频频出现生搬硬套现象，导致许多读者掩卷大呼："蒙台梭利不适合中国"；有的甚至以一己理念对蒙氏教育进行歪曲注解，误导了许多……

有鉴于此，我们推出了这本《蒙台梭利教育法解读与实践》。本书在准确传递原著精髓，系统翔实地再现蒙氏教育理念和方法的基础上，集英文原版的几本著作内容为一体，分别从蒙台梭利早期教育法、童年的秘密、发现孩子、有吸收力的心灵、儿童的自发成长、蒙台梭利教育手册等六大部分对原著进行系统梳理，基本实现了对原著的真实再现，内容全面，语言朴实，更难能可贵的是本书从中国国情出发，使读者可以更加方便、更加有针对性地阅读，实为国内权威、优质的蒙氏经典专著。

总之，本书将为你的孩子开启自主教育、健康成长的大门，让你的孩子从身体、个性、智力等各方面得到最好的教育和最大的成长机遇，从而让他们的人生更加辉煌、人生之路更加顺畅。

目录

CONTENTS

第一章

蒙台梭利的一生

第一节　蒙台梭利的人生历程及观点

一、蒙台梭利的人生历程

玛丽亚·蒙台梭利，是教育史上继福禄贝尔之后的一位享誉全球的意大利学前教育学家，同时也是意大利历史上第一位学医的女性和第一位医学女博士。她的一生致力于儿童早期教育，她的人生历程充满着传奇。

1870 年 8 月 31 日，蒙台梭利出生在意大利安科纳（Ancona）省的基亚拉瓦莱（Chcaravalle）镇的一个天主教家庭，从小接受良好的教育。1896 年，获罗马大学医学博士学位，成为罗马大学和意大利的第一位女医学博士。

1898 年，蒙台梭利在都灵召开的教育会议上提出："儿童心理缺陷和精神病患主要是教育问题，而不是医学问题，教育训练比医疗更有效。"同年，在政府的支持下，建立国立特殊儿童学校，蒙台梭利对智障儿童进行教育训练和实验研究。

1901 年，蒙台梭利对特殊儿童的教育，已经取得了极大的成功，然而她并没有停止前进的步伐，她在思考：既然智障儿童都能达到正常儿童的水准，那么公立学校的儿童，为什么不能达到更高的水准呢？于是，蒙台梭利离开了特殊学校，开始致力于正常儿童教育问题的研究。

1907 年，在罗马的圣罗伦索的贫民区，建立了新型的儿童教育学校——"儿童之家"。这是蒙台梭利对正常儿童进行学前教育实验研究的开端，也是她教育生涯的一个重大的转折点。

1952 年，《高级蒙台梭利教育法》出版。此后，蒙台梭利在注重教育实践的同时，有很多重要的教育理论相继问世。

已有 100 多个国家引进了蒙台梭利教育法。欧洲和美国的蒙台梭利运动仍在高涨，蒙台梭利学校遍布世界各大洲。

二、蒙台梭利理论重要观点

（一）儿童发展观

蒙台梭利关于儿童发展观的理论在卢梭、福禄贝尔等人的影响下，在实践中逐渐形成和发展起来。蒙台梭利认为儿童存在着与生俱来的“内在生命力”，这种“内在的生命力”是积极的，不断发展变化的，它具有无穷的力量。因此家长和教师的任务，就是激发和促进儿童的内在潜力，使这种生命力量按照其自身发展的规律，自然而自由的发展。

同时，蒙台梭利主张把儿童当作人对待，而不是物。儿童也许还没有独立思考、独立判断的能力，但他却是独立的生命个体，他有自己的意愿。儿童并不是容器，也许家长和教师给孩子灌注的都是好的东西，但是孩子却不一定都能接受。同时，儿童也不是泥土，不是家长想按照什么形状来塑造，孩子就能形成什么样子的。因此，父母和教师应该仔细观察儿童、研究儿童、了解儿童，发现“童年的秘密”，不断地激发和促进儿童内在生命力的发展。

总结来说，蒙台梭利的教育理念和教育方法是建立在“尽量少或较少干预儿童自主活动”的基础上。蒙台梭利的培养目标是运用科学的方法，不断地激发儿童内在的生命力，进而使儿童学会独立的思考、独立的判断、独立的生活，永远保持创新的精神，顺应时代的潮流，不断地奋勇向前！

激励和发展儿童的“内在生命力”具有非常重要的意义。俗话说：“授之以鱼，不如授之以渔。”也许这个道理没有人会用在父母和子女身上，但是用在父母和子女身上，也可以展现出这样的哲理：父母一味地教孩子该怎么做、不该怎么做，并没有激发孩子的“内在生命力”，不如让孩子自己去探索怎么做更有意义！比如说一位妈妈一直告诉孩子，应该坐哪一辆公共汽车回家，但是孩子却总是记不住。这时，妈妈可以先教孩子看公共汽车站牌，并告诉孩子回家是坐到哪一站，这样孩子不仅能学会如何自己坐公共汽车回家，还可以坐公共汽车到其他要去的地方。

（二）蒙台梭利理论重要观点——儿童的自我教育与教师的作用

在蒙台梭利的教育理论中，从根本上改变了传统教师与儿童的关系。传统的教学中，教师是主动的传授者，而儿童是被动的接受者，教师以自己认为对的方式，向儿童灌输知识。根据蒙台梭利的儿童发展观理论，我们就可以知道传统做法的不科学之处。与蒙台梭利的其他理论一脉相承，蒙台梭利认为儿童具有自我教育的能力，因而教师不是教育活动的主体，儿童才是教育活动真正的主体。

同时，蒙台梭利把儿童的学习过程称为“工作”，儿童全神贯注地从事各项“工作”，独立地实践、思考、自我发现、自我教育。在这个过程中教师发挥辅助的作用。那么教师的作用，具体表现在哪些方面呢？

首先，蒙台梭利认为，教师的作用是通过采取科学的态度、科学的方式去观察、研究“自然的儿童”，真正了解儿童的本来面目，进而揭开生命发展的“神秘面纱”，探讨生命的“深刻真理”。

其次，教师的作用应是一名细心观察、反应迅速、有教育才能的儿童活动自觉指导者。蒙台梭利对教师的这一认识来源于她在“儿童之家”的实践经验，在那里原来有很多教师是非常被动的，她们不乐于主动地关爱儿童，为此蒙台梭利不断努力，来改变这些幼儿教师。“儿童之家”之所以取得巨大的成功，与蒙台梭利及时转变教师的角色有很大的关系。

再次，蒙台梭利认为儿童自我教育的主要方式，是通过自主联结各种类型的教具。教师在儿童自主运用教具的过程中，发挥着这样的作用：一方面，在儿童第一次接触教具时，教师应先鼓励儿童，如果儿童仍找不到使用的方法，那么教师可以做一次示范；另一方面，如果教具使用起来比较复杂，儿童用过几次后，还是不会使用，这时教师可以向儿童简单、明确地解释教具的构造等。

最后，教师的一个重要的作用，就是维持教室的纪律和秩序，制止儿童的不良行为。

第二节　教育方法的历史回顾

一种新的教育体系，必须要走向和以往不同的路线，才能被称为“新”，而这种新的方法，必须要打破人们的传统的观念才可能被人们接受。蒙台梭利的教育法在遵循科学教育学的基本原则——给孩子自由，允许儿童自由的发展，在允许儿童天性自发表现的基础上，尊重教育现实，主要采用对自由儿童观察的方法，从实际经验中搜集结果，不断地战胜前进中的挫折，逐渐形成和发展。

蒙台梭利采用科学的实验，即在进行实验时，对实验的最终结果，没有任何形式的先入为主之见，例如，蒙台梭利在对头部发育与智力差异之间的关系进行研究时，并没有预知哪个儿童的智力高、哪个儿童的智力低。因为蒙台梭利尽量排除先入为主对实验结果的影响，即通常认为，智力较高的儿童，头部比较发达。蒙台梭利的这种做法需要很大的魄力，因为她的这种做法，需要抛弃之前的一切理论，如实验心理学的一些成果，单凭实验的方法去寻求真理。她需要更多的努力，需要战胜更多外界的压力，同时也需要必胜的信念才能坚持不懈地进行下去，这一点让人非常敬佩！

在蒙台梭利的教育方法的发展中，曾经出现了许多与之不协调的理论：第一，关于反对 3～4 岁儿童，通过学习而获得经验，影响他们以后发展的理论。这个理论认为儿童早期经验，很少能被记忆起来，因此对儿童发展没什么影响。第二，关于固定智力理论。一些人坚信固定智力论，以此来反对蒙台梭利的观点：智力落后是一种缺陷，这种缺陷是可以通过教育来补救的。第三，关于预定发展理论。该理论来源于达尔文的进化论，认为“个体的发展重演种系的发展”，即每一个个体的发展，都必须经历各种系统发展的各个阶段，而传统认为 8 岁才是教孩子读、写的开始年龄，因此，一些人认为在 8 岁前教孩子读、写、算是毫无意义的。

这些不协调的理论，曾一度对蒙台梭利的教育方法，造成了猛烈的冲击，然而时间和科学可以证明一切，在科学的不断发展中，各种不协调的理论逐渐被打破，蒙台梭利教育理论的科学性，更加凸显出来。

第三节　蒙台梭利主要的教育方法

一、感官教育

感官教育在蒙台梭利教育体系中，占据重要的地位，并成为她的教育实验的主要组成部分。蒙台梭利认为感觉教育，在儿童的发展中具有重要的意义，通过感官教育可以训练儿童的注意、比较和判断能力，进而使儿童的感官更加敏锐和精确。她还认为，学前阶段的儿童感觉最为敏感，因此一定要善于捕捉儿童的敏感期，适时地对孩子进行感官教育；否则，等孩子长大后，不仅不能弥补这段时期缺乏的教育，还会对孩子的全面发展产生消极的影响。同时她还相信感官是心灵的视窗，感官对孩子智力的发展具有重要的作用，感觉训练直接关系到孩子智力的培养。感觉训练是智力培养的第一步，它是利用感觉搜集资料，再对资料进行清晰地概括和总结，这便表现了智力的进步。

蒙台梭利通过对孩子的触觉、视觉、听觉、嗅觉和味觉等感官的训练，来使儿童成为更敏锐的观察者，并发展他们的感官，使他们的感官处于健康发展的状态，继而为阅读和书写等复杂的动作做准备。

同时，蒙台梭利也探索出一套对儿童进行感官教育的原则和方法。她认为，对儿童的感官教育，应采取循序渐进的原则，根据儿童在不同成长期的不同特点，来采用不同的感官教育方法，并通过采用一整套具有连续性的教育方法和步骤，使感觉训练和读、写、算等较复杂的活动联系起来，进而达到由易到难的过程。此外，蒙台梭利认为，感官教育还应当遵循自我教育的原则，引导儿童根据自己的兴趣、需要和能力，来进行自我判断和选择，并不断地提高各种能力，而蒙台梭利对儿童进行感官教育的方法，主要是通过向儿童提供各种教具。每一种教具都可以训练孩子的一种感官，通过有步骤、反复的练习，增强儿童对物体的感知能力。

感官教育是儿童发展的基础，通过感官教育来培养孩子的注意力和辨别能力，这些能力为孩子的进一步发展做了准备。

二、纪律教育

纪律教育是蒙台梭利对儿童进行教育的另一重要方法，但是这里的纪律并不是以往那种屈从、被动的纪律，而是一种积极、主动的纪律。她极力批判传统的教育理论，把纪律当作是维护教学外部秩序的手段，她认为采用强迫手段而培养出来的外在的纪律是虚假的，不可能长久；同时，那种强迫的纪律，扼杀了儿童活泼好动的天性，抑制了儿童的生命潜力，那种纪律只能培养出反应迟钝、奴性十足的孩子。

从这个意义上讲，蒙台梭利的纪律概念，也就意味着：自由。她所要培养儿童的纪律，建立在儿童自由活动的基础上，并表现在自由或自发的活动中。她认为自发和自由活动，才是培养儿童良好纪律的重要途径。但值得注意的是，蒙台梭利的纪律概念，和以往我们的理解不相同，同样，她对自由的理解，也与我们通常的理解存在差异，她的自由并不是放任，让儿童任意妄为，她的自由有范围和限制，这种自由不能冒犯和打扰他人，更不能损害集体的利益。

蒙台梭利对儿童纪律教育的方法，是在“有准备的环境”和特定的条件下给儿童最多的活动自由，并让儿童在自由的活动中，自然而然地接受纪律和道德的教育，进而使纪律和道德深植于儿童的心灵深处，成为儿童的一种习惯，以让儿童自觉地遵守应有的纪律。对蒙台梭利来说，纪律和自由是一个事物不可分割的两个部分，只有在这个有机体中，儿童才能获得更多的自由，也才能够更认真地遵循纪律。

理解蒙台梭利的这一理论，我们还应知道自发活动和游戏之间的区别。自发活动作为培养儿童纪律的重要途径，是对儿童进行教育的基础和起点。但是，作为儿童喜欢的活动的游戏，却不能成为纪律教育的手段，因为这将把儿童引向不切实际的幻想，是不可能培养儿童严肃、认真、求实的品格。因而，蒙台梭利反对“寓教育于游戏”的观点。她把儿童的学习活动称为“工作”，她主张在儿童的实际“工作”中培养纪律，这是她独特的学前教育观点。

蒙台梭利的纪律并不是以往那种屈从、被动的纪律，而是一种积极、主动的纪律。它不是维持教学外部秩序的手段，而是可以激发儿童生命潜力的纪律。从这种意义上来说，这种纪律也就意味着自由，一种不去冒犯和打扰他人，更不损害集体利益的自由。

第四节　蒙台梭利对实验科学的贡献

一、心理生命的构成开始于注意力这种独特的心理现象

蒙台梭利对 3～6 岁儿童所进行的整个实验过程，是她对心理生命研究所做出的最大贡献。

曾经一次偶然的机会，蒙台梭利发现一个 3 岁左右小女孩的活动：小女孩在专心地玩着一套圆柱体插板，先是把圆柱体一个一个从洞中取出，然后又将它们插回原处。小女孩如此全神贯注地玩着，让她非常惊讶，于是她决定更细心地观察小女孩。

最初，她在旁边观察小女孩，计算她动作的重复次数。然后，她试图将小女孩移到别处，可是在抱起小女孩时，小女孩立刻抓住了玩具，到新的位置后又重新开始她的“工作”。她还曾试图唱歌，来分散小女孩的注意力，但似乎歌声并没有起作用，小女孩仍专心地玩着。当她数到 44 次时，小女孩停止了动作，但这并非是外界刺激的结果，因为之后小女孩看看四周，找了个地方休息。

这使蒙台梭利认为，小女孩的这种注意力，是一种普遍的现象，是一种与外界条件同时出现的持久的反应。每当出现这种注意力，儿童便完全改变，他们会表现得更加安静，更加聪明并富有进取心，同时也反映出注意力转移，这是一种更高级的精神现象。注意力集中一段时间后，会出现注意力分散的状况，此时在儿童的观念中，一些不安定因素会汇聚，进而达到另一种精神境界，出现注意力转移的现象。

儿童注意力的产生，是儿童心理活动开始的表现，同时儿童的注意力也随着儿童的发展而发展。小女孩的故事很快就传遍了世界，一开始，它仅像一则童话，渐渐地，随着各种实验的不断进行，心理构成开始于注意力这种特殊的心理现象的观点，不断得到证实，同时也发展成为“精神疗法”的一个原则。

儿童注意力的产生，是儿童心理活动开始的表现，同时儿童的注意力也随着儿童的发展而发展。注意力的集中使儿童更加安静、更加聪明并富有进取心，但在一段时间后，会出现注意力转移的状况。

二、心理发展是在外界刺激的帮助下促成的

蒙台梭利通过实验得出的启示来说明儿童内心发展的自由形式。

儿童的自由发展在于寻求内部滋养、所必需的方法和适应自身的原始冲动的能力。正如婴儿一出生就会吸吮乳汁，为了满足这一原始冲动，即内部饥饿，儿童的天性便开始形成，并显示出自身的特点，就好像刚出生的婴儿会调节自己的身体与自然姿势一样。因此，我们最需要做的不是寻找形成儿童人格和发展儿童性格的教育方法，我们要做的是给儿童提供必要的滋养，这样儿童才能按照其天性自由发展。

为了使儿童自由地发展，就必须让儿童拥有完全的自由，即儿童自身的稳定发展，不应受到不良因素的影响。但这是否意味着我们只能等待儿童心理的发展，等待无法预料的奇迹出现呢？就好像是一个懂得应该让儿童自由发展的母亲，每天都给孩子关心与照顾，然后等待孩子按自然规律成长：长出第一颗牙、说第一句话，接着学会坐、爬、走、跑等。答案是否定的，我们要促进儿童心理的发展，还必须为儿童准备一个“环境”，并从该环境中，提供给儿童发展所需的各种外部条件。

这个环境必须包含适应自身教育的方法，但是却不可盲目采用这些方法，因为它代表的只是由一部分人进行实验研究的结果；因此，要想彻底研究这个问题，需要经历一个不断努力的长期过程。同样，促使儿童心理发展的方法，也同样需要长期的研究和证明，才能应用到实践中；也就是说，这些方法的得出，都需要一个长期的预备实验，因此，那些为自我教育提供方法的科学，应预先存在，这样才能在实践中不断发展。

正如现在各种解释古代教育学的理论源于“感受型人格”，即接受旨意后被动形成，并通过在实验决定的系统化刺激作用下，所引起的一系列反应中发展起来，因而这种新的教育学属于现代科学。在这种新的教育学中，含有充满活力的方法——实验、观察、论据等，这都使此理论成为实验科学。

为了使儿童自由发展，就必须让儿童拥有全面的自由。这并不意味着什么都不能做，就如等待孩子的自然成长：长出第一颗牙、说第一句话，接着学会坐、爬、走、跑等等。我们要促进儿童心理的发展，还必须为儿童准备一个“环境”，并从该环境中，提供给儿童发展所需的各种外部条件。

蒙台梭利通过实验发现，外界刺激在质和量上都受到制约。例如，小的玩能吸引 3 岁儿童的短暂注意，而更大一点的玩具，则能提高儿童保持注的最大限度，只有通过这种刺激才能够引起行为的持久性。

三、教具对儿童教育很重要

儿童心理的形成，需要一定材料的帮助，只有这样，儿童的心理才能够发展，

也可以得到休息和支撑。没有它们，儿童心理就不会自由地成长和发展，为了使材料成为一个真正的支撑点，需要为儿童准备适应其心理发展的各种类型的教具。

在儿童心理发展的第一时期，教具应与儿童的感官训练相呼应，并促使观察和抽象这种高级心理状态形成和发展起来，进而促进儿童的心理发展。在利用教具对儿童进行教育的过程中，我们还可以看到儿童渴望更高层次练习的要求——从儿童的注意力的原始现象开始，在各种类型的字母和算术教具上表现出来。通过听觉形象和视觉形象的联系，儿童可以有条不紊地进行更加复杂的练习，忍耐和坚强等品质，也在儿童愉快的练习中逐渐形成。

采用遵循儿童自然成长规律的教具来对儿童进行训练，由此而形成的心理不仅坚强，而且还可以使儿童在遵循自然规律的基础上，控制自我行为。因此，教具就如不断向上滚动的电梯，帮助儿童适应自己不断上升的心理需求。

在儿童心理发展的第二时期，我们看到了儿童在活动中，产生了一种不仅要在脑海中记忆物体形象，而且还要迅速获取知识的愿望。例如，在数学计算中，儿童希望进行抽象推理，这好像是一种内部冲动，力求将自己的心理从数学题中解放出来，此时，儿童的心理趋向成熟，开始形成一种节约时间的习惯。在这一时期，可以采用更为复杂的教具来对儿童进行训练。

在儿童心理发展的每一阶段，都有必须要形成的心理品质，所以，对心理的练习，自然就需要不同类型的教具。还要注意的是，在为儿童提供教具时，要根据个体的特点来自由地使用。让孩子选择适合自己心理成长、满足内部需要的教具，选择他们喜欢的教具，这样孩子才能够更长久地专注于所选择的教具，这一选择更与儿童内部成熟过程中所要求的持久练习相符。

任何人都不能够明确儿童的内部需求和成熟时间，但是我们一定要给予儿童自由，这样所有的问题，都将在自然的状态下展现出来。

四、心理真相

蒙台梭利通过实验得出，如果某一儿童对满足其心理需求而提供给他的某物表现出浓厚的兴趣时，他就会表现出对所有类似物体的兴趣，并不断发展自己的活动。这种吸引儿童注意力的东西，重要的不是外物，而是心灵对刺激物所做出的相应反应，以及被刺激物所激发的行为。

儿童对物的兴趣，同样可以表现在“工作”中，当儿童开始对某项“工作”产生兴趣并得以自我发展时，也会表现出一种类似自我控制的极大喜悦。兴趣是儿童智力发展的体现，喜悦则是儿童内部成长的表现。

秩序初期，儿童工作的特点：在保持一段时间的安静后，儿童就会选择比较简单的事做，如按深浅度排列颜色等；工作较短的时间后，他就开始做较复杂的事，如用字母拼写单词，这一过程持续较久。

之后，儿童停止活动，开始在房间中走来走去，变得不太安静。这时如果仅观察表面现象，则会由此产生儿童似乎疲倦的想法；其实不然，几分钟后，儿童便会开始做更困难的工作，更加专心致志，最终达到工作的顶点。工作完成后，儿童会长时间地凝望自己的工作成果。

当整个过程结束时，儿童开始摆脱内部注意力，开始转向更高层次的社会冲动，例如，同他人密切地交谈。

儿童的心理不断发展，因此，在“工作”中也不断进步。初期工作包含持续时间很短的两件简单工作，或儿童直接过渡到认真地工作，最后是充满思考的休息阶段，儿童停止了工作，但还长期注视自己工作的成果。

这一个过程的完成，对儿童个性的形成，产生深远的影响。儿童必须保持一种持续不断地对环境的兴趣和态度。此时，儿童的个性发展到一个更高的阶段，开始成为自己的主人，能够服从、控制自己的行为，并能使自己的行为与别人的愿望相符。

第二章
蒙台梭利早期教育法

第一节　环境的塑造和引导者的责任

一、教育和教学方法的重塑

蒙台梭利时代，随着医学的发展，教育学受到越来越多的关注。教育领域也出现了许多良性发展态势，并从纯粹的理论阶段挣脱出来，得出了一些实验性结论。然而，科学教育学都还只是一个模糊的概念，要把它系统地建立起来还有很长的路要走。

杰出的人类学家塞吉认为，人类一直期待的再生之路就是要在教育人类学和实验心理学的指导下，系统地研究受教育者。然而，把这种理念用之于教育实践并不容易。事实上，现在人们所谓的经过实验科学方法培训的教师，更多的只是简单地学会了熟练地操纵各种和实验有关的仪器设备，从某种程度上进入了实验科学的领域。但他们在教育教学方法上并没有多大改进。

对教师来说，教育领域的实验科学不应当仅仅意味着学习“机械操作”，更应该表现为一种“精神”的塑造。事实上，在教育领域引进实验科学的目的，更大程度上是为了培养教育工作者对各种自然现象发自内心的兴趣，从而使他们能真正成为大自然的崇拜者和解释者。在此基础上，在教师身上培养一种对人类研究的浓厚兴趣才不是奢望。当然，与其他领域的科学研究不同，教师的这种兴趣必须完全发于自然。这是因为教师的这种兴趣具有一种和其他科学研究完全不同的特征：观察者和被观察的个体之间存在某种亲密的关系，这就是人与人之间的爱。这种爱无关阶层、无关受教育程度，所有人都能够很自然地拥有。而相对而言，除非具备某种自我牺牲的精神，否则，科学家绝不会爱上他所研究的昆虫或者化学反应。

只要让教师拥有了科学家自我牺牲的精神，以及崇敬虔诚的爱，其实就等于培养出了教师的科学精神。只有这样，教师才能在教授孩子的过程中，学会如何完善自己，并成为一名完美的教师。

当然，只是教师具备了科学的精神还远远不够，还必须为他们准备好能够进行科学观察和科学实验的场所，那就是学校。科学教育学意义上的这种学校，必须放松对儿童的约束，允许他们自由自在、无拘无束地展示他们的个性。这是教育领域一种根本性的改革。

然而，对儿童的成长来说，什么才是真正的自由，许多教育工作者实际上并不真正了解。他们往往把与奴隶制度相对的那种自由，或者社会自由与教育领域必需的自由混为一谈。然而，相对而言，教育领域的自由概念要宽泛得多。

蒙台梭利时代，教育领域一直充斥着一种奴隶制的教育思想，在学校里，这种奴隶制的束缚观念几乎随处可见。学校把学生的桌椅固定在地板上，就是非常直观的例证。毋庸置疑，从纯粹的科学角度来分析，这些板凳的设计确实能够防止学生脊柱弯曲变形，其存在是十分合理和必要的。然而同时，这些所谓的科学板凳本身便意味着一种束缚体制的存在，它正在无时无刻地支配着学生。在这种束缚体制下，即使学生生来强壮、腰板挺直，久而久之也可能变得无精打采、弯腰驼背。很显然，为了防止学生脊柱弯曲变形，最佳方案是彻底改变他们的学习方式——不要强迫他们一天到晚长时间地保持那种有害的姿势。与其不断用科学方法改进板凳的结构，学校更应该做的是给孩子们自由。

这种状况也迫使人们进一步思考，那些在这种束缚体制下成长以至于骨骼都发生了变形的孩子们，他们的精神世界又会出现怎样的变化呢？

当然，人们也十分理解教师的窘境。为了向孩子们的头脑中强行灌输一些支离破碎、枯燥乏味的知识，他不得不约束自己的学生，强迫他们坐着不动，并注意听讲。同时，对他来说，奖赏和惩罚措施是一种现成的、有效的辅助手段。

孩子的自然发展，和这种奖惩制度并不相关，相反，两者在很大程度上是相互抵触的。因为在这种奖惩措施激励下努力学习的学生，会认为自己的这种努力是被迫的，而不是主动的、自发的，于是就失去了努力学习的精神动力。

然而，所有人类都应该具备这种精神动力，它是一种潜伏在人类心灵深处的生命力量，推动着人类的发展和社会的进步。而且，任何真正的人的工作，任何伟大的事业，都从来不是依靠那些奖惩措施取得胜利的。当然，现实中确实存在一种针对人类个体的奖赏，这种奖赏能使一个人发现他人对自己的喜爱，从而产生一种得到认同的感动和快乐，这才是真正对人们有益的积极性质的奖励。

在当时的教育领域，官方的教育部门编制教育计划，法律规定学校、教师和孩子必须遵从这个计划，于是学校的教育变成了一种强迫性活动，为了教育计划向学生的头脑中灌输一些枯燥的知识内容。在这整个教育过程中，没有人关心孩子的内心也许正滋生一些愚钝无知的、无视生活的情绪。对于这种现象，所有人都应当羞愧掩面、无颜以对。

塞吉真诚地告诉人们：“今天的社会迫切要求我们重新塑造教育和教学方法。为了这个事业而奋斗，就是为了人类的再生而奋斗”。

在中国，有多少父母和幼教工作者有蒙氏教育中教师的科学精神？可以说，绝大多数的父母和幼教工作者都在用他们自以为的爱，有意无意地束缚着孩子，用各种奖惩措施来消磨孩子成长的主动性、自发性。诚然，这样做都是出于一种爱或者善良的期望。中国的父母和老师都应该对重塑教育教学方法这一理念进行认真思考和审视。

二、教育初期引导者的责任

科学教育学是一条崭新的发展道路，其基本原理就是让学生在足够的自由基础上，自然地发展其个性。这与以前教育学的理念截然不同。因此，科学教育学需要学校转变其教学方式，需要教师经过科学的培训，并且两者必须同时进行。

在科学教育学的实验中，儿童个体作为被观察的实验对象，是科学教育学的研究得以顺利进行的基础，是教师成为一名老到的科学观察者的先决条件。因此，他们的状态必须是自由的、不受任何约束的，这也是他们身处的学校环境必须自由的原因。

事实证明，实验科学的每一门分支学科都是把一种理论应用到它自身的结果。从出发点来说，实验心理学要对实验中所使用的技术和方法进行精确的定义，就必须通过实验研究，等待从应用中得出确切的结果，这点非常重要。

同时，实验科学还有一个重要特征，那就是在对实验过程或者结果进行解释时，绝对不能带有任何偏见，否则将无法得到科学的结论。所以说，在儿童心理学这个问题上，必须去掉头脑中根深蒂固的教条思想，尽可能地使儿童得到彻底自由。只有这样，才能通过对儿童自然行为的观察得到某些有用的结论，从而建立真正科学的儿童教育学。在这个问题上，完善了整个弱智儿童教育体系的爱德华•塞昆也表达了相同的看法。

另外，塞昆还曾经在他出版的那本法文书的结尾部分提到过，如果学校教师在他们的工作中没有首先破除偏见、做好准备，那么他所得出的一切观察和研究结论都将失传或者根本毫无用处。他对那些培训弱智儿童的老师还有一种独特的期待，他希望他们看起来很和善，从声音到个人容貌的每一个细节都要非常讲究，要尽最大努力让自己看起来迷人，有吸引力。这是因为只有这样，他们才能完成自己的任务，即唤醒弱智儿童脆弱而疲倦的灵魂，引领他们掌握生活的美丽和力量。

一切从心灵开始，这是一把揭开所有秘密的钥匙，也是蒙台梭利真正理解爱德华•塞昆所作的精彩教学实验的开始。通过自己动手实验，蒙台梭利深深地感悟到，所谓的鼓励、舒适、情爱、尊重等，都来自人的心灵。只有给予它们更多的自由，才能更多地恢复和振作生命的活力。而如果失去这种心灵的共鸣和精神上的激励，这些弱智儿童对任何最完美的外部刺激都会视而不见。

实际上，塞昆改变了对白痴儿童植物般呆板单调的生命方式教育，完美地做到了“从感官能力到普通观念，从普通观念到抽象思维，从抽象思维到心灵的教育”这整个过程。正是基于这种奇迹似的实验成果，再加上详细的生理学分析和教育方法的逐步改善，白痴儿童才变成了智力正常的人。

同时，蒙台梭利自己也开始进行一项新的实验，实验结果出乎所有人的意料，那些来自精神病院的孩子学会了阅读和写作，并可以和正常的儿童同场竞技。原因就在于，他们接受了一种与众不同的教育方式，他们心灵的发展得到了一些有效的帮助，而正常儿童的心灵发展却受到了阻碍和抑制。

所以，关于正常儿童的教育问题，要做的还有很多。至少，人们要做到“唤醒心灵”，正如伊齐基尔预言中所说的那样，“让心灵进入白骨，使白骨具有生命”。

在教育初期唤醒儿童的心灵对于孩子将来的发展极为重要。许多人并没有摆正自己的位置，没有真正把自己摆在一个“引导者”的位置，给予孩子足够的尊重。事实上，人们以前做的以及正在做的，大多数并不是在唤醒孩子的心灵，反而是在尽可能地抑制它，阻碍它。

三、孩子的理想家园

意大利人把意大利语中的“家”（casa）提高到英语中近乎具有神圣意义的“家”（home）的地位。这是一个充满温馨，只有亲人才能进入的圣殿，也是孩子的理想家园。

然而现实却完全是另一种现象：许多人没有“家”（casa），他们只有苍白的墙壁。在这几堵墙壁围成的空间里，他们连最隐私的生活行为都被曝光示众，让人笑话。这里没有隐私，没有谦逊，没有亲切感，甚至经常没有阳光，没有空气，没有水！然而，人们却在这样的场所大肆宣扬教育理念：家是大众普及教育的必要条件和必须设施，是构建社会唯一的坚实基础。从这个意义上讲，人们不像是实际的改革者，而更像是好幻想的诗人。

看到这一切（省略部分蒙台梭利详细叙述了当时人们对于贫穷的隔离和贫民区的悲惨、罪恶和残忍的现状），人们深深明悟，世人最深重的苦难从来都不是自然界的灾难，而是来自贫穷——与罪恶密不可分的贫穷。

也许有人会说，所有的苦难都会有对应的解决办法，然而人们已经尝试过了所有的方法：从挨家挨户宣传卫生守则，到建立孤儿院、“儿童之家”和社区诊疗所。但是慈善工作充其量只能象征性地表示悲痛，通常于事并无多大益处。相对而言，罗马住宅改善协会作为一个广泛的、全面的社会组织，它所发起的房屋改革，以及由此引发的一系列社区改革，在意大利和世界其他地方都是首创的、全面的且切实可行的，而它起到的作用也是实实在在的。

现在看来，这次房屋改革的道德意义是非常巨大的。它消除了坏影响，把人们从过分拥挤的状态解救出来，从而减少了男女混杂接触的机会。于是，身处贫民区的这些人第一次有了能够自由待在家中的感觉，第一次有了家庭的亲密感。

此外，这些房子不仅为住户提供了充足的阳光、空气、清新明亮的环境、良好的秩序和后勤保障，还通过让住户承担责任，例如，他必须上缴一定的爱护房屋税和善意税，必须保持这里整洁的环境，必须保护楼房里从公共走廊到自己房间的所有墙壁等方式让住户自发地搞好个人卫生和环境卫生，最后就有可能自然完成这样的简单任务：保护完美的生活环境。

在这所房子里，所有住户都会有一种自然而生的自豪感。他们会更加细心地照顾这所房子，从而追求一种更加文明的幸福生活。于是，他们不仅住在房子里，而且知道怎样来爱护他们居住的房子。

同时，房屋的整洁使人们再也不能容忍家具的脏乱，同时也让人们更加注重个入卫生。就这样，房屋改革带来了其他方面的变革。

然而，一个新的问题又摆到了协会面前。大人们外出工作时，只能把那些学龄前儿童单独留在家里。但是他们并不能理解爱护房子的真正意义，于是就成了无知的捣蛋者和破坏者。于是，另一项改革应运而生。用住户上缴的“爱护房屋税”创办了“儿童之家”个专门属于学龄前儿童的理想家园。需要外出工作的母亲可以放心地把孩子托付给“儿童之家”同时，“儿童之家”的建立，也带来了社区的一系列变革：家庭卫生状况得到不断的改善，更远的，但并不是不可能的，是社区食堂的设立。就这样，社区会渐渐成为一个中心，几种迄今为止所缺乏的好东西都会出现：学校、公共浴室、医院等等。

这个居住区就像永远无法实现的梦幻，非常现代。当然，这种现代，很大程度上也是因为有了“儿童之家”这种教育机构。它不仅仅是一个寄托孩子的类似儿童收容所的存在，还是一所真正意义上的学校。它的教学方法是根据科学的教育学基本原理形成的。

现在，这种改革趋势已经改变了整个社区：原来充斥着罪恶和危险的地方，现在已变成教育中心、文化中心和娱乐中心。

可以这么认为，“住房”（house）经过演变，将包含比英语单词“家”（home）更崇高更丰富的内容。家不再只是由几堵墙壁组成的一个冰冷的空间，它有了生命和灵魂。它像母亲一样温柔、慈祥，拥抱着所有的亲人；它给予人们必要的道德观念和幸福的感觉；它爱护、教育、哺育着孩子。这才是孩子的理想家园。

四、“儿童之家”的教育方法

研究儿童，还有必要考虑到儿童的发育。在这方面，同样坚持一般标准，但是并不执着于任何根据年龄来分别对待孩子的教条主义。

（一）人类学研究和儿童身体发育情况

研究儿童身体发育，首先就是定期进行人体测量、记录，最后择其重点来观察研究。

蒙台梭利决定每月测量儿童的身高：坐姿身高和立姿身高。为了做到尽可能准确地反映孩子们的发育情况，也为了教员研究工作的规律性，必须在孩子满月当天就开始进行这些测量。对于儿童的体重，安排他们在洗澡前都要用磅秤测量一次。蒙台梭利似乎这样认定，女教员工作中唯一需要做的事情就是测量和记录孩子们的身高体重。

此外，蒙台梭利计划着找到一个内科医生对孩子们进行其他的人体测量。这个医生必须已经成为或者准备成为一名儿童人类学专家。内科医生的人体测量必须是综合的。除了用普通器械得出的测量数据外，他还要系统地观察孩子们的肤色、发色、肌肉、淋巴结及血液情况。在观察中，他需要特别注意孩子的任何畸形情况，并及时与家长沟通。如果必要的话，他还可以给家长做一个全面的体检。

同时，对儿童来说，进行这些人类测量也是一种有益的教育手段。在测量中，他们将会逐渐养成有条理的习惯，最重要的是，他们将会形成一种自我观察的意识。

蒙台梭利还鼓励女教员们要多与孩子的父母交谈，并从中收集一些真实的信息，例如，孩子父母的受教育程度、生活习惯、工资水平，他们花在房子上的钱等信息。另外，女教员可以充当医生和孩子的母亲之间的交流中介，因为相对而言，这些母亲更加相信她。

（二）良好的教育环境和儿童心理

科学的观察方法，无疑必须包括对孩子行为心态等成长状况的系统观察。但是必须再次强调，虽然这种观察非常必要，但是科学观察方法的重点并不只在于观察，还在于在学生自发表现的自由原则基础上进行观察，后者是科学观察方法更为根本的必要条件。

于是，首先想到环境问题，而在这其中第一个想到的就是教室设备。另外，应该考虑建一个带有花园的大操场，这是学校环境的重要部分。这个建议很多人都提过，并不新鲜。但相对于前人的那些提法，在这些户外空间的使用方式上蒙台梭利有不同的意见。蒙台梭利认为，这个花园应与教室直接相通，以便孩子们随时地、随意地自由出入。其他更加具体的内容，她在后面还会进行详细的叙述。

学校设备最主要的改动就是撤掉所有固定的课桌椅，让孩子们可以任意移动这些桌椅。为此，蒙台梭利设计和制作了一些轻便而美观的小椅子，还有许多舒适的小扶手椅。

学校需要准备的另一类设备就是那些小脸盆架。它们非常矮，即使 3 岁的孩子也能非常方便地使用。情况允许的话，还将为每一个孩子配备一个小橱柜，里面放置每个孩子的肥皂、指甲刷、牙刷等物品。

此外，每一个教室里都配备了一排存放教具的矮长橱柜。橱柜门非常容易打开。这样一来，孩子们就能更方便地亲自照管橱柜里面的教具。橱柜上放一些植物盆、小鱼缸，或者各种各样的可以让孩子随意玩的玩具。

教室有很多大黑板，旁边都配有粉笔和擦黑板的白布。这些黑板都挂得非常低，就连最小的孩子都可以在上面随意涂抹画画。

在黑板上方的墙壁上，挂上了许多漂亮的图画。这些图画是经过精心选择的，代表了那些能自然引起孩子们兴趣的简单景色。

这就是为孩子们营造的教育环境。

“儿童之家”的教育方法是一种理念的传递，许多地方不一定要生搬硬套。可以在时间、经济和其他实际情况允许的情况下酌情做出变动。比如，在孩子成长环境的营造上，家里没有那么大的空间让孩子活动或者乱写乱画，可以适当地准备一些孩子可以搬动的小椅子、小黑板，属于孩子自己的小柜子、肥皂、牙刷等物品。总之，让孩子充分感觉到他的成长空间是自由的、不受压抑的就够了。

五、调制最适合孩子的营养膳食

在孩子的饮食方面，蒙台梭利建议，儿童膳食问题应该与他们的生活实践练习相互联系，参照考虑。众所周知，儿童饮食必须适合儿童的体质。正如相对于成人用量，儿童用药不能仅仅减少剂量，儿童的饮食也同样不是简单地减少成人进食的分量就可以的。儿童饮食必须有丰富的脂肪和糖分，因为这两者在儿童身体发育过程中是必不可少的。

由于儿童咀嚼和消化食物的能力都还没有发育成熟，所以儿童食品最佳的调制方法是把营养食品弄成碎块。因此，最适合成为儿童常备菜肴的就是汤、菜泥和肉丸等食品。

2～3 岁的儿童可以食用富含蛋白质的食品，主要是牛奶和鸡蛋。2 岁以后就可以喝肉汤。3 岁半以后可以吃肉，经济条件差点的家庭可以给孩子吃蔬菜。同时，水果对儿童来说也是极佳的食品。

下面摘要具体介绍一下儿童膳食宜忌。

1．汤

最好的汤用蔬菜泥（豌豆和扁豆等）做成。菜汤可以加入猪肉调味，也可以在蔬菜汤里加含糖的牛奶。

蒙台梭利极力推荐孩子喝牛奶熬成的大米粥，或者吃加有黄油的烂熟玉米粥。

2．牛奶和鸡蛋

对儿童来说，鲜奶和母鸡刚下的温的鸡蛋是最好的。如果现实条件不允许，则须把新鲜的鸡蛋放入水中稍煮（蛋黄未凝固）食用。这里要注意。牛奶、鸡蛋煮后会失去其特殊的可吸收性，其营养价值也会降低到一般的蛋白质食物水平上。

3．肉类

各种肉都不适于儿童食用，即使按照孩子的年龄来用不同的制作方法烹制也不适宜。

如果一定要在孩子的食谱里加上肉类的话，最适宜儿童食用的是嫩肉，首选鸡肉，其次是嫩牛肉和易消化的鱼肉。

孩子 4 岁以后，食谱里可以有牛肉，但是不要吃猪肉等不好消化且脂肪含量太大的肉类，也不要吃软体类和甲壳类的动物，如牡蛎、龙虾等。

肉类最好不要炖熟，否则会失去很大的营养价值，也不易消化。

用瘦肉糜、面包渣、牛奶和鸡蛋做成的肉丸也是对儿童健康非常有益的食物，还可以把肉糜、水果蜜饯加鸡蛋和白糖搅拌后做成丸子。

4 岁以后，孩子可以吃脑髓，牛、羊胰脏，以及小鸡肉等补脑食品。

4．奶制品

各种乳酪都不应列入儿童的食谱中。适于 3～6 岁儿童食用的唯一奶制品就是鲜黄油。

5．绿色蔬菜

儿童不宜吃生的蔬菜，只能吃熟食。实际上，除了菠菜外，无论熟食生食，都不太赞成食用。

6．水果

有一些水果比较适宜儿童食用。

桃、杏、葡萄、黑醋栗、橘子和柑子等宜生食，对小孩很有好处。其他水果，如梨、苹果、李子等应煮熟或制成果酱食用。

无花果、菠萝、海枣、瓜类、樱桃、核桃、杏仁、榛子以及栗子等，由于各种原因，都不太适宜幼儿食用。

在准备给孩子吃水果的时候，必须除去果皮和果核。孩子 4 岁之后，应早一点教会他们削果皮和去果核。

水果可以煮食，也可制成果酱和果冻，但是不要让儿童食用冻糖栗子之类的果脯。

7．调味品

儿童食品应该严格限用调味品。儿童食物中的主要调味品是糖、某些油类和食盐。此外，可加点醋和柠檬汁以及蒜、芸香等芳烃类蔬菜。

其他香料，如胡椒、豆蔻、桂皮、丁香，特别是芥末，则绝对禁用。

8．饮料

由于儿童成长发育需要大量水分，因此，儿童食谱必须能够大量补给水分。但对儿童来说，最好的饮料只有新鲜的纯净矿泉水。

酒类和咖啡型饮料，则绝对禁止儿童饮用。

不饮咖啡，儿童可饮用水煮炒制的大麦和麦芽。此外，巧克力再加上牛奶冲饮，更是儿童的上等佳饮。

9．膳食分配

关于儿童饮食的膳食分配问题，其中一条原则就是儿童的饮食必须严格定时。在规定的进餐时间之外，儿童不许吃其他零食。

至于食物营养成分的比例计算，尽管实际上用处不大，还是建议参阅相关的保健文章。

这里还要指明的是，孩子进餐时的清洁也很重要。因此，要教会孩子注意保持清洁。这里的清洁既包括个人清洁，也包括环境卫生（如不要把餐巾弄脏等）。同时，也要逐步教会他们使用餐具。

儿童饮食，这是关乎孩子发育和成长的大问题。蒙台梭利博士给出了一种完全西式的儿童食谱，可能不太适合中国大多数家庭。这里结合我国国情，可以总结以下几点：

第一，儿童食品以营养丰富，富含蛋白质、淀粉和各种维生素为最好。

第二，儿童食品要注意选择易于消化的食品，至少要烹制得易于消化。

第三，儿童食品要结合实际情况，酌情选择或者加以变通，比如蒙台梭利推荐吃果冻，但是现在外面卖的果冻几乎都有添加剂，极其不适合儿童食用，这个时候就不如自己在家做或者干脆放弃这种食品更加健康一些。

第四，儿童用餐一定要定时定量，尽量少吃零食和垃圾食品，这样既有助于孩子的成长发育，也能让孩子从小就养成规律健康的生活习惯。

第五，可在适当的年龄，让孩子学会自己动手，比如去掉果皮、果核，使用餐具等。

六、给孩子授课是一门艺术

假定学校已经推行了自由制度，学生也能够自由自在地成长，在此基础上，也为孩子准备好了环境和教具，这时候，教师就可以来授课。事实上，教师的授课就是从对孩子的观察到科学实践的过程。对实验心理学研究得越透彻，在给孩子授课时教师就越是得心应手。当然，要想恰当地运用这种方法，教师还必须掌握一些特殊的授课技巧。

授课首要的要求就是简单。由于上课多是针对个体，因此，教师越是少说废话，上的课就越是精彩。在课前准备时，教师应该特别注意衡量自己要说的每句话是否有价值。

其次就是明了。讲课时，教师必须注意掌握分寸，千万不要得意忘形。这一点和第一点可以相互印证。因此，教师在选用词语的时候，要尽可能地做到简单易懂、符合事实。

第三个特点就是要客观。讲课时，教师必须收敛自身个性。教师应当认识到，所谓授课内容的简练易懂，其实就是一种不含主观偏见的说明。这种说明意味着对客观对象概念及其使用说法的客观解释。

教师授课的基本指导方法必须是观察法，教师应当观察孩子是否对观察对象感兴趣，他是如何对它感兴趣的，对它感兴趣的时间能保持多久等，甚至要注意观察孩子们脸上的表情。同时，整个上课过程必须贯彻一个基本原则，即让孩子得到并了解自由。否则，孩子的努力会变得不真实、不自然，教师也就无法观察、了解到孩子的自然行为了。

如果教师严格地按照简单、明了和客观真实的要求去给孩子们讲课，但孩子们仍旧不能理解课堂的内容，这时教师就必须注意两件事情：

第一，不要再重复这样的课堂内容；

第二，不要让孩子感到他自己犯了错误，或者感到老师不理解他的意思，否则只会严重伤害他学习的兴趣和积极性。

激发生命，让生命自由发展，这是教育者的首要任务。儿童的心灵正在充分地自由发展，这种发展只能依靠自己的力量，而教师能够做的只是帮助他们、引导他们。这是一种细致的工作，已经堪称一种艺术。

这种教育者的艺术必须以科学方法作为指导。如果教师能够用这种方法触摸到每个学生的灵魂深处，那他就会成为一个无形的神灵，唤醒和激发着孩子们的生命，使他们充满活力。也因此，学生们就会盼望着他，希望从他那里继续获得新的生命力。如此一来，终究会有那么一天，教师会惊奇地发现，每个学生都表现得生动活泼，喜欢他、熟悉他、服从他。

第二节　让儿童成为自己的主人

一、自由、纪律和独立

蒙台梭利认为，旧式教育奉行的是一种绝对的、不容辩驳的高压政策，是一种“不许动”的原则，这只不过是一种会让人失去自我的教育方式。和这种教育方式迥然不同，她的方法倡导的是一种通过自由来实现的纪律。自由就是灵活性，观察教学法就是建立在儿童的自由基础上的。

蒙台梭利认为，只有当一个人成为自己的主人，而且遵循一些生活规则时，他才能称作一个守纪律的人。这是一种具有灵活性的纪律。虽然这种概念既不易被理解又不易被采用，但教员必须理解这种教育原则。在此基础上，他们还必须掌握一些特殊的教学技能，以引导孩子培养并遵循这些纪律，使他们终身受益。一旦孩子们不再只是坐着一动不动，而是学会了自制地走动，那他就不再是为学校而学习，而是为自己谋生活了。他将通过习惯和实践变得能干，在社会或社团活动中谈吐自如、举止得体。这样一来，一种能够成功塑造孩子性格的环境就从学校延伸到了社会。

此外，有必要对教员进行实际的训练和实践练习，以让他们变得愿意观察，同时也善于观察。在相应的方法中，教员必须是一个被动的观察者，而不是一个主动施加影响力的观察者。教师必须理解和遵守一名观察者的立场——绝对尊重所观察到的一切。他必须辨清孩子的哪些行为绝对要制止，哪些行为只需要观察，只有这样，孩子们才能在尽可能自发发展的前提下慢慢辨清好坏。例如，孩子的自由应该被限制在集体利益之内。从行为方式上，除了那些冲撞或激怒他人的行为，以及粗鲁或不礼貌的行为之外，其余任何行为，不管表现为怎样的行为方式，教员都要允许。这一原则对学校里那些首次展示自己心理的孩子尤其适用。那些抑制孩子的行为和任意强加的行为必须尽量避免，只有这样，孩子积极的自发行为才能得以充分发展。否则，就是在扼杀生命本身。

为了能够遵守纪律，孩子学会的第一个思想就是辨别好与坏。而教员的职责就是观察孩子们有没有混淆好与不好、坏与不坏这些概念。只有他们头脑中建立起的这些概念清晰明确，在他们身上建立起的纪律才不是旧式学校里那种不动的、被动的和顺从的纪律，而是一个积极的纪律、工作的纪律和有益的纪律。这样一来，所有孩子就会在教室里走来走去，各自做一些有益的、充满智力的自觉活动。如此看来，这样的孩子才是真正遵守纪律的。

建立了个性化纪律后，将安排孩子各就各位。他们会回到自己喜爱的位置，保持秩序。要尽力让他们明白，在安静怡人的房间里他们应保持秩序和安静，井然有序是一件好事。让孩子们明白并自发采用这种集体主义原则，这才是最重要的。这是一种教育的结果，而不是强迫接受的结果。随后，他们会逐渐记住并区分好与坏，他们会学会反省自我的行为。他们的行为会从无序过渡到一种自发的有序行为，他们的有序活动将变得日益协调和完美。

经过这样的训练后，他们在一定程度上就已经有了可以选择自我行为的倾向。长此以往，孩子们将能清晰地表现自己的个性，他们将自觉地自由地展示自己。

由于孩子天生孤弱，而且作为社会个体，总是存在各种社会镣铐限制着他们的活动，因此，必须采用以自由为基础的教育方法，帮助孩子挣脱这些各式各样的束缚，让他们能够自由发展。

1．独立性

没有独立就没有自由。因此，必须引导孩子自由、积极地表现自己的个性。只有这样，他们才能通过自己的活动达到独立。婴儿在断奶时就能在一定程度上选择自己的食物了，也就是说，他此时就开始努力走上独立的道路了。

在这条独立的道路上，教育必须起到一种促进而非抑制的作用。必须帮助孩子们学会走路，学会跑，学会上下楼梯，学会自己穿衣服和脱衣服，学会自己洗澡，学会清楚地说话来表达自己的意愿。所有这些都是独立教育的一部分。

但是在现实生活中，人们总是习惯性地侍候孩子，甚至把他们当作洋娃娃来摆弄。但这种习惯实际上是一种奴化教育，会抑制孩子有益的、自发的活动。孩子必须自己做一些事情。而且，大自然也已经赋予了他们进行各种活动的身体条件，以及学会如何去做的智力因素。在这方面，人们的责任是，在任何时候帮助孩子来征服环境。例如，母亲必须亲自为孩子示范怎么拿住勺子，然后把它放到嘴里。

尽管比起喂养孩子、给孩子洗衣服和穿衣服来，教孩子自己吃东西、自己脱衣服和穿衣服是一件非常单调乏味且困难的工作，需要付出更多的耐心和努力，但这才是真正教育者的工作。而伺候孩子则只是仆人的工作，它虽然很容易，但却关闭了孩子自我学习的大门，并在孩子成长的道路上设置了不必要的障碍。

奴役和依赖的危险性不仅在于它们造成了“生命被白白地浪费”，导致了人的软弱无能，更在于它们使得正常的个性发展出现了明显的堕落和退化，例如，那些盛气凌人和专横跋扈的行为。

因此，对孩子来说，只有通过自己的努力，完成满足自己生活享受和发展所需要的一切事情，这样才能征服自我，并且在努力工作的过程中增强自己的能力，以求最终成为一个完美的人。

2．取消奖励和惩罚

一旦接受并建立起上述这些原则，奖励和惩罚形式就会被自然取消。一个享有自由并能够自我约束的人，会追求那些真正能激发和鼓励他的奖赏。当他的内心具有了力量和自由时，他就会迸发出强烈的积极性。

至于惩罚，蒙台梭利曾多次遇到一些喜欢干扰别人而又根本不注意纠正错误的孩子，可以用一种特殊的方式来鼓励他。在教室的角落里放一张小桌子，让他坐在那里，给他最喜欢玩的游戏和玩具，给他特别的照顾（就仿佛他是全班最小的孩子似的），让他看见自己的同伴们学习，但唯独不让他参与这种学习。这种孤立非常有效。这些孩子会变得乐意和其他孩子一起学习，并很好地遵守纪律。而且这种良好的态势会持久稳定下去；他们能学会如何学习和如何表现自己，对此他们深感自豪。他们对老师和我也总是表现出亲切之情。

3．站在生物学角度看自由教育

从生物学的观点来看，儿童教育中自由的概念应当被理解为：儿童成长的环境必须最有利于其个性的发展。因此，不管从生理上还是从心理上来说，自由的概念都包括大脑的自由发展。教育工作者必须有一种对生命的尊重感。在他眼里，儿童的生命不应该只是一种抽象的概念，而应该是一个真实的生命，一个活生生的个体。儿童有着正在成长的身体，有着正在发育的心灵，这构成了一个神圣的整体。它们共有一个永恒的源泉——生命本身。人们既不能损坏也不能抑制这两种正在成长的神秘力量，教育必须给予它们积极的帮助。

环境无疑是生命现象的第二个重要因素。环境既可以有利于生命的发展，也可以阻碍生命的发展。它可以改变儿童的生命表现，但它永远不能创造生命。生物学家认为，内因是生物种系和个体变异的基本因素，儿童成长的根本原因是他潜在的生命力在发展，也就是说，生命是自我创造的。而生物突变也只能为某种神秘的自然因素所制约。在这方面，教育存在一种很大的限制性。通过教育，可以影响与环境有关的可变因素，影响物种和个体有限的微小可变因素，但是决不可能影响其突变。

生命是至高无上的，它通过不断克服前进道路上的艰难险阻向前发展。无论是物种还是个体，只有那些生命力旺盛的生物，才能不断地保持前进，并最终成为自然法则的胜利者。这是一个颠扑不破的真理。

二、从生活实践开始

下面来谈谈学校的学习和活动计划安排。这里需要考虑两方面：一是学日长短；

二是学习和生活活动的时间分配。

蒙台梭利认为“儿童之家”学日时间应相对较长，整天都有活动安排。对于穷家孩子，尤其是工人住宅区附属的“儿童之家”的学生，蒙台梭利建议冬季学日时间从早上 9：00 到晚上 5：00；夏季为早上 8：00 到晚上 6：00。其间应该有至少一小时的午睡，可以安排在安静而遮光的吊床里。不过，她个人更赞同在室外小睡。其次，午饭必须适宜。

更重要的是，必须谨记“儿童之家”成立的目的，即帮助和指导孩子在 3～6 岁这一重要发育期更好地成长。“儿童之家”是培养孩子的园地，在相关的方法中，必须采用的第一步是唤起他们。时而唤起他们的注意，时而唤起他们内在的生命，时而唤起他们和别人一起创造生活的激情。

从整个方法考虑，“儿童之家”的工作必须从为孩子适应社会生活方式做准备开始，同时还必须吸引他们对这些生活方式的注意。

第一个“儿童之家”的时间表，并未完全执行，因为教材分发的时间安排不当，不适合自由的学习体系，而是从一系列生活实践练习开始的。

蒙台梭利承认，下面这些练习是原方案中仅有的已被证明完全合适的部分，不会再做变动。所有的“儿童之家”每天的活动都是以这些练习开始的。

练习的内容依次如下：清洁、秩序、体姿、会话。

孩子一到学校，就进行个人卫生检查。可能的话，会当着母亲的面进行，以引起他们对检查的注意，但不应过于外露。检查包括手、指甲、脖子、耳朵、牙齿的清洁，也要注意检查头发以及衣物是否整洁，并提醒孩子注意。这样可以促使孩子养成注重个人形象和仪表的好习惯。

每班都设有清洗架、水瓶、盆子，以便于老师教孩子进行局部清洗。例如，怎样清洗身体各个部位以及不同的清洗方法：洗手、清理指甲、洗脚、刷牙、漱口等，特别教他们小心洗耳朵和眼睛。让较大的孩子去帮助小一点的孩子，这样会鼓励较小的孩子更快学会照料自己。

个人卫生检查完毕，就让他们自己或者互相帮忙戴上围裙，然后开始检查教室。我们会教孩子如何打扫角落里的灰尘，如何使用各种工具，如抹布、刷子和小扫帚等。这些工作要让孩子们自己去做，很快就能完成。

然后，孩子们走向各自的座位，老师向他们示范讲解正确坐姿：保持安静，两脚搁在地板上，手放在桌子上，头保持端正。之后，让孩子们起立唱赞美歌，教他们注意在起立和坐下时尽量不要发出声响，从而让孩子们学会在走动的时候小心并保持安静最后，通过一系列的练习让孩子的举止保持优雅，如见面和分手时的礼仪，互相敬礼，拿东西时轻拿轻放，接受东西时保持礼貌等。

老师会让大家注意那些保持干净的孩子、收拾整洁的房间、就座时保持安静的班级，甚至一个孩子做的优雅动作等，但是要注意语气的平静自然，无须大加赞美之词。老师不会对孩子们的行为做出好坏的评价，只是给以指导，并帮助他们纠正那些不正规的动作，这是自由教学的起点。

讲完孩子的表现和教室的布置（姑且称之为点评）以后，老师开始和孩子聊天。此时要注意，不要让孩子谈论他们的家庭私事。教师可以询问他们昨天都做了什么事情，可以让他们报告自己的行为、游戏和对父母的态度等。例如可以问孩子们是否能自己上楼而不把自己弄脏，是否能礼貌地和见面的朋友讲话，是否帮助妈妈干了活，是否把学校里学到的东西表演给家里人看，是否在大街上玩耍等。在休息日之后的星期一，这种聊天时间会相对较长一些，话题也可以更多一些。这种谈话不仅能促进孩子语言能力的发展，还有很大的教育意义。通过这种谈话，孩子们可以逐渐学会选择一些合适、愉快的话题，从而知道哪些是值得讲的事情，比如生活中碰到的事情、公众事件或各自家中的事，也可以是孩子们自己的事情等。

午前谈话后，再开始其他的课程。

孩子的个人卫生习惯和良好坐姿、站姿等最好从小就开始培养。例如，父母每天早晨可以抽出 10 分钟到 20 分钟时间参照文中的方法检查孩子的个人卫生状况，这样可以让孩子形成一个注重个人形象的良好习惯。此外，可以选择晚上孩子在书桌上看图画书时，着手规范其坐姿。或者在走路及其他任何可能的时候，规范其站姿。

三、促进孩子健康成长的好办法——体操

蒙台梭利认为，大众对体操的普遍看法是很不恰当的。在公立学校，体操被当作一种集体性的肌肉训练。它不再是一种本能运动，而变成了一种强制性运动。

对蒙台梭利来说，体操和一般的肌肉训练必须能够促进和保护生理运动（如走路，呼吸，说话）正常发育。就如鼓励孩子去做有助于基本生活技能（如穿衣、脱衣、扣衣扣、系鞋带、拿球和积木等物品）的运动一样，3～6 岁的儿童特别重要的体育锻炼就是保健体操，主要就是走步。

儿童体形在最初阶段躯干比下肢要发达。而 3～6 岁，在儿童身体发育过程中，不仅身高呈现明显增长（3 岁时为 85 厘米，6 岁则为 105 厘米），躯干与下肢的比例也发生了很大变化，下肢在明显迅速增长。在此过程中，由于骨骼还没有完全骨化，下肢仍在发育中，因此不能以成人的行走标准来要求孩子。过久地站立和行走，再加上营养不良导致的发育缓慢都可能使孩子的下肢出现罗圈腿等畸形。

人们不能以成人的体能来考虑孩子，儿童的身体有其年龄段自身的特征和比例。婴儿喜欢爬行，儿童会有向后弯腰和向前踢腿的倾向，这是一种与他们身体比例相适应的生理需求。此时，必须用体操来帮助儿童发育，让他们所做的运动与需求一致，并确保不导致下肢疲劳。

通过观察，蒙台梭利找到了一个帮助他们活动的简单方法：老师组织儿童练习齐步走，领着他们在庭院和街心花园里转圈。花园四周都围上栅栏，即每隔一段距离在地上打一个桩，在木桩上平行地拉上几根粗铁丝；栅栏底部有小架子，可以允许累了的孩子坐在上面休息。此外，蒙台梭利还总搬一些小凳子靠墙放着。游戏中，不时有一些两岁半到 3 岁的孩子累了，但他们既不坐在地上也不坐在小凳子上，而是跑向矮一些的栅栏，用手抓住较上一排的铁丝，把脚放在最下面一排的铁丝上，并在上面快乐地走来走去。他们的运动方式让我茅塞顿开，他们沿着铁丝斜着身子走动，下肢就在得到运动的同时又不用承受整个身体的重量。因此，蒙台梭利建议在儿童游戏室里设置这种小围栏。具体做法是，在一排排立柱之间横穿上平行的木棍，这样孩子在上面玩耍就可以既满足他们在地上爬行和踢腿的发育的需要，他们同时也可以高兴地看到同一屋子里其他孩子玩耍的情况。

塞昆的篮椅设计理念与此类似。这是一种坐式秋千，在很宽的座椅上，孩子可以双腿伸出也可以完全放在座椅上。座椅的四角用绳子吊起来，可以来回晃动。座椅前面的墙上有一块结实的木板。孩子们用脚蹬木板使得椅子来回晃动，这样就既锻炼了孩子的下肢，又不用承受全身的重量。

另外一种叫“走直线”，即在地上用粉笔画上一条直线，让小孩儿沿着这条直线行走。这有助于引导儿童按规定的方向调整自己的自由运动。

下雪后进行类似的游戏会更有趣。还有一种台阶非常平缓的小圆梯，呈螺旋状，它的一边有护栏，可以做扶手，另一边是敞开的。这种游戏有助于孩子养成上下楼梯不用扶栏杆的习惯，还能锻炼他们控制平衡的能力。

另外，绳梯也适用于幼儿园。在其辅助下有助于完善许多动作，如跪下、站起、前弯后仰等。这些运动对儿童有很大的帮助：一是掌握平衡；二是协调肌肉运动，还可以增加肺活量；此外，这些运动还可以锻炼手的最原始、最基本的动作——抓握。

1．自由体操

自由体操应该是不使用任何器械的。这类体操分为两类：指导口令下的体操和自由游戏。第一类，蒙台梭利建议采用齐步走，不是为了练习节奏感，而是要练习平衡。行进时最好随着脚步节奏哼一些短曲子，从而通过呼吸运动增强肺部功能。此外，福禄贝尔的一些伴有音乐的游戏也可以。在自由游戏中，给孩子们提供皮球、铁环、充满豆子的小包和风筝。而在有树林的地方，孩子们可以玩“小猫抢墙角”和其他简单的捉迷藏游戏。

2．教育体操

蒙台梭利将两类练习归入教育体操。一类是户外运动，例如耕地播种、锄地、栽种植物、饲养动物（浇水、剪枝、喂鸡等），这些练习是学校工作的一部分，同时也可以锻炼孩子们的运动协调能力。第二类是一些增强手指协调性的练习，这为儿童的实际生活，例如，穿衣服、脱衣服、解纽扣等做了一些准备。

这类教育的教具很简单：一些木制框架，每个框架上绷上两块布或皮革，缝上或空出一排排扣眼和纽扣、挂钩和钩眼、带子和带眼、拉链等。“儿童之家”有 10 种这样的框架代表 10 种不同的穿脱衣方法：

①框架上绷上两块较厚的毛料织品，缝上骨质扣——类似于儿童的外衣。

②框架上绷上两块亚麻布，缝上珠型扣——类似于儿童的内衣。

③框架上绷上两块皮革，缝绱鞋扣：孩子们用纽扣钩连接这两块皮革——类似于儿童的鞋子。

④框架上绷上两块皮革，用鞋带系住。

⑤框架上绷上两块布（用鲸骨内撑），用带子系在一起——类似于意大利农妇穿的紧身围腰。

⑥框架上绷上两块呢绒布，用风纪扣连在一起。

⑦框架上绷上两块亚麻布，用小挂钩和钩眼连接。

⑧框架上绷上两块布，用彩色的宽缎打成蝴蝶结连接。

⑨框架上绷上两块布，用圆绳系在一起——类似于儿童内衣的系绳方式。

⑩框架上绷上两块布，用拉链连在一起。

3．呼吸体操

这类体操的目的是引导儿童调节呼吸运动，同时也有助于儿童养成良好的说话习惯。蒙台梭利从萨拉教授的论文《口吃的治疗》中选取了一些简单的训练方法，包括许多有关协调呼吸运动与肌肉训练的训练方法。例如：

双手叉腰，嘴巴张开，舌头平直。

深深吸气，迅速提肩，隔膜放低。

慢慢呼气，缓缓放肩，复原姿势。

教师应选择或自己设计一些简单的呼吸体操，伴随一些手臂的运动等。

正确使用嘴唇、舌头和牙齿等语言器官的练习。即教学生在发某些基本的辅音时嘴唇和舌头该如何运动，怎样锻炼和发音有关的口腔肌肉。老师应尽可能做好清晰的示范，通过触摸肌肉等方式帮助儿童建立纯正清晰的发音机制。开始全班一起练习，然后逐个检查，此时老师要对孩子们的年龄和发音时肌肉运动的缺陷做好记录。

体操，在蒙台梭利的教育方法里是锻炼孩子肌肉控制能力的所有运动和练习的统称。首先是双腿，必须明确孩子的下肢仍在发育中，不应以成人的体能来苛求孩子。因此对下肢的锻炼应以既得到充分锻炼又不使下肢太过劳累为宜。双手则可以通过一些日常的生活锻炼，如穿衣，拿东西尤其是一些重物和易碎品为宜。而语言器官的练习则需要尽可能让孩子多说，并及时纠正其不正确的发音。

四、大自然是最好的老师

伊塔在其著名的教育论文《阿维龙野孩的初步发育》中，详细叙述了一种颇富戏剧性的教育过程。在该论文里，伊塔试图战胜一个白痴的生理缺陷，把一个人从原始的自然状态抢夺回来。

阿维龙野孩在大自然中长大。他从小就被暗杀者抛弃在森林中，但是自然奇迹般地救活了他。他在荒野中孤独、艰难地生存了许多年，直到被猎人抓获从而进入巴黎的文明社会。野孩已成哑巴，而且经平纳尔医生诊断，智力也如同白痴，几乎不可能再接受智力教育。

伊塔把对这个野孩的教育分为两部分：极力引导他从自然界的生活走向社会生活；试图对其进行智力教育。

在被遗弃的自然生活中，野孩已经和自然融为了一体，他沉醉在雨雪、风暴、旷野中，从中获取快乐。伊塔以令人钦佩的耐心，努力做各种尝试以求把阿维龙野孩引入文明生活。这对正为实验教学法做准备的教师做出了榜样：对待所观察的对象必须有耐心和自我克制精神。

伊塔提到，野孩不会文明生活中走路的步态，他只知道跑。但是在巴黎大街上，伊塔没有粗暴地去制止他，而是跟着他跑。此外，他通过展示社会生活的方方面面逐步诱导野孩。

伊塔的教育中有一些宝贵的经验应该在儿童教育中得到推广和应用，例如，让教师去适应学生，而不是让学生去适应教师；不断地吸引学生注意一种新的生活，用新生活自身的魅力去征服他，而不是强加于他。

蒙台梭利相信，社会生活和自然生活之间如此鲜明的对照，迄今为止还没有任何可信的资料提供过。而且，在伊塔的教育过程中，由满足野孩原来的跑到限制他跑而学会走路、由满足他原来的大声叫喊道限制他喊叫而学会调节一般说话的声音，没有任何资料如此直观地表明过这样一种现实，即社会仅仅由放弃和限制构成。

从伊塔的文章中，看到阿维龙野孩最终被伊塔的亲切关怀和爱抚所打动，人类的爱最终战胜了自然的爱。的确，人类从社会生活中获取了物质的丰足和强烈的人类之爱。但是人仍然属于自然，特别在孩提时代，他必须从自然中获取必要的力量以促进身心的发育。

伊塔的教育历史剧将在幼儿教育中重演。教育者培养的人必须属于生物，因而也属于自然界，因此它必须符合人的自然活动的表现。在此基础上，才能寻求让他们适应社会生活。但是，人们常常在很大程度上忽略了人在生命初期是植物生物这一有利因素。

为缓和教育中的这种转变，必须把自然本身纳入教育工作。这部分教育是以儿童保健的形式来进行的，教育者提供让孩子健壮成长的最好办法就是让他们沐浴在大自然中。于是，户外、公园或海边，短童装、凉鞋等都成为一种摆脱文明枷锁的方式。

蒙台梭利认为，在现代儿童教育的所有进步中，迄今都没能摆脱一种偏见，那就是否定儿童的心灵表现和儿童的精神需要。人们简单地把儿童看成只需加以爱护、亲昵，并使之在运动中生长的躯体，似乎仅仅通过活动腿脚和呼吸新鲜空气，就足以满足他们身体发育的生理需要似的。然而，和肉体生命一样，儿童的精神生命也必然需要与天地万物的交融，从而直接从生动的自然造化中吸取养分。为了达到这一目的，人们就要让儿童从事农业劳动，引导他们培育动植物，并使他们从中思考自然、理解自然。

英国的莱特夫人通过园林学和园艺学设计出了儿童教育方法的基础，这种方法在英国得到了推广，莱特夫人的自然教育理念虽然仅仅局限于写生画，无疑也只是对迄今还局限于身体锻炼方面的自然教育做了完善，但她的经验也证明了对儿童进行农业教学是实际可行的。

此外，巴黎从就业准备角度对缺陷儿童进行大规模的农业教育，这其中就包含有客观的智力培养方法。

然而，蒙台梭利认为，现代儿童教育的理念必须是也只能是促进儿童个体身心两方面的发展。农作物和动物培育本身就包含着道德教育的方法，其含义远比莱特夫人以宗教为基础的概念更加丰富。事实上，这是一种能够不断进步和提高的方法，可以将它分为若干等级：

1．引导孩子观察生命现象

孩子们与动植物的关系类似于观察他们的老师和他们的关系。因此，随着观察兴趣和对生命热忱的逐渐增长，孩子们会自然而然地去感激妈妈和老师对他们的爱护。

2．引导孩子们通过自主教育培养预见力和责任心

当孩子们懂得植物的生长要靠他们细心的浇水，饲养的动物要靠他们勤勉的喂食时，他们的责任心和忠于职守的信念就会在无形中形成。这是一种无形的诱导力量，他们会无须教师的干涉就完成限定的行动，从而进行自主教育。

同时，孩子们的报酬也存在于他们和自然界之间。经过长时间耐心的工作之后，小鸽子孵出来了，小兔出现了，或者花园里的花终于开了，他们会觉得在一定程度上自己就是那些小东西的父母，我想，没有任何人为的阿谀奖赏能激起他们这样真挚的情感。

3．引导孩子们塑造一种耐心和自信心

从孩子们播下一粒种子到它结果，他看到的是不成型的幼芽，然后慢慢生长变化，最后是开花、结果；有一些植物发芽早一些，有一些则晚一点；落叶植物生长得快些，果树则慢一点。看到这些，儿童幼小的心灵里会萌生一种智慧，就像农民

知道按时耕种那样。

4．培养孩子们对大自然的感情

在劳动过程中，孩子们的心灵与在他们照料下发育的生命之间会产生一种一致性。孩子们天然地热爱生命的各种表现形式。他们对生命的兴趣会发展成为对一切活着的生物的信任之情，这是一种能把宇宙融为一体的爱的形式。

但最能培养对大自然感情的还是栽培植物，因为植物在其自然发展中给予的远比索取的多，它不断展示着自己的美和丰富性。那盛开的花朵、成熟的果实，是大自然对孩子们少量付出的高额报酬，这似乎是大自然在赐予礼物来报答耕耘者的倾心之爱和渴望之情，而不是在权衡其有形的劳动量。

而当孩子们采集劳动的物质成果时，情况就完全不同了，不会动的果实清一色都用于消费，分配殆尽，而不是增加积累。

于是，孩子们的心里会自发明了农业产品和工业产品、天然产品和人工产品之间的差异。同时，大自然只付给劳动者慷慨的报酬，就像果树必须结果一样，人也必须付出劳动。

5．儿童沿着人类发展的自然道路前进

简言之，这种教育使得个体发育和人类整体的发展协调起来。人类通过农业从自然状态进入人工状态，儿童也必须经历这条道路。

这样理解自然教育，它就容易付诸实践了。即使缺少场地，只求找几平方米用于栽培或一小块地方让鸽子做窝，总还是可能的，即使是窗台上的一盆花，如果需要，也可以用于教育。

五、孩子的工作——手工劳动

手工劳动不同于手工锻炼，它不是为了锻炼双手，增强体质，完善个人，而是为了完成特定的任务，生产出对社会有用的产品，增加世界的物质财富。然而，手工劳动对手同样有要求，只有双手完善，才能生产出有用的产品。

经过试验，蒙台梭利认为，最好完全取消福禄贝尔编织和缝纫的练习，因为它对于儿童眼睛的发育不利。而另外一些福禄贝尔的小练习，如折纸等，只是练习手的能力，而不是工作，也应取消。福禄贝尔练习中最为合理、应予保留的练习是泥塑。但是，考虑到蒙台梭利倡导的自由体系，她没有让孩子们仿制，而是让他们用黏土按自己的意愿去塑造；她不指导孩子们生产有用的产品，也不求完成什么教育计划，只想让孩子们在泥塑工作（我稍后将指出）中自发表现自己的心理个性。

蒙台梭利曾在艺术家兰敦教授建立的“教育艺术学校”见过一些很有趣的练习，我将在“儿童之家”尝试一下。该校宗旨在于教育青年文明地对待环境，即爱护物品、建筑、历史遗迹等。这是文明教育真正重要的一部分，而“儿童之家”的基本目的就是，切实教育儿童爱护墙壁、房屋和环境。两者显然是相关联的。

陶器具有极大的考古价值和历史价值，也具有极大的艺术价值。它随着文明的进步而不断发展，几乎成为判断一个种族原始文明程度最重要的标志。

陶器除有生活和精神意义以外，还有另外一种实用价值：它适于塑造各种形式的装饰品，一旦学会了制陶工艺（这部分是在老师的直接指导下逐渐学会的），任何人都可以根据自己的审美趣味和艺术灵感进行塑造。在兰敦的学校里，还教授学生如何使用陶工旋盘，如何配方制作花饰浴盆，如何在壁炉内焙烧陶坯，以及如何完成工业制陶的各种体力劳动。

另一项教学工作是制作小型砖，烧好后用于砌成小型墙或者建造房屋。房屋上开有窗户，并镶有孩子们自己烧制的彩色瓷砖。这样孩子们不但学会了鉴赏物品及周围的建筑物，还通过实际的体力劳动和艺术创作得到了有益的锻炼。

这就是在“儿童之家”所采用的手工训练。他们用自己的造型艺术制作各种形状、各种色彩的东西，如各种陶器、鸡蛋、水果等。5～6 岁的孩子开始使用陶工旋盘工作。但孩子们最喜欢的还是用小砖砌墙，然后欣赏自己的劳动成果：屹立在地面上的小房子，周围长着他们栽培的植物。

第三节　有计划地培养孩子

所谓“教育从出生开始”，6 岁之前是儿童成长的关键时期。在此时期，有计划地从孩子的个性特点出发，为孩子塑造一种充满美感、充满自由、教具充足的成长环境，使其在从感觉训练延伸的自我教育中发展智力、掌握听说读写等语言能力并完成初步的数学启蒙。那么，所有的孩子都可能成为天才。

一、儿童的感觉教育

在实验教育学的方法中，感觉训练无疑占有最重要的地位。在实验心理学中，感觉测量的作用是测量感觉。而实验教学法则不同，它的目的并不是测量感觉，而是训练感觉。这一点易于理解，但是常被混淆。虽然对幼儿进行大量的感觉测量并不适宜，但对幼儿进行感觉训练却是完全可能的。

蒙台梭利采用的方法是用教具进行教学实验，并期待孩子的自发反应。她的教具乍看可能和心理测试所用的相混同。但事实上两种工具存在悬殊差别：触觉测量器只能进行测量，而她的教具却相反，通常不适宜测量，只适用于对儿童进行感觉训练。

而为了达到教学目的，教具必须不致让孩子厌倦，并且能够激发他们的兴趣，这是选择教具的困难所在。众所周知，心理测量仪消耗孩子的大量能量，非常容易让他们因疲劳而厌倦，因此感觉训练应该着眼于增加能量而不是消耗能量。通过实验，蒙台梭利已经成功选择了教具，它可以满足感觉训练实际进行的基本需要。这些教具构成蒙台梭利使用的教具体系，将在以后阐明教育内容时一并说明。这里提出几点一般性的考虑：

1．缺陷儿童和正常儿童对按等级构成的教具的反应不同

同一教具用于缺陷儿童可能会起到一些训练作用，而正常儿童则会进一步产生自动训练的效应，这是蒙台梭利碰到的最有趣的事实之一。它促使蒙台梭利认识到，自由和观察的方法是可行的。

例如，使用第一种教具：10 个大小不等的圆柱插件做练习。对缺陷儿童来说，必须从具有更鲜明对比的练习开始，而且必须事先进行许多预备练习；而正常儿童则可以直接使用。而在纠错过程中，不同于缺陷儿童的被动和冷淡，正常儿童会对这个游戏自发地表现出浓厚的兴趣，他们总是推开妨碍和帮助他们的人，尝试自己独立解决问题。

实际上，这套教具的教育意义恰好体现在这种错误的发现和纠正过程中，这个过程是孩子自发工作，自主纠错，进行自我教育、不断完善自己的过程。通过反复的练习，当孩子完全有把握将每个圆柱都插入正确的位置后，这套教具对他也就没有任何意义了。

正常儿童可以多次重复这种练习，但次数因人而异。有的完成五六次就厌烦了，有的则饶有兴趣地玩上至少 20 次。此时，一个聪明的教师应该能够进行一种有趣的个人心理观察，并大致估计各种刺激所能吸引注意力的时间长短。而事实上，当孩子在集中注意力做练习，而且教具本身能使他们检查并纠正错误时，教师除了观察外，什么也不必做。

2．感觉训练的目的在于通过反复练习改善对不同刺激的感知能力

其重点是感觉训练的过程，而不是现在普遍存在的更注重测试结果的所谓感觉培养实验。在这些实验中，感觉培养因素已经被彻底遗忘。

最后简单概括一下：蒙台梭利的教具使自主教育成为可能，而且允许进行系统的感觉训练；这种训练不是依靠教师的能力，而是依靠教具系统。这种教具首先提供了能吸引儿童自发注意力的物质实体，同时也包含了合理的刺激等级。

一定不能把感觉训练与通过感觉从环境中获取的具体概念相混淆。在思想上，既不能把感觉训练等同于表达相应具体概念的语言名称，也不能把感觉训练等同于获取练习的抽象概念。对于儿童来说，感觉训练必须包括一种自发地长期训练过程，在此过程中，他的对应生理器官的功能不断完善，事实上，感觉训练是一种不断开发儿童的各个生理器官的感觉灵敏度和感觉丰富性的过程。

因此，“儿童之家”的指导员在自己的工作中对两个因素——指导孩子和孩子的个人练习一一必须有清晰的概念。对干预时机和方式的把握，完全体现出了教育者的个人艺术。

感觉训练的第一个技术特点可以和语言联系起来，这里推荐使用塞昆的三段命名法。

感觉训练的另一个重要技术特点是感觉隔离，任何时候都要尽可能做到这一点。例如训练听觉应在安静而黑暗的环境中进行，最好是蒙上眼睛，这样效果更好。但对缺陷儿童来说却几乎不可能。

总之，感觉训练技术的特点就在于刺激的层次性：一个人应该先接受存在鲜明对比的刺激，然后再接受对比不鲜明的，不容易运用感觉分辨的不同刺激。

感觉教育是蒙氏方法的一个重要组成部分，通过不断重复的练习使孩子获得各种感觉能力及分析、判断、辨别等逻辑思维能力以及逐渐发展完善的智力和心理能力。对于孩子来说，这些能力是他们自主发展起来的，是自然发展的产物，是乐趣和愉悦的伴生物。

二、感觉教育的注意事项

蒙台梭利并不苛求她的感觉教育方法成为心理学领域所谓的完美方法。但她相信，它确实开辟了心理研究方面的一个新的领域。它关注个体发展的方法，在她看来，这本身就是心理测量学的发展方向。

教育目标总的说来包括生物学和社会学两个方面。从生物学方面来讲，蒙台梭利希望帮助个体在自然方面正常发展；从社会学观点来看，她的目标在于使个体适应周围的环境。这两个方面在整个教育过程中相互交织，但不同的年龄阶段会有所侧重。而总体上说，不论生物学还是社会学观点，对感觉的教育都是最重要的。

3～7 岁的儿童正处于身体迅速发展、与智力相关的感觉活动正在形成的时期。感觉的发展出早于智力活动，3～7 岁的儿童正处于感觉形成时期。

儿童在这一时期发展他的感觉。首先是各种刺激吸引了儿童的注意力，因此，应当有意识地对这种感觉刺激进行引导。只有这样，孩子们才能沿着一条理性的道路发展自己的感觉，并以此为基础建立起清晰而强有力的心智。

除此之外，感觉教育也可以发现并最终改正当前学校中无法观察到的缺陷，例如失聪和近视。因此，这种教育是一种生理性的，使器官的感觉、神经的反应和联系更完美，直接目的就是为了智力教育。

但是教育的另一部分——使个体适应环境——只是间接地涉及了。当代文明中，人们总是通过观察来尽可能地利用环境中的资源。而通过感觉训练使孩子们成了最优秀的观察者。在此基础上，他们不但能够完成一般性的工作，适应当前时代的文明，而且能够面对实际生活。

对于什么才是实际生活中的必要活动，蒙台梭利认为当前的各种观念都存在着一种理念上的谬误。人们总是从理念开始，然后进行到运动神经活动。例如，教育方法总是先进行智力教学，接着是道德准则。总之，教育总是在讲人们自己感兴趣的内容，而遗漏了教育当中最重要的一个因素，那就是感觉。例如，要求厨师买“新鲜的鱼”，他能够理解并遵循这一要求。但是这名厨师的感觉能力根本无法支撑他判断鱼的新鲜程度，这样一来，它实际上根本无法最终按照要求行事。而在烹饪过程中，这种感觉缺乏引发的后果就会更加严重。

生活中有许多情况，由于缺乏实践经验，智力变得没有任何用处，而这些实践经验几乎都源自感觉教育。但通常情况下对成人进行感觉教育会非常困难。因此，感觉教育有必要在感觉形成阶段，即婴儿时期有系统地开始，并且应当贯穿整个教育阶段。而这些都是为了使个体能够更加适应社会生活。

此外，美学和道德教育与感觉训练密切相关。通过深化感觉，发展自己的分辨能力，精炼自己的敏感性，对美和和谐的感觉就会越来越敏感，对于粗鲁和不良习惯就会产生本能的厌恶。

而从生理学的观点来看，感觉训练的重要性同样是非常明显的。对此可以通过神经系统功能示意中显示出来。当外部刺激作用于感觉器官时，信号沿着神经到达神经中枢，产生相应的神经反应，这种反应再通过发散神经达到运动器官，产生运动。人类通过外围神经感觉系统收集各类外界刺激，从而与环境建立一种直接联系。因此，与神经中枢系统有关的精神性发展、人类的社会性行为就可以通过运动神经器官，以个人动作——手工、书写、讲话等——展现出来。

教育应当对这三者（一个外围部分和一个中枢部分）做出指引，使其更好地发展。由于这一生理过程本身在中枢神经部分会被减弱，所以在教育中，感觉练习和运动神经练习应有同等重要的地位。否则，人类就会和环境隔离开来。当前所谓最完善的智力性教育所塑造的创造思想家总有脱离世界的倾向，这就是最明显的例证。而有些人标榜为了为实际生活做准备，要将教育局限在运动神经阶段的练习中。这种观点则显然忽视了教育的主要目的，即使人类与外部世界进行直接的沟通。

感觉教育不仅是个体身心发展的需要，同样也是使个体适应社会的重要手段。而在儿童时期的感觉教育，将可以使所有人，不论他将来从事任何职业，都终身受益。

三、由感觉训练延伸的智力教育

感觉练习中包含有一种自我教育，它通过重复练习使得孩子的心里感觉过程更加完善。在孩子从感觉转移到观念的过程中，也就是从具体到抽象、到概念的联想过程中，教师必须参与其中。因此，教学初期，教师必须设法使儿童的内部注意力独立出来，并集中于感知上。换句话说，教师必须将孩子们的注意力限定于教学目标的刺激当中。

在这方面，教师需要具备专门的技能，以求做到“尽最大可能减小对孩子们的干预，但是，教师也必须让孩子们在这种自我教育当中向着正确的目标努力。”此时，教师必须能敏锐地观察了解，或者说认识到个体的极限以及感知觉的不同敏感度等因素，只有这样，教师才能对学生进行有效干预。

教师工作当中确定无疑的部分就是教授准确的发音和名称。多数情况下，教师应当不作任何添加地读出必需的名称和形容词。他必须发音清晰，声音洪亮，要让孩子们清楚听到每一个音节。在三段命名法中，教师必须遵循下面的要求：

1．有关名称的教学中必须包含

能够使名称和事物之间产生联想的内容。物体和名称必须结合在一起被儿童接受，这就要求除了名称之外不能牵扯到其他词汇。

2．教师必须要始终进行小测验

但这种小测验一定要限定于名称课程所引起的注意力范围之内。测试的目的在于了解孩子的头脑中名称和物体是否还保持着联系。此时必须要考虑到遗忘的时间，在测试和课程之间要有一个短暂而安静的间隔。

如果测验中，孩子犯了错，教师不要急于纠正，应当暂停课程，过些天再继续。因为当孩子们在建立名称和物体的联系时失败了，他们可能当时刚好不在状态，应该予以理解。而唯一能够继续的方法就是去重复课程，这必须选择另外的时刻。

而任何纠正或者指责的话语都会让孩子对名称学习产生阻碍。这些指责会让孩子在记忆过程当中进行无效的努力，并且会使他泄气。而教师的职责就是尽最大可能去避免这种无用的努力以及由此引发的各种压抑。

3．如果孩子没有犯任何错误

教师就可以激发他与物体概念相对应的神经活动，也就是让他说出名称或者形容词。此时，教师可以打断他们，教他们如何清晰正确地发音。教师要指出孩子发音中的缺陷，或者指出他所习惯的某种特殊的婴儿口音错误。

而有关孩子们对已经接受概念的推广——即对这些概念在周围环境的应用教学，蒙台梭利认为完全没有必要。因为孩子们会对周围环境进行一种自发的观察，可将之称为“探索精神的自然膨胀”。对每一次新发现，孩子们都经历一种快乐，感受到了尊严和满足，而这种尊严和满足又会鼓励他们继续去寻找新的感觉刺激，于是孩子们成为自发的观察者。此时，教师必须以最大限度地关切，观察孩子们是通过何种方式、在什么时间实现这种概念的推广的。

蒙台梭利的教育方法最成功之处在于，它给孩子们带来自觉的进步。例如，色觉练习应该能够吸引孩子们对颜色的自觉性注意力。于是他们在每天的活动中都会看到树，会逐渐注意到树干不是红色的，终有一天他会选择棕色的蜡笔去画树干和树枝，并用绿色去画叶子。

通过感觉练习，给孩子们的是观察的能力和方法，而不是通过说“你去观察”这种方式来塑造一位观察者。而环境的无限多样性同时也刺激孩子把这种感觉训练不断进行下去。

这是孩子自觉心理发展的持续进行，并且与孩子自身的心理潜力，而不是教师的工作直接相关。蒙台梭利的方法中，这种运动，或者说自觉的心智性行为是从感觉训练开始，进而通过观察性智力得到保持和延续。

蒙台梭利的教育目的就是要帮助孩子们去自觉地发展心灵、精神和身体的个性，而不是仅仅要使他们成为文化的接受体。所以，在给孩子提供了能充分刺激感觉发展的教学材料之后，教师必须要等待孩子们自发观察行为的形成。这里，教育者的艺术会起到很大作用，他们要知道如何根据个体的不同情况去帮助孩子发展性行为。例如，有的孩子几乎不需要老师的干预，而有的孩子则确实有这方面的需求。因此，最大限度地限制教育者的主动干预，必须要成为严格指导教师教学行为的准则。

（一）摸瞎游戏

摸瞎游戏主要是指蒙住孩子的眼睛让他们触摸物体，并和名称做出对应，以达到巩固感觉练习中学习到的名称的目的，这个游戏最好在集体中进行，可以更好地激发孩子的积极性。这个游戏主要用来练习如下感觉。

1．物体

可以使用天鹅绒、丝绸、棉布、亚麻等。

2．重量

可以使用进行重量感觉练习的教具，即形状相同质地和重量不同的方块体。

3．维度和形状

可以使用硬币、立方体和方块，可以让孩子们区分各式各样的干种子，比如大豆或者豌豆等。

（二）将视觉练习应用于对周围环境的观察

名称。这是教育当中最重要的阶段。对名称的学习是为语言的准确性做准备，而这种准确性在当前的学校中还是比较缺乏的。例如，许多孩子将“厚”和“大”“长”和“高”等词混用。通过蒙台梭利的方法和教具，教师可以轻易地帮助孩子建立起清晰而准确的概念，并且用适当的词汇与这些概念建立起联系。

视觉练习包括维度和形状两部分。对于教具的选择和使用这里不做赘述。

许多人认为教授形状和名称就好像是在进行几何教学，这对这个年龄的孩子来说太早了。还有人认为，如果想要呈现几何图形，就应当使用实在的物体，这样更加具体。对此蒙台梭利觉得应当说点什么。

首先，蒙台梭利的方法中，观察一个几何图形并不是去分析一个几何图形，更不是解析几何的开始。对孩子们介绍和解释边和角的概念，才是介入几何学领域的证明，而这些对于孩子们来说当然还太早。但蒙台梭利的方法中并没有涉及这些边角概念，而只是让孩子们对几何图形进行观察，通过教具让他们注意某个特定的形状。至于名称，就和孩子们学习其他常见事物的名称一样。这些对于在生活中经常见到各种几何图形的孩子来说并不是很过分的要求。

成人在话语中经常提到的方形的桌子，卵圆形的桌子，会让孩子头脑里的普通物体的概念产生混淆，从而在理解成人的语言和事情含义的时候，付出许多无用的努力。教师必须对此进行反思，运用及时、理性的指导避免这种无用的努力，同时也避免孩子在对知识的探索过程中产生厌倦情绪。

还有一种偏见：由孩子自己选择究竟要学什么。如果真是这样的话，孩子就会在单独理解和模仿的过程中付出巨大的努力，而这些努力很多时候是可以通过教师的帮助避免的。因此，对教师而言，应该尽可能地减少孩子没有方向的努力所导致的浪费，并引导孩子们将这种努力转换到对环境的征服的快乐上来。

人们每天所看到的大量物体都能呈现出平面几何的几乎所有方面。例如，门、窗框、桌面等，都是实物。但如果取消掉其中的一个维度，只由两个维度来确定平面的形状，图形就会更加明显。这种实在的物体通过平面几何图形得到了更清晰地展现。

但儿童很少能够认识实在物体的几何形状。事实上，人们周围的普通事物当中并没有绝对纯粹的几何形状，它们一般都是一些几何形状的组合。这对孩子们来说还太困难了。

而从平面几何当中获得的图形知识，对儿童来讲是一种魔术般的钥匙，可以帮助他们开启外部世界的大门。他们会使用一种类比的方式，清楚地看出窗子和门的几何形状，以及许多家用物品的表面形状。

而观察平面几何图形，对孩子来说就是一种珍贵的精神资源，同时也是一种智力教育。因此，我希望能够拓展我的研究，使孩子们不但能够观察形状，而且能够区分出人类和自然的创作，去欣赏人类劳作的成果。

1．自由绘画

蒙台梭利给孩子们一张白纸和一支铅笔，告诉他可以随心所欲地画。这种绘画重点在于揭示了孩子的观察能力，主要是对周围物体形状观察的细致程度，同时也展现了孩子的个人偏好。

2．填充绘画

这种绘画非常重要，因为它包含着“对书写的准备”。这种绘画揭示了儿童对于颜色观察的能力。这种练习包括用彩色铅笔填充黑色轮廓线图案。这些轮廓线表现了一些最简单的几何图形和各种不同的常见物体。

（三）泥塑手工

在这种练习中，儿童可以随心所欲地用黏土做自己想做的东西，一般来说，这都是他们记得最清晰、印象最深的东西。教师给孩子一个木质圆盘，里面放着黏土，然后再给出一些他们的同伴用黏土做的优秀作品。这时一些孩子就会模仿这些作品，而且其模仿的细节程度更是让人惊奇，他们不但对形状进行了复制，甚至还对需要在小学才学习的维度进行了复制。

一些孩子用黏土做他们在家里、特别是厨房当中看到的家具，比如水瓶、茶壶和煎锅等等。开始时，需要孩子对物体进行具体描述来确认物体，但到后来，作品就会越来越容易辨认。在这一过程中，儿童以环境观察者的身份来展现自己，从而逐渐培养一种自觉的观察意识。而且通过这种练习的间接帮助，孩子们对各种不同事物的感觉和概念被确定下来，并且更加清晰。而在此过程中教师的帮助则显得弥足珍贵。

（四）几何图形分析：边、角、中心、底面

需要特别强调的是，几何图形分析并不适用于年龄非常小的孩子。在蒙台梭利的尝试中，几何分析的入门课程只能局限在长方形的范围内，而且还必须借助游戏来更清楚地体现各种几何概念。游戏是为晚餐布置桌面，道具是一套玩具餐具，在玩具商店里面应该都能找到，包括餐盘、汤盘、有盖汤盘、调味瓶、玻璃杯、玻璃水瓶、小刀、叉子、汤匙等等。

蒙台梭利让孩子们按照六人标准布置餐桌（长方形），在餐桌较长的一面（长边）每边放两个位子，在较短的一面（短边）放一个位子。然后把有盖汤盘放在桌子中心，餐布放在一个角落。然后蒙台梭利说：“把这个盘子放到桌子较短一边的中间。”

接下来蒙台梭利让孩子们看看桌子，问道：“桌子角上还缺什么，我们还需要在这一边放上另一个玻璃杯。好，现在让我们看看桌子长边上所有东西都摆放好了吗？短边上呢？桌子的四角还缺些什么东西吗？”

蒙台梭利认为对 6 岁以前的孩子，不能进行比这再复杂的教学过程了。蒙台梭利承认，如果现在就教他们边、角概念，他们确实能够学会，但那仅仅是一种公式化的学习，不是可以应用的经验。

（五）颜色感的练习

绘画和图片。教师准备了许多填色图片，孩子们可以先后用彩色铅笔、画笔、水彩颜料进行填充。填色图片可以从花朵、蝴蝶、树木和动物等到一些简单的风景，包括草地、天空、房屋和人。

考虑到在颜色方面儿童的自然发展，他们在练习当中是绝对自由的，可以自由选择颜色。例如，他们可以将小鸡画成红色，或将奶牛画成灰色。同时，这种绘画也表明了儿童颜色感觉训练的效果。

孩子必须记住图画中的物体在真实环境中的颜色，这就会鼓励他去观察周围的物体。只有那些将颜色涂在轮廓线以内并选择了正确颜色的孩子，教师才能够让他继续进行一些更复杂的图画练习。这些图画非常简单，但是练习效果非常好，甚至有时孩子们可以借此体现出真正的艺术天赋。

第四节　最初的蒙台梭利教育

一、“儿童之家”各种训练的顺序

在方法的实际应用过程中，了解各种不同练习系列，及其呈现给孩子们的练习次序是非常重要的。

本节中清楚列出了各种练习的进程。但在“儿童之家”里各种不同的练习可以同时进行。而从整体上讲，教具的使用确实存在不同级别，其顺序和级别如下：

第一阶段（孩子们刚进学校即可开始）：

1．练习不出声音地移动座椅（实际生活）。

2．练习系鞋带、扣扣子、挂衣服等等。

3．圆柱体练习（感觉练习）。由此开始，孩子练习了自己的注意力，智力（比较、选择和判断能力）。

圆柱体练习从简单到困难依次为：高度相同直径递减的圆柱体；所有维度都递减的圆柱体；直径相同高度递减的圆柱体。

第二阶段：

实际生活练习：不出声音地站起、坐下，笔直地走路。

感觉练习。关于维度的教具包括木棒、棱柱体和立方体练习。此时，教具不能控制错误，孩子们只能通过眼睛辨别并发现错误。这些教具较大，辨别较容易，同时也锻炼了孩子们站起、跪下、搬运重物等肌肉动作。

之后，是热觉和触觉刺激的练习。热觉练习可以用热水、温水、冷水来进行，而触觉则用一些表面粗糙和光滑的物体来进行。

与上述两种感觉练习相结合的是称之为“颜色匹配”的练习（让孩子辨别两种颜色）。

与此同时，通过走直线的练习，孩子们已经发展了一定的节奏感，可以自发伴随音乐进行一定的动作。这同样要求音乐的重复（为了获得节奏感），同理关于安静的练习也要重复。

第三阶段：

实际生活练习：教孩子们自己洗澡、穿衣服、脱衣服、擦桌子、使用各种物体，等等。

感觉练习：对刺激（触觉和色觉等）不同级别的认知教学，让孩子们能够自己自由练习。

首先是听觉刺激（声音、噪声）和压觉刺激（不同重量的小板子）。

同时，可以进行几何图形教学（描画图形轮廓线的手部练习和随后的几何图形卡片的认知练习）。所有这些练习都可以说是从感觉通向书写，从准备通向实际的桥梁。

第四阶段：

实际生活练习：清洁并布置桌面（午餐准备）、整理房间、个人清洁卫生（刷牙和修剪指甲等）等。

节奏练习：获得一种优雅自由和平衡的走路方式，学会控制自己的动作（保持安静，移动物体时不弄坏或者掉下来，也不发出任何噪音）。

感觉练习：重复各种感觉练习，通过乐钟认识各种音乐符号。

书写准备练习：图画（描画几何图形和握笔填色），同时教授孩子触摸并认识砂纸字母。

算术练习：重复感觉练习和木棒练习并进行一些其他更复杂的练习。

图形练习中，从几何图形过渡到了图形轮廓上。这些图形极具教育意义，都表现出了蒙台梭利教学方法中经过反复斟酌的细节。用这种图形进行练习不仅使感觉训练得以继续，同时也帮助孩子观察周围环境。此外，这种练习还发展了孩子的智力，并为书写做准备。

书面语言的学习上，让孩子们学习字母表中的字母知识，并用移动字母进行组词练习。

算术上，教授数字知识。在木棒练习中添加对应的数字练习，同时可以用大木钉，开始进行在数字下面放上相应数目并排成两列物体的游戏。

第五阶段：

继续上述练习，并开始更加复杂的节奏练习。

图画练习中开始进行：

1．水彩的使用；

2．自由写生花朵等。

组词练习：

1．自发书写单词和短语；

2．阅读教师准备好的卡片。

继续从木棒练习开始的算术运算。

这一阶段的孩子表现出了有趣的个体发展差异。他们遵循引导的轨迹以一种显著的方式发展着，智力同时也在进一步条理化。

练习要遵循孩子的发展规律，从易到难，循序渐进，这就需要一定的次序和成体系地进行教学，对于这一点，一定要严格遵照蒙台梭利博士的方法，因为混乱只会造成孩子发展的障碍。

二、工作——迈向纪律的第一步

通过仔细分析蒙台梭利方法获得的纪律，发现这种纪律建立在自由基础上，并且发现它并不是任何说教和命令的结果，而是通过工作才获得的。

所有人在参观蒙台梭利学校之后，都会对孩子的井然有序的纪律留有深刻印象。

当教师希望孩子们集合起来去做什么时，他只需要用一种很低的腔调说话，或者是做一个手势，孩子们就会却注意到，并非常乐意去遵守。参观者为孩子们那种对最细节东西的遵守，以及愉悦的服从所震惊。在做完教师命令的事情后，他们就立刻回到自己的工作中去了。

或许有人会认为，这都是一种沉重压抑的结果。但是孩子们那明亮的眼睛，幸福自由的状态，他们邀请来访客人看他们作品的诚恳，他们对待访客和向访客解释事情的愉悦自信，都告诉人们事实并非如此。人们会感觉到孩子们就是这里的主人，这些幼小心灵正以一种自由的状态无拘无束地生长着。

所有在场的人都会为孩子们摆放餐桌的情景而震惊。在整个进餐过程中，不论是诸如刀、叉、调羹、餐盘、玻璃杯等餐具，以及装满热汤的汤盘的摆放，甚至添汤盛饭，或者收走汤盘等动作，一个 4 岁大的小侍者都做得敏捷而准确，中间不会犯一个错误：不会打碎一个玻璃杯，也不会撒落一滴汤。整个进餐过程非常愉快，让人震惊。

这些孩子们不但行为变得有条理，而且他们的生活也获得了深化和拓展。然而，他们的这种纪律性并不依靠教师，同时也不是，更不可能是任何命令、说教等普遍意义上的纪律措施的结果。通过工作，通过艰苦的练习，孩子们的内部世界产生了一种奇迹，这种奇迹才是孩子们上述纪律性的基础。

对于孩子们来说，训诫和命令并不能成就真正的纪律。事实上，也没有任何人只是“通过听他人说教”就学会了自律。孩子迈出走向纪律的第一步就是对工作的投入。在某一特定时刻，无论孩子正在做什么练习，都可能达到这种投入境界。这可以从孩子的面部表情、注意力和对同样练习的坚持当中体现出来。

而对于人们来说，在这方面可以通过各种重复“有关安静的课程”来使这种现象更持久，例如静止不动，集中注意力于远处低声传来的名字，认真协调好动作而不碰到桌椅，踮起脚尖走路等都可以行之有效地为个性、运动神经力量和心智的发展做准备。一旦这种工作习惯形成，人们就必须严格监督，按照经验循序渐进地进行练习。

纪律通常是通过间接手段来实现的，需要一系列完善的动作做准备。实现这一目标的手段并不是指正错误，而是通过自觉工作过程来自然发展。因此，这种工作不能是随意的，必须是人类本能渴望做的，必须是人类潜在的自然倾向指向的工作，必须是使个人一步一步不断完善的工作。只有这样的工作才能让个性变得富有条理，让个性拥有无限发展的可能空间。

婴儿所表现的各种自控缺乏，例如摔倒在地，做出各种古怪的姿势，大喊大叫，都是一种不协调的运动状态的体现，是一种肌肉纪律的缺乏。但这同样是一种充满错误的试误阶段，潜藏的是一种不断寻求协调动作的趋势。婴儿虽然还不能控制自己的身体，但最终会建立起这种控制。对于婴儿来说，任何命令都不能给这个正处在建立秩序过程中的个体心理——肌肉系统予以帮助，任何人都不可能让其乖乖听令。相对于成人对于训诫的抵制或听从，对婴儿来说，促进自觉行为的自然进化过程显然才更为有效。所以，对孩子来说，示范所有的协调动作，并且尽可能地分解这些动作非常必要。

在各种协调动作的示范练习当中，孩子们完成了静止不动和动作的完美连接，也习惯了对“安静！别动！”这种命令的完美服从。通过这种练习方式，孩子们学习自律。简言之，孩子们这种指向一定目的的运动已经不再呈现无序状态，而是以工作的形式出现。这就是纪律。

通过这种方式进行自律的孩子，不同于人们所谓的被动的好孩子，他是一个不断完善自我的个体，同时他也扩大了自身自主范围。他不再需要身边总是有人帮助他，告诉他：“安静！做个好孩子！”通过自身的自我发展和有序的外部行为，他正不断向“好”迈进。

在孩子的自然发展中，外部行为是刺激内部发展的一种方式，两种元素紧密交织。工作发展了孩子的精神性，拥有更深精神发展层次的孩子则会做得更好，更乐于继续发展其精神性。所以，纪律不是某种特定事实，而是一条可以让孩子们深刻体悟并准确把握的、抽象的、好的概念。同时，通过实现直接的确定目的，孩子就能够实现最高精神的有序快乐，其中蕴藏着甜蜜和力量，这将成为塑造孩子正直个性的基础。

综上所述，在工作中，孩子不但学会了运动和有用的动作，他还掌握了一种优雅的姿态，点燃了自己精神生活的火种。

但是在生活中，人们经常阻挠孩子这种“寻求有序的方式”的努力。例如，一个大约一岁半的孩子，正埋头用一把小铲子往桶里装沙子。到了该回家的时候了，他身边那个整洁慈爱的保姆耐心地劝说孩子放下手中的工作，当看到自己的劝说无效后，这位保姆就亲自用沙子将小桶填满，然后将孩子和小桶一起放到了婴儿车中。她坚信自己给了婴儿想要的东西。此时孩子的大喊大叫，以及在他脸上流露出来的对暴力和不公正的抗议使我印象深刻。其实这个孩子真正想要的，并不是用沙子装满小桶，而是希望满足机体发展的需要。事实上，如果他能够装满自己的小桶，也许又会将桶倒空然后再继续装，直到他的内部自我得到满足为止。正是这种指向工作的满足感使得他非常快乐。而精神快乐、练习和阳光是儿童幸福生活的三个源泉。

这只是那个孩子生活中非常普通的一个场景，对所有孩子来说都不陌生。成人总是用自己的标准来判断孩子的需要，并且乐于帮助孩子。可是孩子们真正需要的是对自我发展这种无意识渴望的满足。例如，他们希望自己穿衣服，并且希望能够穿得很整齐；希望自己洗澡；希望自己整理房间，而不只是拥有房间。对儿童来说，自我发展才是他真正并且几乎是唯一的快乐。在 1 岁以前，婴儿的自我发展包括大范围的摄取营养，但之后，自我发展则包含建立起协调有序的心理——生理机体功能，他们希望协调自主的运动，通过举起物体来锻炼控制肌肉的能力，训练眼睛目测距离的能力，通过工作来练习自己的推理能力，通过确定自身的行为来强化意志力，而成人则经常将他们的这种努力打断。

对孩子来说，学习仅仅是开始。当孩子理解了一种练习的含义之后，他们就会非常高兴地开始进行重复。通过不断地重复，孩子知道了颜色、形状和物体的不同质地，同时也锻炼了自己的注意力、比较和判断等逻辑思维能力。这种重复练习是真正的智力体操，不仅可以在各种教具的理性指引帮助下形成智力，还能通过各种外部刺激训练各种感觉。而且，这种智力体操并不仅仅是心理——感觉性的，还为概念自发的连接，为发展出理性知识，为智力的和谐平衡做了准备。它是引发智力爆炸的导火索。所有这些最终都会表现为一种自发的成熟，在孩子内部形成一种通过学习得到的外部产物——书写和阅读。

此外，在动作执行的时间长度方面，第一次从事一种工作或练习的孩子，动作总是非常缓慢、很有耐心。各式各样的复杂操作对他们来说都是惬意的，比如穿衣服和脱衣服，打扫房间，给自己洗澡，布置餐桌，吃东西等。他们非常有耐心，克服所有发展当中的机体带来的困难，完成各式各样的复杂操作。但对成人来说，他们这种“让自己筋疲力尽”或者“浪费时间”的行为，显然令人非常难以忍受，于是，成人便亲自给孩子洗澡、穿衣服，将孩子喜欢握住的物体从他手里面夺出来，给他的碗里面倒汤并喂他，还要为他布置餐桌。种种服务之后，人们却还坚持自己的偏见，即孩子是无能和懒惰的。

孩子们内心的冲动是一种自然本质，当这种本质受到压抑，孩子们就会通过各种暴力行为，大喊大叫，哭闹不停等来进行反抗。但这时候即使是最喜爱他的人，都会将这种反抗和天生的淘气混为一谈。

通常人们会认为，为了让孩子实现一种自主行动，只能命令他去做（这是另一种错误观念）。这种强迫性的自主行动现象确实存在，这样的孩子也被称之为“听话的孩子”。但在孩子4～5岁时，人们会绝望地发现，孩子们不听话甚至是抵抗的行为会非常剧烈，几乎让人们不得不放弃了。于是人们转而开始夸奖一些孩子“真听话”，但这也许仅仅只是因为，人们在让孩子听话的过程中遇到了重重困难。总而言之，试图通过祷告、命令或者是暴力的方式来实现纪律，这是非常困难甚至是不可能的。这是一种认识上的普遍性错误。

对此，人们只需要反思一下就会发现，这种“听话”在成人来说是一种本能，在一些大一些的孩子身上也作为一种自然倾向出现。因此，“听话”事实上是自发地出现在人当中的，并且是人类最强有力的本能之一。而且社会文明也正是建立在一种服从的基础上。

因此，如果爱孩子，自然就应当向他们指出：服从是生命的法则，是自然的本能。而服从也只能通过心智个性的复杂基础来实现，不但需要个体服从的意愿，而且需要知道如何去服从，并拥有服从的执行能力。可以通过练习来间接地让孩子学会服从。当孩子完成了直接指向某一特定目的的协调动作时，当孩子实现了他要做的东西时，当孩子耐心地重复练习时，他也正在训练着自己的意志力，并通过这一系列复杂练习建立起了抑制能力。比如“安静课程”和算数中的命令练习。有关意志力的练习既是精神性的，同时也是实践性的。一般人眼中，蒙台梭利的练习似乎是让孩子们学习动作的优雅和准确，完善自己的感觉，学习书写和阅读。然而，更深刻的是，孩子们同时也在学习如何成为自己的主人，如何成为一个拥有敏捷思维和坚强意志的人。这同时也是对当前教育中普遍存在的学生个性缺失，以及教育的奴役状态的一种最直接的纠正。

除了意志力练习外，服从还有另一个因素，即执行服从能力。蒙台梭利的学生安娜·马切洛尼所做的最有趣的观察就是将孩子的服从和“知道怎样服从”联系起来。孩子在重复时经常会出现这样一种现象：在自愿进行的重复练习中，几乎每次都能成功，而如果在别人要求下，那就会出现错误。因此，外部命令和自觉行为的结果并不总是相同的。当练习总是成功，具有绝对确定性时，孩子就能准确执行接收到的命令。此时，孩子的发展就到达了完善期，获得了永久性执行某种操作的能力。

综上，对孩子来说，意志力的发展存在着三个阶段：第一阶段，潜意识阶段。此时，由于行为不属于意识领域，因而不能够随心所欲地进行重复。第二阶段，意识阶段。此时在建立和发展行为动作的过程中出现一些具备意识性的行为。而在第三阶段，意志已经可以指引并产生动作了，此时孩子就能够对他人的命令做出回应。

同理，服从也遵循着相同的顺序。第一阶段是精神错乱阶段，孩子不服从任何事物和人，他们听不进任何命令。第二阶段，孩子愿意服从，但至少并不是总能成功地理解并回应各种命令。第三阶段，孩子们对服从反应迅速，并且充满热情。他们非常高兴地服从，对于只要使他感兴趣的哪怕是最细微的要求也会立刻执行。

这样一来，有序就从最开始的紊乱当中建立起了一种纪律。所有这些纪律现象和精神发展都要归因于有序。它开创了一个新时代。蒙台梭利的试验练习体现了一种间接的纪律形式。在纪律形成过程中，孩子们以一种合理的、有组织的、自由的工作代替了教师的批评和说教。在这里包含着一种有别于通常理念的生活概念，这种概念是一种人类都具备的精神力量。它建立在工作和自由这两条可以让所有人都能获得进步的道路上。

让孩子工作，不仅可以有效地增强孩子和社会的联系，还能潜移默化地锻炼孩子的注意力、意志力、责任感和纪律性，让孩子的人格得到更加完整协调的发展。

三、结论和印象

过去的教师总是为了维持纪律而徒劳地空喊，不停地讲话，从而把自己弄得筋疲力尽。“儿童之家”里不存在那种场面。蒙台梭利的教具本身就包含着对错误的控制，这也使得孩子能够进行自我练习。而教师也因此解脱出来，转变成为孩子们自发工作的指导者。

孩子们做着不同的事情，而教师则可以一边看着他们，一边进行心理观察。毋庸置疑，这样真正的科学教育法的必要条件就已经具备。无论是谁都可以采用我的方法，进行一种实质意义上的试验性教育学。在这项工作当中，已经对某些问题有了答案：譬如学生的自由，自我教育，建立起一种工作、生活和家庭作业之间的和谐关系等等，同时，许多解决方法还在等待中。

从学校的实践性方面来看，蒙台梭利的方法不论孩子的年龄，完全可以在同一个教室里面完成教学。不论是两岁半，还是五岁半的孩子，他们可能发展程度不同，但都可以在“儿童之家”通过自己的力量来完善自身，成长为独特的个体。

而且，混龄教学也使得农村和小城镇的教育更加便利。所有的年级一起上课，使得学校中完全可以只雇佣一位教师，对一群孩子发展水平从 3 岁到小学三年级不等的孩子进行指导。同时，蒙台梭利的方法使得书写教学变得非常容易，可以更好地消除文盲。

对于教师来说，在不同发展水平的孩子们中间，他可以待上一整天，就像母亲可以在家里和各个年龄的孩子待在一起，而不会感到疲劳一样。

对孩子来说，在智力进步的同时，他们通过工作实现了一种积极的纪律和日常生活的各种独立性。在富有智慧的教师指引下——这些教师既关注着孩子的身体发展，同时也关注着他们的智力和道德进步——孩子们在身体和精神性上快乐地完善着自己。于是，理想的人类成长起来。

这些孩子和那些在普通学校的灰墙当中成长起来的孩子有着迥然相异的气质，他们有着清纯和幸福，以及直率和开放的性格，他们独立自主，文雅礼貌，在参观者面前他们明亮的眼神和欢快的声音都会让人们感觉到这些孩子的与众不同。

同时，他们的这种不同也深深感染着周围的每一个人，当这些孩子用蒙台梭利的方法来深深地享受快乐时，教师也深受感动，感觉接触到了他们的心灵。“儿童之家”似乎对每一个人都施加了一种精神性影响。在这里，人们甩开了外部世界的负担，进入了一种简单的忘我之中。他们被这种人类灵魂依照本性而自然发展的场面所吸引，并因而称这些孩子们为幸福的孩子。

作为一种实验性教学方法，蒙台梭利教学法本身有许多优势。但它最大的优势就是它本身的实验性，这使得它能够永远保持一种发展和更新的激情和活力，也使得它能够适应任何阶层，任何民族和国家，以及任何时代。从这个意义上讲，发展到如今，蒙台梭利方法已经不仅仅是蒙台梭利博士最初的方法，而是有了更丰富、更加超然的内容和地位。但中国式的蒙台梭利方法显然还需要完善，这有赖于大家的共同努力。

第三章

以孩子的眼光看世界

第一节　蒙台梭利教育的新发现

蒙台梭利时代，儿童问题已引起了社会的极大关注。一个旨在维护儿童权利的社会运动应运而生。但这个运动发生发展过程是完全自发的，就像是一座突然爆发的火山，岩浆向四面八方喷发、溅射着。也就是说，该运动并没有发起者，其发生发展也没有一个高瞻远瞩的指导者。

科学的发展极大地推动了这个社会运动的发展：卫生学使儿童的死亡率大大降低；而且，人们也已经意识到，儿童的童年生活并不愉快。学校的课业在不同程度地伤害着儿童，使他心智疲乏、弯腰曲背、胸腔萎缩。当他离开学校时，已不再像一个儿童。这是非常不幸的。

经过几十年的研究，人们终于逐步认识到儿童的生活是扭曲的。这种现状究其根源，无非就是儿童的父母和周围的整个成人环境造成的。对于成人来说，他们更关心自己的工作。相对而言，儿童永远是一个制造麻烦的根源。城市里，不管是众多家庭拥挤的狭窄住房内，还是人来车往的马路或者人行道上，儿童根本谈不上什么活动空间。成人都在忙于自己的工作，没有时间来照管自己的孩子。即使在一些比较幸运的情况下，父母不用工作，儿童同样也会被限制在自己的房间里，由陌生的人来照顾。儿童找不到任何被接纳和被理解的感觉。对儿童来说，所有的东西都是成人的财产，都是禁物，没有任何东西是属于自己的。那么，儿童有什么呢？一无所有。

儿童带着一种新的活力来到这个世界。这种活力不仅能纠正前人的错误，还能给浊世带来一种清新的气息。然而，由于某种心理障碍，成人潜意识里并不关心儿童的成长环境。儿童成为父母发泄的牺牲品。此外，他们还被排斥在成人世界的法律和秩序之外。

可以说从人类产生以来，漫长的几个世纪中，人们麻木不仁地看待儿童的成长和命运。由于儿童卫生学的广泛传播，这种情况获得了一种良性转变。人们开始越来越多地关注起儿童，这是一种巨大的进步；20 世纪初，人们开始真正关心儿童健康，并从一种新的角度看待儿童的生活。于是，一种新的新的教育原则产生了。这种建立在宽容和理解基础上的原则很快就被学校和家庭所采纳。

而这种观念的转变，除了源于科学进步，同样也要归功于人们认识的提高。专门的儿童游戏场所、儿童剧院、儿童书籍、适合儿童的户外活动、适宜的家具以及各种儿童专有组织等新事物在城市里陆续出现。儿童已经被看作是社会不可缺少的一部分。不管人们愿意不愿意，这种观念已经深入人心。成人承认并秉承着这种观念，但他们却又在潜意识地伤害着儿童。这将会给儿童留下一种内在的悲哀，这种悲哀其实正是成人错误的外在反映。儿童问题是一个社会问题，这已经是人们无法回避的事实。只有更好地面对这个问题，才能更正确地理解人的自然发展规律，社会才能获得一种新的观念和生活方向上的启迪。

当下，我们关注的更多的是孩子的智力发展，却缺少了对于儿童作为一个人立身于世的道德教育，人生观、世界观的教育，等等。我们的教育培养出的儿童也许能力超群，但心灵可能是空虚的，这容易导致他们成年之后心灵上的麻木和道德信仰的缺失。

第二节　精神的胚胎

一、儿童的时代

蒙台梭利时代，社会在儿童的照管和教育方面取得了十分惊人的进展。这些进展虽然有部分原因是人们生活水平的提高，但更多的应该归功于人们一种关注意识的觉醒。从 19 世纪 90 年代开始，人们越来越关心儿童的健康，与此同时，人们也更清楚地看到了儿童个性发展的重要性。总之，人们越来越多地关注着儿童的发展和儿童教育。

医学、哲学和社会学的任何一个分支，其研究工作都无法脱离儿童问题。例如，对于生物进化来说，研究儿童生活知识要比研究胚胎学有用得多。尽管这些问题仅仅取自于儿童的生活，但它几乎对所有社会问题都有着一种广泛和深远的影响。

儿童研究不仅是把儿童作为一种肉体的存在，更作为一种精神上的存在。只有建立在这个基础上，儿童研究才能给人类的发展提供一种强大的原动力。在儿童的心灵中，也许可以发现人类进步的秘密，也或许它还能够引导人类进入一种新的文明。

瑞典作家艾伦·凯甚至预言："20 世纪将是儿童的世纪。"此外，在意大利国王维克多•伊曼纽尔三世的第一次演讲中，也能够找到类似的表述。他提到，21 世纪开始了一个新时代，并称之为"儿童的世纪"。这个演说发表在 1900 年，恰好是新世纪的开端。

这种预言也许最完美地反映了 19 世纪最后 10 年人们对科学发展的印象和思考。那时，人们终于认识到，在传染病病例中，儿童的死亡率是成年人的 10 倍。同样，人们也认识到了严苛的学校教育对儿童身心的伤害。

然而，没有人能够预言，在儿童的世界中是否隐藏着某些至关重要的奥秘，它能揭开整个人类心灵的面纱。而且，儿童的心灵中是否蕴含着某种生机勃勃的力量，一经发现就能帮助人们解决成人自身和所处社会的某些难题。正是儿童心灵深处的这些秘密，才能奠定"儿童研究"这门新学科的基石，并对整个社会产生深远影响。

其实不论何时，儿童问题都是一个大问题。随着科技的发展，以及社会生活内容的极大丰富，如何养育下一代，早就已经成为关乎整个社会发展的重大命题。

二、儿童与心理分析

探索潜意识的奥秘，这是心理分析开辟出的一个新的研究领域。该领域迄今为止仍旧鲜为人知。尽管心理分析还无法有效解决生活中亟待解决的问题，但它能帮助人们了解儿童世界里不为人知的一面却是一个不争的事实。

也许可以说，心理分析完成了心理学上的创举，即通过意识来分析人们内心的秘密。这就如同人类终于到达了古人眼中的天涯海角或是大力神海克力斯的石柱。如果说心理分析至今尚且无法控测潜意识的汪洋，那么就无法解释，儿童的心理是如何对人类的问题有更深刻的认识的。

众所周知，心理分析最初只是医学的一个分支，是治疗精神病人的一种手段。毫无疑问，它成功地揭示了潜意识如何支配人的行动。利用心理分析，人们深入到潜意识层面来进行研究研究人的心理反应。这种研究是为了发现导致那些反应的重要而又隐秘的原因。透过这些原因，就能触及一个人思想中存在的未知世界。这个世界与人的命运息息相关。但是显然，心理分析还无法成功地探索这个世界。

潜意识这个庞大的形同“处女地”的领域，需要新的学科和理念来充实完善。或许，借助这些研究成果，人们就能通过研究儿童对外界环境的反应，来透视他们心灵的发展历程，通过及早察觉儿童内心的痛苦挣扎，来避免他们误入歧途，从而有助于对整个人类进行更深入的研究。

心理分析有一个最惊人的发现，一个精神病患者的病因可以追溯到他的婴儿时期。那些被潜意识再次唤醒的往事让人们明白：儿童恰恰成了那些难以名状的痛苦的牺牲品。这一发现既令人兴奋，也让人困扰，因为它与人们既定的认知完全不同。童年时受到的心灵创伤对人生的影响缓慢而持续，但人们的认知中，却不承认它们是造成成年人心理疾病的潜在原因。这种现象很大原因上是因为，这类心灵伤害一般由喜欢发号施令的成年人在孩子的自然成长进程中不断施加的压抑所造成。它通常与最能影响孩子的人密切相关，尤其是孩子的母亲。

人们应该认真区分心理分析中心灵的冲突的两个不同层次，其一为较浅的层次，它来自一个人的本能与外界环境的冲突。他必须去适应那种环境，但这种适应行为又与他的意愿相违。类似这种矛盾与冲突还是可以缓和的，因为他能够在显意识中清醒地审视思考那些困扰以及引起的原因。然而还有一种更深层次的心理冲突，需要人们不断加以探索。那就是一个人在童年的记忆中，与其母亲以及其他成年人之间的冲突。

后一类型的冲突在心理分析中很少涉及，所以也更难得到解决。实际上，人们也很少去着手解决这类问题，至多把它们当作引起疾病的原因。

现在人们已经认识到，不论身体上还是心理上的疾病，都应考虑到患者的童年经历。那些由童年时期的问题引发的疾病是最严重、也是最难治愈的。

然而，尽管身体上的疾病已经引发了医学上一些具体分支学科的发展，例如，胎教和婴儿保健，而且社会也越来越关注儿童的身体健康。人类精神方面的疾病却没有受到同样的重视。虽然人们现在已经认识到，许多成年人严重的心理障碍，以及他们表现出的适应困难都起因于童年的遭遇，但是却仅止于认识，人们并没有尝试去缓解儿童的心理冲突。

至于原因，一部分源于心理分析需要借助技术手段去探索潜意识。这些技术只适用于成年人，根本无法用在孩子们身上。比如说，人们无法让一个儿童去回忆他童年发生的一切，因为他依然是个孩子。因此，面对儿童，更加需要观察，而不是打探。要注意的是，这种观察必须从心理的角度来进行，以此来发现儿童与成人和社会之间的冲突。显然，这种方法不需要心理分析的理论和技术，只需要采用“观察”这一新的视角来对待儿童及他们所处的社会环境。

这种观察方法无需对心理疾病进行艰深而烦琐的分析，只需把握好儿童心灵的现实状况即可。当然，这包括他从出生时开始的整个生命历程。然而，至今也没有人来谱写人类心灵发展的历程，描述儿童在成长中遇到的障碍，还有他们与监护他却不理解他的成年人之间的冲突，也没有描绘过儿童那难以名状的痛苦、稚嫩心灵中的迷惑、毫无道理的挫败和他们潜意识中的自卑。

研究儿童的心理发展，心理分析所能提供的帮助很小。而对儿童心理的研究却恰恰有助于心理分析的发展。因为它的研究对象是精神正常的普通人，其研究目的在于预防可能导致精神疾病的心理冲突。而这也正好是心理分析所关心的问题。

这样一来，一个能够科学探索儿童世界的新领域诞生了。它与精神分析既类似又有所不同。它将致力于透视儿童的精神生活。这样人们就能更好地了解儿童。而且，它还敦促人们改变对待儿童的错误态度，让他们意理论上，心理分析对于研究儿童的心理发展帮助很小，但在很多时候，成年人可以参照自己来对待孩子，这就不可避免地要用到一些心理分析的理论和技术了。比如说，面对孩子屡教不改的行为，不能简单粗暴地使用“棍棒”政策，而可以通过对自己童年时期类似行为的追溯分析，发现孩子行为深层次的含义，从而更好地引导孩子。

三、对成人的控告

对于引发儿童心理紊乱的罪魁祸首，弗洛伊德用“压抑”这个词来描述，其词义所指不言而喻。

儿童在社会中相对而言是孤立的。因此，在发展过程中他更易受到与他接近的成人的影响，从而处于压抑状态。这种状态使他不能自然地发展和成长。然而“成人”这个概念是非常抽象的。具体到实际生活中，通常，这个人首先是他的母亲，然后是他的父亲，最后是他的老师。

社会赋予了成人教育儿童并促使其发展的责任。但是现在，当人们探究了心灵深处的秘密和隐患之后，情况发生了逆转。那些在以前被当作人类卫士和恩人的成人被推上了“被告席”这里说的成人，几乎包括了所有和儿童亲近的人，无论母亲、父亲、教师，还是其他监护人，甚至对儿童的幸福负有不可推卸责任的社会，都受到了控告。

这种控告虽然让人始料未及，其实却存在着某种极富深意的东西，神秘而令人敬畏：“你们对我委托给你们照料的孩子做了些什么呢？”对此控告，成人的第一个反应是抗议和自我辩护：“我们已经尽力，我们热爱自己的孩子，为了他们不惜牺牲自己。”当然，他们也确实如此。其实，究其原因，冲突的产生在于观念的互相对立，一种是有意识地想要做好，另一种是来自潜意识的破坏。

现实生活中，对于这种辩护人们已经非常熟悉并习以为常，并因此对其毫无兴趣。让人们感兴趣的是这种控告本身，而不是被控告的对象。其实，这种控告是一件非常有趣的事情，因为它谴责的不是一种“偶然”的失误，而是源自“潜意识”的错误。然而不管怎样，它毕竟意味着一种失误，同样会让人丢脸。但是，也正因此，这种控告能使人加深自我认识，从而提高道德境界。

要把儿童从危及他的心理冲突中解放出来，就需要用一种截然不同的态度对待儿童，这就需要一次剧烈的变革来改变一切。然而这种变革必定将依赖于成人。

关于儿童，特别是儿童的心理，的确还存在着大量的未知，然而这些东西又是必须了解的。于是发现儿童，探究童年的秘密就成了一种必须。

正是由于不了解，成人才会和儿童的自然发展处于一种不断的冲突状态。这个问题并不是一些新知识或更高的文化水准就能解决的。对成人来说，他们每个人都必须先改变自己的观念或者态度。在此基础上，他们才能去探究那种阻碍他真正理解儿童的无意识的错误，然后才谈得上进一步探究儿童。

这样，在与儿童打交道时，成人就会做出改变。以往，他们总是从自己的角度出发，看待并影响着儿童心灵的一切，从而导致不能理解儿童。他们总是把儿童看作是“心灵一片空白的人”，需要他们不断填塞；或者“孤弱和没有活力的人”，所有事情都必须由别人代劳；或者“缺乏精神指导的人”，必须不断地给予指导。总之，成人把自己看作是一个创造者，并从自己与儿童行为的关系角度来判断儿童好或坏。成人是一贯正确的，儿童必须根据成人的既定标准来塑造自己，否则就会被当作是一种罪恶，被成人迅速纠正。如此一来，即使口中那种充满着激情和爱的牺牲精神确信无疑，他也会无意识地“压抑儿童个性的发展”对成人提出控告，这种控告本身就意味着一种观念的革新和进步。而这种观念，也正是蒙台梭利博士在自己的著作中一再强调的，成人必须真正认同儿童和自己一样，同样具有完整的灵魂，只是特征不同而已。只有从心理上把孩子放在一种同等的地位上，尊重他、理解他，才能进一步做到真正地爱护他。

四、新生命是一种本能

德国胚胎学家沃尔夫的一份关于生殖细胞分裂的报告中，向人们展示了生命是如何发展并拥有活力的，同时也提供了一个验证精神力量如何趋向一个既定目标的惊人例子。经过实验，他彻底推翻当时普遍流行的生理学观点：一个受精卵细胞已经含有成人的最终形式，虽然并不完美，但当它被置于一个适宜的环境中，这个人最终就会从中生长出来。

得益于显微镜的发明，沃尔夫能够成功观察到活的生命究竟是怎样发展的。他发现，每一个生命，无论植物还是动物，都是从最基本的、尚未显示出差别的细胞开始的。而这个原始细胞本身，丝毫没有整个生命进程的任何物质证据。尽管在这细胞内含有决定它的遗传特征的染色体。而在一个动物胚胎的早期发展过程中，并没有任何可见的设计方案，这个生殖细胞服从的只是一种本能。人们只能从这些细胞不知疲倦的工作进程中看到这种本能，除此之外，不存在任何其他的东西。

所有哺乳类动物的胚胎，当然，人的胚胎也是这样，从最早出现的一个小囊，到后来成为心脏，再到通过心脏有节奏的搏动，为正在形成中的组织提供必要的营养，整个胚胎形成的过程都显示了一种令人惊讶和难以想象的创造性，因为它是极为隐秘并独立完成的。自然界用一种神秘的物质把生长中的胚胎包裹起来，时机到了再把它们打开，于是一个新的生命就诞生了。

然而，刚刚诞生的这个新生命并不仅仅是物质上的存在，与生殖细胞一样，它自身也有某种似乎已经预定的心理机能。这个新生命将不仅仅通过各种器官发挥功能，同时也具有一种心理本能，这种本能将使它适应环境。所有的物种，即使最低等的昆虫都是如此。从蜜蜂能在复杂的环境中生活和工作，鸟类孵化出来之后有飞的本能可以验证这一点。实际上，新生命诞生伊始，自身就包含了一种神秘的主导本能，这种本能成了它的活动、特征和适应环境的源泉，总之，它对外部环境产生作用。

外界环境不仅对生命本身提供生存的手段，同时也刺激它用自己的特征或者方式为世界的协调和守恒做出贡献。一个动物在自然界所处的地位从出生就能看到。众所周知，这个动物将很安静，因为它是羔羊；另一个动物将很暴烈，因为它是狮崽；这个昆虫将不停地工作，因为它是蚂蚁；另一个昆虫除了孤独地吟唱外别无他事，因为它是蝉。

同样，新生儿也有其物种所特有的心理潜能。如果只是因为人的心理生活极为复杂，远远超出其他的生物，就认为人没有心理发展的进程。这种观点显然是非常荒谬的。和动物不同，儿童的心理会深深地隐藏着。因为儿童并不受那种非理性的生物中存在的先天本能的支配，而这个事实也恰恰表明了儿童有着更为广泛的自由。这种自由就要求在保持个人的、秘密的基础上，精心制作完成个体的每个特定部分。也正因此，在儿童心理中存在着一种难以探究的秘密，随着心理的发展，它会逐渐展现出来。这种隐藏的秘密就像生殖细胞遵循某种模式成长一样，只能在过程中才能被发现。这就是为什么，只有儿童才是人们所要揭示的“人的自然模式”，但也正由于儿童和所有新生命一样娇嫩，他的精神生活需要得到保护，需要一种适宜的环境来自然成长。

新生命是一种本能，孩子是自己最好的塑造者。通常来说，这种本能只需要一种适宜的环境来保护，而不需要其他的来自外界的诸多指令干涉。

五、新生儿

“地球上听到了一种颤动的声音，
以前从未听到过，
它来自一个以前从未运动过的喉咙。”

新生儿出生时从一个自然环境，进入一个“超自然”的社会环境，这是一种生存方式的转变，需要新生儿做出最大的努力去适应。出生的巨大转变要求人们科学地对待新生儿，因为，这几乎是一个人一生中冲突和挣扎最为剧烈，痛苦也最为深刻的时期。然而，文明社会对这个时期却没有任何研究，虽然，许多人都说。文明社会是关心新生儿的，那么它又是如何关心的呢？

新生儿刚刚诞生，人们就为母亲准备好了安静而又光线暗淡的环境，让她可以得到充分的休息。然而，对于刚刚离开没有任何光亮和声响之处的儿童来说，他更加需要安静以及光线暗淡的环境，更加需要充分的休息。

新生儿像一位来自遥远地方的新移民，疲乏不堪，并且经受了莫大痛苦，但人们又是如何接待他的呢？

医生仅仅毫无表情的确认这个新生儿是否活着，而它的父母以及所有那些等待着新生儿诞生的人会急切地欣赏他，赞美他，抚摸他。但是，没有一个人认为，这个新生儿是受过痛苦的，同时又是纯洁的和不被人所理解的。

作为一个一无所有的人，成人们以自以为是的喧闹和抚摸“折磨”着它，父母出于一种谨慎，把它托付给一些“有经验的人”照管之后就放心了。而这些人所懂得的，就只有如何紧紧地抱住他，不让他摔下来，似乎，只要保证了这个新生儿是活着的，就足够了。

出生以后，这个新生儿会立即被穿上衣服，紧紧地包裹进襁褓中。于是，习惯了在母亲的子宫里蜷曲着的幼小身体，像是上了石膏一样被拉直而且不得动弹。然而实际上，对新生儿来说，衣服并不是必需之物，至少在他出生后的第一个月他并不需要衣服，以后，随着襁褓的消失，代之而起的也应该是轻薄柔软的套衣。确实，新生儿最好能裸露着，这种环境更接近母亲体内的环境。他需要保暖，但这种温暖应该来自周围的环境，而不是衣服。

人们没有必要再继续谈论这种对新生儿的不关心了。无论如何，人们必须承认：虽然已经为新生儿做了很多事情，但仍有更多的事情要做。

这里要提及另一点：无论多么热爱儿童，从他来到人们中间的最初时刻起，人们就本能地提防着他。成人的心理会被这样一种思想所支配：“当心这小孩，别让他弄脏任何东西或惹人讨厌。看住他！提防他！”例如，为了防止儿童弄脏床垫，人们就把一块不透水的床罩放在床垫和他的身体之间。

新生儿是弱小的。虽然他逃脱了死亡的危险，但是，人们不能想当然地认为危险已经过去了。其实，这时候他更加需要帮助，不论是对于危险的预防上，还是从身体上、心理上适应一个全新环境的迫切性上。同时，人们对新生儿的态度也不应该是一种怜悯，不应该让一个有自己的心理生活的人，一直被限制在人们的感知范围之内。

新生儿应该生活在一种充满温情的环境中。从人们触摸和搬动新生儿的方式，以及同时在人们身上所产生的那种微妙的感情，都会使得一种希望和崇高的感情洋溢，使得环境变得神圣起来。

把对儿童的照料和对母亲的照料两相比较，人们就会发现通常做法的荒谬。用漂亮的衣服以及花边和丝带等把新生儿打扮起来，就相当于要母亲在分娩之后立刻盛装参加一个宴会一样，只会让人心神不宁，无法休息。

人们经常会把新生儿从摇篮抱到肩上，又随意地把他放在母亲身边，并不考虑他的感受，这实在是不应该的。但人们却通常都认为，这也没什么不可以的。

对于人的生命中的第一个时期，人们不仅尚未充分地进行探究，而且也没有深刻地认识到这一时期的重要性。正如现在所知，儿童在他生命的第一个月中所遭受的痛苦和压抑，将会影响他未来成长的整个进程。

人们对新生儿还没有真正的感情，很大程度上是因为，它几乎还没有显示人的特点。当他到来之时，人们几乎不知道如何接待他，尽管它自身已经具有一种可以创造一个更加完美的世界的力量。

综合蒙台梭利博士的论述，再参照中国的具体情况，应该做到以下几点：

①要把新生儿作为一个筋疲力尽、亟须休息的人来对待。尽量模拟出类似于母体的生存环境，让新生儿的第一个月能够安全舒适地适应。

②要把新生儿作为一个真正具有完整灵魂的人来看待。比如，对于一个完整的人，在他劳累时，我们会给他安静的适合他的环境休息；不会因为各种原因百般用各种漂亮的衣服来“摆弄”他。

③照顾新生儿，举手投足间，都要有一种发自心底的温情，而不是一种类似于对待“洋娃娃”似的喜爱。

六、母性的天赋本能

哺乳动物作为高等动物，在其哺乳阶段，尽管非常劳累，仍然表现出一种照料后代的本能。以一只普通的家猫为例：它会尽快把刚生下的小猫“藏”在黑暗的地方，尽心留意着，甚至不让任何人发现它们。一段时间后，当它们变成美丽而又富有活力的小猫时，它才会让它们跟随它出来。

相对而言，野生动物对后代甚至表现出一种更深厚的母性。当幼兽快要出生时，雌兽就会离开群体，去独自寻找一个隐蔽场所生下幼崽。随后，它会让自己的孩子和群体分离二三个星期到一个月，甚至更长的时间。时间长短因物种不同而有所差异。并且，在此期间，母亲会尽自己所能地照料自己的孩子。安静和隐蔽的环境是它们首要准备的，这种环境能够避免光线和噪声打扰到孩子。尽管这些幼崽天生就有某种已经发展得很充分的特有能力，大多也很快就能够站立和行走。但它们的母亲仍让它们与群体分开，并精心照管它们，直到它们成长到能够使自己适应新的环境为止。这时候，母亲才会带着自己的孩子回归群体。无论是马、野牛、野猪，还是狼、老虎，这些高等动物的母性本能基本上是相同的。在这个生命的早期阶段，所有动物的母亲都会小心地保护自己的孩子，并攻击任何接近的人。然而，母猪甚至会吞噬掉自己所生的小猪，可以证明家畜的这种本能常常会因遭到破坏而丧失。所以说，母性的天赋本能，只有在没有人为束缚的环境下才能正常发展。

哺乳动物的母性本能清楚地表明：幼崽从出生开始，到它逐渐接触外界环境，以及相应的各种能力的苏醒，这段时期非常关键，需要特殊照顾，具体来说至少要与群体分离，并得到充分的休息。而之后的几个月，它们仍需要受到照管、喂食和保护。

动物对甫出生的孩子的关心和照料，并不仅仅局限于身体需要。自然界许多现象可以证明：虽然通过母体的乳汁和温暖，幼崽已经克服了新环境中主要的物质困难，但是母亲仍旧宁愿在这个隐蔽而孤独的地方等待着自己的孩子内在天赋能力的觉醒。因为这种天赋能力会使幼崽成长为同一物种的又一个体，而这个过程只有在安静和光线暗淡的环境下才是可能的。所以哺乳期的雌兽会时刻准备着弄干净自己的孩子，并不厌其烦地、慈爱地帮助和训练它。这样，它在回到群体中之后才能够顺利地适应群体生活。

自然显然在关注着每一种动物的发展。当母亲努力地激起孩子的潜在本能时，她的关心并不仅仅表现在孩子的生理需要上。由此推演出去，作为人类，对于新生儿，不仅要十分用心地照料他的身体健康，还应该注意他的心理需要。

母性是一种天赋本能，新生儿来到这个世界，最适合照料他的无疑就是母亲，释放这种母性本能，需要一位母亲全心全意的付出。具体到中国，绝大部分母亲都会有一段时间的产假，在照顾孩子上母亲最好亲力亲为。同时，在第一个月，除了母亲以及作为帮手的父亲，其他人最好少去打扰孩子，想要探视孩子最好等到满月之后。

七、心灵的胚胎

新生儿由一些简单的器官和组织混合而成，构成了一个活生生的生命。这个复杂的过程显示了一种心灵的力量。而且，从意识和潜意识的区别中，人们可以发现，儿童从一出生就有了一种真正的心理生活。所以，在对待新生儿时，应该考虑到他的“心理生活”。要促使他主动与外界联系，从而去发展他的意识。鉴于“教育”应该理解为儿童的心理发展而不仅仅是智力发展，所以确实可以这样认为，教育从出生开始。

不同于动物，儿童诞生时，其天赋本能几乎没有得到任何发展。新生儿比任何其他生物都表现得更孤弱无助，并且在很长的一段时间里会一直如此。他不能说话，不能行走，需要人时时留心。经过很大的努力之后，他才能学会发音，学会用哭泣或喊叫求助，学会站立和走路，然后才是说话。而心灵的胚胎，则可以理解为一种神秘的力量，它给新生儿孤弱的躯体一种活力，使他能够生长、站立和说话，并不断得到完善。

必须承认，儿童的天赋本能不仅影响着自己身体的成长，还影响着各种心理功能的发挥。这种影响在无理性的动物身上表现为物种特征。而对儿童来说，则表现为一种个体特征。尤其在身心协调发展的状态中，这种个体特征表露无遗。

对于动物来说，明确表现出来的物种本能会被强加上某种基本特征：所有哺乳类动物出生后几乎立即就能站立、行走和拥有物种自己的语言。

而在它充分生长之后，将会表现出非常明显的物种特征：幼鹿能轻快敏捷地行走，象却只能就缓慢笨重地行走，老虎长着利齿又非常凶猛，兔子则只能在嫩绿的田野上从容地觅食。这些特征决不会改变和混淆。而个体特征表现得非常孤弱的儿童，却又可以展现自己独一无二的变化，这就构成了一个谜。就拿说话来说，一旦能够发音，他就开始模仿周围的人的语言，从语音到音节，最后到单词，他将有意在与外界的接触中发展自己的所有功能。因此，在某种意义上，儿童其实是他自己的创造者。

人与动物之间的差别就在于：动物就像成批生产的物品，而人就像手工制作的物品，每一个人都不相同，每一个人都有自己创造性的精神，这使他成了一件手工艺术品。而且，那不是一件现成的和简单的复制品，而是一种新型的和积极的创造物。这样的物品将会让这个世界为之赞叹。

儿童的运动器官的活力就是心灵胚胎对个人机能的影响。一般认为，人体是运动器官的复合体。而从生理学角度来讲，人体是随意肌的复合体，正如它们的名称所表明的，它们能由意志来驱动。这个事实有力地证明了，运动是与人的心理生活紧密相连的。

而人是生命的最高形式，肌肉系统非常繁复，以致很多学习解剖学的学生说："要记住所有的肌肉，你至少必须仔细研究 7 遍。"而人的各种复杂的动作，则需要这些各种类型的肌肉一起工作，每一块肌肉都发挥作用以达到动作的协调和完美。

即使这些动作的准备并不能完全离开自然，但却不能否认，确实有一部分，而且是对方向和意义做出指令的最高级部分，要归功于个人能力。这种神奇的能力同样源于自然，这就是心灵胚胎在行动中的具体体现。同时，这也是儿童生活的第一个篇章，还是人的第一个任务。

如果这种心灵胚胎就是指儿童的心理发展，那么，儿童肯定具有一种先于生理生活而存在的心理生活。在个人与环境之间存在着一种相互影响，或者说，在心灵的胚胎与环境之间存在着一种相互影响，正是通过这种相互影响，一个人形成了他自己，完善了他自己。同时，心理个性自身的形成和发展，也依赖于这种与外界环境相互的影响。从环境中，儿童努力地去吸收，使得自己的心理个性得到不断的发展，这是一个缓慢而渐进，同时又是连续不断的过程。而在这个过程中，人的心灵也必须继续保持警惕，维持它的活力，使得心灵的胚胎能够无止境的工作而不至于终止。因此，正如胚胎变成儿童、儿童又变成成人一样，人的个性也是这样通过自身的努力而形成的。

那么，父母对他们的孩子又有什么贡献呢？事实上，父亲只是提供了一个看不见的细胞；母亲除此之外，还提供一个环境，以便使受精卵能够最终发展成为一个孩子。说父母创造了孩子，不如说："儿童是成人之父"。

正是在儿童这个创造性的时期，个人未来的个性被确定下来。所以，人们应该把儿童的这种神秘的力量当作某种神圣的东西，并努力去展现。这就是为什么必须科学地研究儿童的心理需要，以及为什么必须为这种需要准备一个适宜的环境。

儿童是一个谜。正在成长的儿童是一个精神的胚胎，他需要自己的特殊环境。成人只有认识到这一点，改变自己的态度，把儿童看作是一个正在努力成长的心灵的胚胎，才能领悟到那种自然赋予人们的重大责任。当看着儿童那幼小却极富魅力的身躯，并倾注自己浓烈的爱时，才能够真正开始理解古罗马诗人朱维诺尔所说的那句话："应该把最崇高的敬意献给儿童"。

儿童本来就是一个谜。蒙台梭利博士告诉我们，他就像是一个心灵的胚胎一样，需要我们的帮助和照管。同时，他需要按自己的本能去创造一个全新的生命。对于父母来说，决不能把自己的孩子看作是自己的一件作品，从而不断地干涉甚至阻碍儿童自身那种神秘力量的发挥。我们一定要牢记蒙台梭利博士的那句话："儿童是成人之父"。

第三节 捕捉儿童心理敏感期

一、儿童心理敏感期的形成

儿童是怎样从一无所知到完全适应这个复杂的世界的呢？他是怎样区分事物，并几乎仅仅靠着生活本身，就独立学会了一种语言的呢？他是那么天真快乐地生活着，似乎丝毫不知疲倦。如此种种在成人看来几乎是不可想象的。在心理发展的过程中，婴儿完成的这所有的事情都是一种不可思议的奇迹。然而，熟视无睹的习惯却让人们只是像一个旁观者一样漠不关心。逐渐地，人们才开始问自己：这种种奇迹的产生依靠的是什么，一个充满活力的生命是如何发展的？

对于意识的发展，人们一直都只能借着一些显而易见的事实来泛泛地描述。慢慢地，人们才逐渐明确它的内部机制。现代科学采用两种方式来解析意识的这种内部机制：一是研究影响身体发育的内分泌腺。这种发现引起了一种直接而广泛的兴趣，让人们更加关注儿童健康。另一种是对敏感期的研究。

儿童处于敏感期时，内部会产生一种生气勃勃的冲动能量。这种能量会使他表现出惊人的行动力。为了认知或者适应世界，儿童会以一种特别强烈的方式与外界发生关系。于是，一切就都变得轻而易举。儿童会保持着一种热切的活力和激情，使自己每一次努力都能够增加力量。就这样，儿童以一种持续的生气勃勃的节律，从一种征服到另一种征服，由此构成人们所说的“欢乐”和“天真”，儿童创造自己心理世界的工作也由此开始。因此，从儿童的心理发展中，人们可以观察到一种越来越强的生命力以及一个自然征服的奇迹。

人们可以从“心灵胚胎”和敏感期这两种角度来观察儿童心理形成的内在过程。由此，人们可以看到，儿童心理的发展是内部器官的工作决定的。这种现象也意味着，儿童心理的发展不是偶然的，也不是由来自外界的刺激引起的，而是受短暂的敏感性指导的。这种敏感性是一种暂时的本能，和最终形成某种特征直接相关。尽管这种发展仍旧要依靠外界，但外界并不起决定性作用。对于儿童心理生活来说，外界仅仅像是提供食物和空气一样，提供一种必需的手段。

儿童的内在敏感性决定着，他能从一个适宜的复杂环境中选择一些必要的东西。内在敏感性使儿童仅仅对某些东西产生敏感，但对其他东西却漠不关心。于是，这些受到他的内在敏感性观照的东西就构成了他的整个世界。在一种特定的情境中，儿童能够吸收知识。但是，儿童的这种内在敏感性，并不仅仅源自对这个特定情境的强烈渴望，还在于儿童要运用吸收的这些东西来发展自身的独特能力。因此，儿童在敏感期会进行某种心理的调整。这种调整让他能更方便地在生活中运用自己的运动器官，并使之表现出内在和灵敏两个特点。

可把儿童的这种奇妙的创造活动，设想为一系列来自潜意识的、强有力的冲动。通过这些冲动与外界的接触，人产生了意识。然后这种意识从混乱到清晰，直到最后能进行创造性活动。在与环境的接触中，这种意识会激发出一种创造奇迹的力量，这就是儿童敏感期的由来。例如，环境中存在一种清楚的、有魅力和吸引力的声音。婴儿那尚没有思考力的心灵被这种声音激发出了一种潜伏已久的力量。这种力量和语言有关。现在，这种力量以一种有规律的运动形式活跃起来。而且在意识的命令下，这种力量有序地改变着它们的运动方式，从而产生一种新的节律。这种节律对心灵胚胎秩序的形成和发展做着准备。

儿童的耳朵、舌头都在运动着，感受着。事实上，整个敏感期，儿童都在工作。此时，一种神圣的力量或者说精神正激发着儿童。在这种力量的作用下，儿童逐渐脱离出生时开始的那种孤弱无助的状态。

而这一切，都是悄悄地发生的，很难让人觉察。这种悄无声息是因为，外部环境提供了充足的条件，儿童的内在需要已经得到满足。例如，儿童学会说话这整个过程都几乎是在不知不觉中完成的。它与敏感期的联系时间也最长。而这个过程之所以如此神秘，正是因为婴儿总是被人们包围着，周围人不断地说话，为他的语言发展提供了一种必需的条件。而这个时期，婴儿的敏感状态表露在外的，唯一能让人们了解的迹象，就是婴儿的微笑。

而当这种神秘的力量被外部环境反对或者阻碍时，儿童心理就会出现失调和畸变。这种结果将会伴随儿童的一生。而每到这个时候，敏感期的儿童会通过一些激烈的反应，诸如任性和发脾气表现出来。可以把它看作是一种发泄或者说控诉，对一种内在的障碍、一种需要得不到满足、一种心理紧张的心态引起的绝望的发泄或者控诉。

儿童通过敏感期可以创造奇迹，可以征服世界。而人们要做的就是逐渐地为他提供适合自己年龄成长的各种外部条件，这种条件非常低，甚至大部分都是生活中司空见惯的。就拿语言来说，需要在他耳边不断地重复一些话语，这就足够了。同时，要注意孩子每一次微笑和发脾气，那是敏感期的一种征兆。

二、帮助儿童度过心理“敏感”期

敏感期的观念带来了一种变革，在对儿童的照管中，不仅必须考虑存在什么，而且要考虑它能发展成什么。成人必须对新生儿的心理现象有所了解。他必须跟随儿童的早期发展，并随时对他以激励和引导。当然他并不是帮助婴儿去形成它自身，因为那是自然的任务。他必须表现出一种对儿童心理的重视，并提供这种心灵胚胎的形成所需要的东西。

为了帮助儿童，成人并不需要去发展一些特别的观察能力，以便能够解释所有的心理现象系统。事情其实非常简单：成人只要在心理上做好准备，同时拥有一些常识就足以成为儿童的追随者。对儿童的照管，既是简单的，又是实际的。众所周知，因为婴儿还不能站立，所以总是躺在那里。这个时候，他会获得最早的感觉印象，以对自己饥饿的心灵提供滋养。所以，这个时候，不能总是让他凝视着房间里白色而又单调的天花板，或他自己的童车的篷盖。同时也最好不要把一些东西，譬如一只能摇动的球或色彩鲜艳的玩具放在他面前，以让他摆脱单调的环境。因为这样做会使婴儿的眼睛跟随着那些东西移动，身体也必须不自然地转动。最好是把婴儿放在一张稍稍倾斜的床上，这样他至少可以俯视房间里的环境。或者可以把婴儿放在花园里，在那里，飘动的树叶、鲜艳的花朵、跳跃和奔跑的动物将为他构筑一个生气勃勃的环境。

另外，也应该让婴儿不断看到相同的景象，只有这样，他才会逐渐学会识别它们；而看到它们总是放在同一个地方，也会学着区分无生命的物品的移动和有生命生物的运动。

对于如何照管敏感期儿童，参照蒙台梭利博士的论述，结合中国国情，我们提出以下几点建议：

①成人必须做好帮助儿童那种隐藏的力量的准备，这种准备分为两个步骤，第一个当然也是大多数父母已经做到的，那就是足够的爱和关心。另一个就是不要越俎代庖，让孩子自己来成长，而不是由成人来塑造。

②成人必须具备一定的关于儿童的常识，这种常识必须包括身心两方面。

③成人一定要为儿童准备适宜的能够满足敏感期所有成长需求的环境。

三、儿童天生的秩序感

儿童具有双重秩序感：一个是外部的。这种秩序感是儿童对他自身与环境之间关系的一种感知。另一个是内部的，这使儿童意识到，自己身体的各个部分以及它们的相对位置。后一种感知又可称为“内部定向”。

通过外部秩序，儿童会逐步认识到周围的环境，并渐渐理解自身与环境的关系。

婴儿有一种天生的秩序感。1 岁半或 2 岁的儿童就能清楚地指明一些东西，事实上，他们甚至更早就已经具有了这种能力，只是没有人注意到而已。同时，他们也需要自己周围的环境有秩序。这是一种本能，甚至可以上升至一种关乎生死的程度。因为婴儿不能生活在杂乱无序的环境之中，这种杂乱无序的状态会干扰他，让他心烦意乱。他会绝望地叫喊着，甚至会采取生病的形式来表达自己的焦虑。外界环境的秩序会明显地影响他的敏感性，而当他长得更大一点时这种敏感性也就消失了。所以，在成人和大一点的孩子身上，根本看不到这种敏感性。这种周期性的敏感性恰恰只会在发育过程中的生物身上出现，所以称之为“敏感期”这是一个非常神秘却又至为关键的时期。

有一次，一个 4 岁大的儿童在倒水时，一些水落在地板上。这时，一个年龄更小的儿童就拿着一块抹布坐在地板上，不断擦干掉落的水，而当那个大一些的儿童停止倒水时，那个年龄更小的儿童问：“你还有吗？”年龄大的儿童显然一直没有觉察到整个过程，就惊讶地反问道：“还有什么？”

从这个例子中，可以发现一些非常有趣的事情，但是，如果没有一种适宜的环境，或者婴儿觉察到他不能平静地对成人表达自己的想法时，这些有趣的表现就会变成另外一种折磨。为了发现婴儿身上这种敏感性的一种明确的征兆，对于成人来说，有必要去学习幼儿心理学，因为对于秩序的敏感在儿童出生后的最初几个月里就会出现。

儿童这种似乎与生俱来的秩序感，会让他认识到某些东西在环境中所处的位置，并会清楚地记得这个位置。这也能让他更好地适应环境，并熟悉环境中所有的细节。

很明显，儿童对秩序的热爱不同于成人，在某个年龄阶段，它是一种必须，而杂乱无序则会造成对儿童心灵的一种伤害。因此，儿童仿佛会说：“我不能生活，除非我周围是有秩序的。”实际上，对儿童来说秩序是一个生与死的问题。而对成人来说，则仅仅是一个有关快乐或者舒适的问题。

这种对于秩序的内在敏感性，是儿童天生就有的，或者说是由自然赋予的。这种敏感性是一种内部的感觉，通过这种感觉可以区别各种物体之间的关系，从而看到一个整体的环境，以及环境中各个部分的相互依存关系。同时这种整体环境也是儿童去适应并有目的地去行动的基础。自然赐予人工作和适应环境的本能，而秩序感就是自然赐予人的第一份礼物。

相对于外部秩序，内部定向的产生和对身体的各种姿势的高度敏感有关。也就是说，自然给儿童提供了一种和自己的身体各种姿势和位置有关的特殊敏感性。而这种敏感性的产生要远远早于他能自由地到处走动和具有任何经验，可以说同样是天生的。这很大程度上是因为敏感期是与心理活动有关的。一种洞察性的冲动使得意识开始产生。这是一种自发能量，也是一些基本原则产生的基础，而这些基本原则构成了儿童心理发展的基础。

儿童天生就具有某种秩序感，照顾孩子的人尤其是父母一定要意识到这一点，并真正予以重视。比如，母亲总是穿着同一件外套给孩子喂奶，一旦换下这件衣服，这个时候孩子就无论如何不能接受此时的母亲；或者一个孩子洗澡时总是从头到脚来洗，形成了这种秩序感之后，父母就不能突兀地改变这种方式，从脚到头来给他洗，否则只会引起孩子的哭闹甚至反抗。

四、敏感期的智力发展

环境对儿童智力发展的影响不容忽视。众所周知，人们几乎把环境当成了整个教育体系的中心。而与其他教育体系不同的是，人们更多而且也更为合理地关注儿童的感知，或者说更加强调儿童的内在的敏感性。

从出生到 5 岁，儿童具有一个渐进的敏感期。这也是儿童获得一种真正惊人的能力，从环境中吸收印象的源泉。儿童是一个积极的观察者。众所周知，一个真正的观察者会根据一种自身的内在冲动、一种感觉或特殊的兴趣，有所选择地运用自己的感官去吸收印象。这种印象大多数时候都是片面的。但是儿童显然不会受到这种兴趣的影响，因为他开始时一无所有，只能依靠自己的力量向前发展。坦率地说，这就是儿童的理性，整个敏感期都笼罩在这种理性之中。

儿童的理性提供了最初的动力和能量。各种印象被儿童如饥似渴甚至贪得无厌的吸收，并立即被整理排列起来以服务于理性。众所周知，儿童会被光线、色彩和声音吸引住，并因此感到愉快。所以要强调指出，这个理性的过程纯粹出于自发，是一种内部现象，尽管它才刚刚开始。

儿童从一无所有到开始发展他的这种理性，或者可以称之为人的特有品质，甚至在他能走路之前，他就已经开始沿着这条道路前进了。

儿童的心理状态值得注重和给予帮助，尤其是在人类理性出现某种谬误的时候。比如，一个 4 个月大的婴儿可能会把生活中出现的两个男人看作同一个人，因为他们从没有一起出现过。而有一天，当他们一起出现时，就会引起婴儿的警觉和焦虑，这个时候就需要成人技巧性的帮助，而一个 7 个月大的儿童正兴致勃勃地用鼻子闻着图案上的花，或用嘴吻着图案上的儿童，这个时候绝不要把一些真正的花拿给他，否则，只会把他正在努力做的，通过识别图像而进行的一种内部构建工作被完全打乱。这是一种最初的心理模式，儿童以此试图获得一种内部秩序，却往往被成人的无知所阻挠或者破坏。而更为重要的是，儿童应该能保留他所得到的清澈印象，因为只有使这些印象清澈，并且对它们进行区分之后，他才能形成自己的智力。

大量的实验已经表明：不到 1 岁的儿童能从他们周围的环境获得非常清晰的感知印象，从而能从一些图片中辨认出这种环境。但需要注意的是，这种印象一旦获得就不再能引发他们强烈的兴趣了。

从第二年开始，儿童不再会因为一些漂亮的物体或者鲜艳的色彩而兴奋异常，而开始对人们通常不注意的一些小物体感兴趣。或者说，他开始对一些不显眼的，或者至少是意识边缘的东西感兴趣了。可以这样说，在儿童 2 岁时会有一个时期，他的天性会引导智力，直到他能够充分理解周围环境中的东西。

成人通常总想给三四岁的儿童看一些普通的东西，好像他们以前从未看见过任何东西似的。同样，成人也总是以为，儿童仅仅对艳丽的东西、鲜明的色彩和震耳的响声产生敏感性。这些强烈的刺激物确实能引起他们的注意，然而这只是一种强烈的外在刺激带来的伴随现象，即使成人同样不能避免，与儿童心理生活的发展并没有真正的关系。

事实上，这个时期的儿童会全神贯注地凝视着那些人们毫不注意的小东西。而他们之所以这样做，并不是因为这些小东西给他留下了深刻的印象，而只是作为一种“爱的智慧”的表示。

对成人来说，儿童的心灵是一个深奥难解的谜。而这个谜之所以难解，是因为成人往往根据它的外在表现，而不是根据它内在的心理机能来作出判断。必须考虑到，在儿童活动的背后隐藏着一种可以理解的原因。没有某个原因，没有某种动机，他就不会去做任何事情。即使儿童所有的反应真的都是他自己一时兴致所为，但这种一时兴致本身也包含着某些东西。重要的是，这是一个必须解决的问题，一个必须解答的谜。然而儿童的个性与成人的个性是截然不同的。这是一种性质上的差异，而不仅仅是程度上的差异。这同时也是儿童和成人不能相互理解的重要原因。如果成人要找到谜底，他就必须改变他的傲慢态度，必须从盲目的支配者，或者专制的评判者的位置上退下来，成为一个学习者。

相信对于大多数中国父母来说，孩子的智力发展是他们最为关注的话题。而1～5 岁的儿童由于敏感期的存在，本身就具有了吸收周围印象的能力以及自己的一个循序渐进的教育模式。这个模式很大程度上由儿童自身完成，而父母或者教育者只适合做一些引导或者提供一些必要的环境和帮助。

五、爱的冲突

当儿童能够独立行动时，他与成人的冲突也就开始了，称之为爱的冲突。

而在此之前，没有一个成人会完全阻止儿童去看去听，用感知的方式征服他的整个世界。甚至成人还会准备更加合理的环境条件，以便促使儿童的心灵能够更好地从外界环境中吸收东西。但当儿童开始独立地行动、走路和触摸各种东西时，情况就完全变了。尽管成人非常热爱儿童，潜意识中仍旧会产生一种防御本能，总担心一些东西可能被儿童弄脏或打碎。

可以看到，成人和儿童的心理状态之间存在着极大的差异，必须做出一些必要的调整才能共存。而在家庭中，这种状况对儿童来说是极其不利的。由于社会地位的低下，儿童被迫向成人环境妥协，他们的许多行为将不可避免地被成人制止。弗洛伊德指出，贪婪自私正是这种冲突的根源。自我保护是一种本能，深藏在人类潜意识中。成人注意保护自己的安宁和财产，使其免遭新一代人的侵犯，正是这种本能可感知的、最细微的表现。

而由于父母那种确信无疑的爱以及儿童的天真无邪，这种冲突是潜意识在隐蔽状态下进行的。确实，成人的这种防御心态很多情况下被一种“爱”掩饰了下来，诸如“有责任培养儿童的良好习惯”是为了保护自己所拥有的任何东西；“为了维护儿童的身体健康，要让儿童多睡些”是为了自己不被打扰。

就这样，刚刚学步的儿童还来不及为自己的活动自由而欣喜，他就遇到了一群巨人阻拦他的每一个举动。

蒙台梭利博士的“爱的冲突”，究其根源是两种不同心态上的冲突。而由于儿童在社会中不可避免地处于弱势地位，这种冲突很大程度上是以牺牲儿童利益来结束的。父母都应该思考一下，在对孩子浓烈的爱的表象下，是否正有一种隐蔽的自私和贪婪无意识地伤害着自己的孩子。

六、睡眠

那些懒惰的父母为了自己的轻松，总是打发自己的孩子去睡觉。他们往往心安理得地说：“孩子不应该到处乱跑，不应该大声说话或吵闹。他应该多躺一会儿，应该吃和睡。”

没有人否定儿童需要睡觉，他确实需要而且也必须得到正常的睡眠时间。然而，必须能够区分什么是适宜的，什么又是人为的。众所周知，一个强者可以通过暗示把自己的意志强加于弱者。而强迫儿童去睡觉，使他的睡眠时间超过本身需求，同样是一种潜意识的暗示力量在作祟。

人们总是想当然地认为，儿童就应该像植物一样生活，这是一种必然。而对儿童的健康来说，“长时间睡眠”和饮食以及新鲜空气被放到了同等地位，都被认为是一种必需品。有一个 7 岁的男孩曾说：“我很想在某个晚上到山顶上去，躺在地上看星星。”他从来没有看见过星星，因为他父母总是在天黑之前让他去睡觉。许多父母夸耀自己的孩子习惯于一到黄昏就去睡觉，其实更多的是因为只有这样他们才可以自由地外出。

为儿童准备的那些床是专门做的和可以移动的。尽管考虑到了种种健康和安全因素，却根本没有考虑儿童也是一个有心理生活的人。如此一来，这张小床就像是一个监禁的场所，儿童睡眠在小床上，就像一个被监禁的人。这是成人建造的，也是对成人有好处的。

要帮助儿童的心理发展，就要给他一张适应他的需要的床，并且不让他睡眠的时间过长。儿童应该有自由选择睡眠时间的权利。

儿童所需要的往往是一些简单的东西，相对而言，复杂的东西反而会阻碍他的发展。在许多家庭里，把一张小床垫放在地板上，并覆盖一条柔软的大毯子，从而改变儿童的睡眠习惯。这样，他疲倦的时候就去睡觉，当他睡够了就醒过来，当他想要起床时就爬起来。

而那些总是习惯于把自己的意志强加给儿童的成人，在照管子女时也会让自己精疲力竭，这又是一个多大的错误！实际上，他们的这种防御性心态是完全可以克服的。

综上所述，可以看到，成人应该努力了解儿童的需要，最好给儿童提供一个适宜的环境，让他们得到满足。只有这样，才能开创一个教育的新纪元，从而给儿童的身心发展带来真正的帮助。

许多父母都想当然地认为，孩子就应该多睡。在本节中，蒙台梭利博士告诉人们这种观念的自私和危害。照顾孩子应该以孩子的意志为中心，以他们的需要为行事标准。只有这样，才不会让孩子出现文中诸如“看星星”的遗憾。

七、行走

高等动物会本能地让自己适应幼崽的需要。成人也也应该遵循这种行为方式。他们应该放弃自己的优势，适应生长中的儿童的需要。各个国家、各种民族都能发现类似的适应儿童需要的现象。

有这样一幅场景：一个大约 1 岁半的小孩抱住他父亲的腿，而这位父亲就站在那里不动，让孩子围着他的腿转并把这当作在和孩子做游戏。等到孩子做完游戏后，两人又开始了缓慢的散步。不一会儿，孩子停了下来，坐在路边，而父亲也自然地停了下来，仍然站在孩子身边。对于这位父亲来说，这一切都没有任何不寻常的地方，仅仅是作为一位父亲带着他的儿子在散步。

外出散步对儿童是有益而且必需的，因为这种散步可以使正在协调多种动作的儿童获得平衡感。通过走路，儿童的行走能力会得到主动的发展。

孩子迈出了第一步，这让父母欣喜若狂，然对儿童自身而言，这一步是对自然的一种征服，标志着儿童从 1 岁进入 2 岁。学会走路就像是儿童的第二次诞生，他从不能自助变成可以行动的自由人。心理学把这种功能的出现当作儿童正常发展的主要标志之一。但是，在这第一步之后，他仍然需要经常的实践，只有经过持续的努力，他才能获得平衡和稳健的步伐。

众所周知，当儿童开始走路的时候，也许是受到一种不可压抑的冲动的驱使。他是勇敢无畏甚至有点莽撞的。也正是这个原因，让成人用一些防护设施把他们围起来，不管是学步栏还是手推车，这些设施都是儿童进行走路实践的障碍物。

实验证明，1 岁半到 2 岁大的儿童其实能够走好几英里路，并且可以进行爬斜坡和梯子等有一定难度的动作。

当然儿童的行走和成人是完全不同的。首先，两者有着截然不同的目的。成人的行走是要到达某个外在的目标，所以他直接走到那里。而幼儿的行走是为了完善自己的一种特殊的功能，他的目的就是为了发展他自己。他步伐缓慢，看上去既没有节奏也没有目的。儿童的行走很大程度上是由他所直接看到的周围物体引起的。如果成人要帮助这个儿童，他就必须放弃自己的步速和目的，像是前文那位父亲一样让自己适应儿童。

人们很容易看到，儿童喜欢行走和奔跑，但是成人往往阻止他们的这种冲动。

儿童正在努力成为一个成人，并进而使人类得以延续。但正如弥赛亚所说的：他“无处容身”。

宝贝会走路了！相信这会带给绝大多数的父母一种惊喜和感动。然而，随后呢，人们仍然以自己的需要为导向，把孩子禁锢在护栏和手推车里，即使带孩子外出，也很少迁就孩子的步速和节奏。父母至少应该在周末抽出一段时间，像文中的那位父亲那样，带孩子出去散散步。让孩子在自己的步速和节奏中，看看大千世界，从而完善他自己。

八、手部运动

和人的智慧联系最密切的运动，就是手的运动，它为人类的智慧服务。人类的手是如此的精细而又复杂，它不仅能使智慧外现，也能使人类和环境之间建立一种特殊的关系。甚至可以说，人是靠手来占有环境并征服世界的。

儿童一开始就会呈现这样两种智慧，即语言的出现和手的运用。所以，如果想评价儿童的心理发展，就应该从这两点出发来考虑他们的心理活动。

人通过潜意识本能认识到了这两种心理的外部表现，并把它们看作是人类的专门特征，从而和某些社会形式联系起来。例如，结婚仪式中，有相关的例证表明，人们如何在潜意识中把手当作一种“自我”的外化。然而事实上，还存在一种更加令人惊叹和神圣的关于手的意象，那就是儿童的手的发展。从这个意义上来说，对儿童第一次朝着外界物体伸出小手的举动，人们应该是真诚的期待的。这是儿童小手的第一次智慧举动，代表了儿童的自我要进入这个世界的努力，成人应该对此表示赞美。

而且，由于儿童必须通过自身的运动包括手的活动，才能发展自我，因此，他需要一些物体给他提供一种“活动的动机”，让他可以工作。然而，许多时候，这种需要都被成人忽视了。

成人总是阻碍那些小手去拿一些东西，这些东西本身其实并没有看起来那么重要或者珍贵，他总是说：“不要碰！”似乎他们正在跟一种侵犯他的财产和安宁的力量作秘密的斗争。于是，儿童周围的所有东西都属于成人所有，是儿童的禁忌之物，儿童“不许碰任何东西”，否则会受到体罚或责骂。

成人如果不能理解手的运动是儿童在活动中必需的，是儿童工作本能的最初体现，就可能成为阻碍儿童工作的罪魁祸首。究其原因，除了成人的某种防御心态外，还可能和成人世界所自然遵循着的“最大效益法则”有关。毕竟，儿童的工作在成人眼里总是缓慢而笨拙，甚至是没有成效或者极为幼稚的。

让孩子拿到他所想拿到的任何东西，对于多数中国父母来说，是一种真正的浪费，因为孩子很容易就会把东西打碎或者遗失，甚至还可能伤到自己。然而，这在孩子的成长过程中，又是必需的。对于人类来说，手意味着智慧，意味着“自我”。而对孩子来说，向外界伸出小手，则意味着一种自我发展的需要，一种渴望融入外界环境的希冀。所以这个时候，人们必须真正地审视自己，不要被潜意识的自私控制。当然，满足孩子触碰或者用手工作的需要，这个时候也要有人照管，防止孩子伤到自己。

九、节奏

每一个人在活动中都会有自己的节奏，它是人的一种内在特征，就像体形一样为个人专属。节奏具有一种排他性。当其他人的活动节奏和自己的接近，人们就会非常愉悦畅快。但如果人们被迫去适应他人的节奏时，就会不可避免地感到痛苦。成人潜意识地阻止儿童进行那些缓慢而又看似笨拙的活动，有一部分就是节奏在起作用。

所以，当儿童用一种强烈而迅速地节奏活动时，成人便可以容忍了。他接受活力十足的儿童在环境中造成的无序和混乱，并能做到“耐心地袖手旁观”。而当儿童的动作缓慢时，成人就感到不得不进行干预，以自己的行动来代替儿童的行动。然而，当他这样做的时候，其实并不是对儿童的某种最基本的心理需要施予援手，而只是在代替他做所有他想自己完成的活动，于是，成人成了儿童自然发展的最大阻碍。不要其他人帮他洗澡、穿衣或梳头的“不听话的”儿童绝望地哭叫，揭示了人类最早的斗争，这种斗争是如此富有戏剧性，却也显示了儿童要靠自己的努力以求得生长的事实。

谁会想到，在儿童充满了压抑的童年生活中，成人给儿童提供并迫使儿童接受的这种不必要的帮助，竟是他们经受的第一种压抑。而且这种压抑也将对他以后的生活产生最严重的后果呢？

蒙台梭利博士提出关于节奏的阐述，为人们揭示了阻碍儿童自然成长的其中一种深层原因。读了此部分内容，相信绝大多数父母会明白，当孩子坚持做一些成人看来毫无成效或者非常笨拙的事情时，即使由于节奏的不同，感到非常痛苦，也一定要忍耐，因为这是孩子自然成长的必经阶段。

十、人物角色的替换

成人不仅仅能通过行动方式来直接代替儿童的行动，而且可以微妙地把自己的意志强加于儿童。这个时候，事实就已经不是儿童在行动，而是成人在替代儿童行动。

童年时期，当儿童刚刚开始意识到自我时，他正处在一个个性形成和敏感性发展的过程中。在这种创造性的状态下，他特别容易受到暗示。而在这个时期，成人自己的人格也能够轻易地悄悄潜入儿童心灵之中，用他自己的意志影响儿童。

可以说，一些本应由儿童自身支配的那些活动已经和儿童的自我完全分离，而由另一个更强有力的却不属于儿童的自我代替。这个外来的自我几乎剥夺了儿童尚未成熟的人格。通常，成人并不是有意也决不愿意这样做的。然而，他们通常并没有认识到这种影响的存在，一切都在潜意识下进行。

可以把儿童对暗示的敏感性，理解为他们一种内在敏感性的扩张，这是能帮助儿童心理的发展的。这是内在敏感性的一个特点，可以称之为对环境的热爱。儿童总是渴望去观察事物并被它们所吸引，其中他特别容易被成人的行动所吸引并模仿它们。从这个角度来说，成人就有一种激励儿童去行动的使命。具体来说，就是要成为一本打开的书，让儿童以此指导自己的行动，并从中学会如何正确行动。但是，这要求成人必须始终平静而又缓慢地行动，只有这样，正在注视着他的儿童才能清楚地看到他行动的所有细节。相反地，如果成人采用惯常急速而又强有力的节奏，就不是在激励和教导儿童，反而可能把自己的人格强加在儿童身上，并且通过暗示来替代儿童。

即使是一些对感官极富吸引力的感官对象，也能对儿童产生一种暗示力量。一旦受这种暗示支配，儿童就会被他所看到的一些外界物体激发起来，但并不能自由地运用它们，而是受吸引力的支配，到处乱走，去感知任何东西。这是源于儿童内部的一种现象。而没有受到感官对象暗示影响的儿童，此时反而是镇静而又极有分寸的。

对个人来说，用这种审慎的和沉思的方式行动，实际上可以概括为一种秩序，可以称之为“内在纪律的秩序”，其表现就是一种有条不紊地外部行动。而当缺乏这种内在纪律时，个人就不能控制自己的行动。这时，他就可能受他人意志支配，或者随波逐流，成为外界环境影响的牺牲品。而他的行动，由于是在他人的意志或者其他某种外在影响支配下进行的，也就是说，对于他来说并不是必需的，所以，很难有条不紊地进行。此时，人们会说，这个人的人格被分裂了。而在人格尚未完善的儿童身上，则表现为失去了自我人格发展的机会。儿童的心理是隐藏着的，尚未得到发展。他表现的方法也是无序的，可以说，他似乎成了成人环境的牺牲品。当然，由于和自然本性相违，此时的儿童肯定会和成人争吵。

儿童个性易受暗示，所以成人在面对儿童时，一言一行更要审慎。所谓言传身教，中国人的教育理念其实在某种程度上也隐藏了这种观点。要让儿童的自我得到自然发展，防止儿童的人格被成人替换，成人尤其是父母，在说一些禁令时一定要谨慎，有的时候你随口说说的一句禁令，可能会在潜意识里跟随你的孩子一辈子，尽管这句话在他早就不复记忆，却总是会不由自主地去做。

十一、运动

运动始终伴随着所有的机体活动。儿童是通过运动而得到身心的全面发展的。运动不仅有益于身体健康，而且也能激发勇气和自信，它对心理的影响同样不容忽视。

正如人们所知道的，运动对儿童具有极大的重要性。儿童通过运动对外界环境起作用，并以此履行他在这个世界上的使命。运动不仅仅是自我的一种表现，还是人的智力发展的一种必要因素。因为，运动是使自我与外界现实建立一种明确关系的唯一途径。

通过运动，儿童的肌肉会处于一种健康状态，以此维持健康而生机勃勃的生命。同时，在运动中，儿童通过自主地掌握，并运用自身的运动器官而实现自己的意志，从而把自己的智慧成果外在化。

然而，成人并没有意识到运动对儿童的重要性，他们总是阻止儿童身体的活动。而一些科学家和教育家，也同样没有注意到运动在人的发展中的重要性。然而，既然称为“动物”，这个词本身就包含了“活力”或者说“运动”的元素。

而人们潜意识中往往乐于把儿童比作“一朵幼小的花朵”这种文静的存在，即使“一个小天使”这样“活跃”的形容，也往往是只能存在于另一个世界的形象。这一切都揭示了人类心灵中那种不可思议的盲目，这比弗洛伊德认为的人类潜意识中的“心理盲点”更甚。

所有人都愿意承认感觉器官对心理发展的重要性，却很难接受运动对人的道德和智力发展同样具有巨大的作用。实际上，对人的心理和智力的发展来说，运动或身体活动比看和听等智力感觉更为重要。这对一些流行的观念是一种挑战。

当人们谈到“肌肉”时，总是会和某种身体器官联系起来，这种概念似乎和人们关于精神的概念完全对立。人们通常认为，精神是和物质全不相关的。然而，如果一个正在发展中的儿童不能运用他的运动器官，与被剥夺了视力或听力的人相比，他将更远离“智力感觉”，一个“失去肉体自由的人”将遭受到更大和更为明显的痛苦。可以说，身体运动是人个性的一部分，没有一样东西可以替代它。一个不运动的人既伤害了自己，也远离了生活。

就拿眼睛和耳朵来说，它们不过是根据一种物理甚至机械规律发生作用，从而给内在的自我提供一种感官印象，最终成了一种能够联系外界并满足自我的奇妙而有活力的工具。

但是，应该看到，在这个过程中，自我才是真正的关键性存在。而在自我和运动之间，也可以进行类推。运动无疑需要各种各样的器官，这些器官是和眼睛和耳朵同性质的存在。人类生活和教育的基本问题是，人们应该如何激发自我来掌握属于人类的运动工具。这样，人的行动才能受到比感知更为高级的本能的指导。如果不能满足自我发展的这种必要条件，就会破坏它的整体性。如此一来，本能将会和不断生长的身体完全分离。

中国人惯常说“头脑简单，四肢发达”，其实这种提法本身就是一种谬误。就如耳聪目明一样，孩子运动能力强，大脑才能发育得更完善。并且，人类如果能够最大程度、更为巧妙地掌握自己的骨骼和肌肉等运动工具并在生活中灵活运用，这本身就是一种智慧的体现。所以，在儿童的教育中，更应该注重其运动能力的培养。只有在这个永远都生机勃勃的年龄，让孩子的运动潜能得到最大程度的发掘，才能为他们将来的发展打好坚实的基础。

十二、爱的智慧

人的每一项工作都是在按照其规律去实现自我，并在这个过程中获得一种被称之为爱的意识。可以说，这是一个健康的人的标志。

爱不是冲动，而是一个结果。渴望爱是一种动力和本能，是生命的创造力量。但是在创造的过程中才产生了爱，所以，这种爱充满了儿童的意识。

通过爱，儿童实现了自我。可以想象整个敏感期，儿童都有一种不可抵抗的冲动要把自己与周围的环境联系起来，这实际上就是一种对环境的爱。它不是人们通常所理解的爱的感觉，而是一种对希望并且能够理解和吸收的智慧的爱，是一种通过爱的过程产生的爱，是引导儿童去观察事物的那种自然欲望。但丁称它为“爱的智慧”。

对环境的爱似乎是儿童天生的乐趣。儿童的爱是单纯的。他的爱是为了让自己获得感觉印象，从而为生长提供某种媒介。他不断地吸收着周围的一切，直到它成为自己生命的一部分，并由此创造他自己。

儿童所爱的对象还有成人。从成人那里，儿童不仅得到他所需要的物质帮助，而且得到很多的爱。这对他的发展是必要的。对儿童来说，成人是可尊敬的。儿童通过模仿成人而开始自己的生活。儿童是如此渴望得到爱，他对成人是那么敏感，以致成人在某种程度上支配着儿童，甚至会使其个性消失。因此，在儿童面前，成人应该认真考虑自己所讲的每句话。

儿童乐于服从成人，这是他的精神根源。然而，当成人要儿童抛弃那些有助于他发展的本能时，儿童就不可能服从了。而当儿童不服从或发脾气时，成人应该想到它源于这种冲突。

儿童爱成人胜于其他任何东西，但人们却只知道成人对儿童的爱并为此津津乐道。他们甚至认为应该教育儿童去爱，爱他的父母，爱他的老师，爱所有的人，爱动物和植物，爱一切东西。然而，又有谁能够教儿童这种爱的艺术呢？难道是那些总是认为儿童不听话，总是想着保护自己和自己的财产的成人吗？这显然是不可能的，因为这些人并不具有只属于儿童，称之为“爱的智慧”的那种敏感性。

晚上去睡觉或者去吃饭时，儿童总是希望和成人在一起，这就是一种爱的表现。但成人往往防御这种爱，总是说：“我没有时间！我不能！我忙！”然而，其心里想的却是摆脱掉儿童这个束缚，这样才能做自己想做的事情，才不会感到不方便。

每天早晨，如果儿童进去唤醒还在酣睡的父母，总会遭到呵斥。但是，如果不是爱，还有什么东西会促使儿童一醒过来就去寻找他的父母呢？儿童蹒跚地走去，因为害怕黑暗而心里紧张，但他克服一切困难，温柔而又轻轻地抚摸着自己的父母，却得到父母的抱怨：“不是告诉过你了，不要一大早就叫醒我们？”

儿童回答说：“我并没有叫醒你们，我只是轻轻抚摸一下，我只是要给你们一个吻”。实际上，他说：“我并不希望把你们唤醒，我只是要唤醒你们的精神”。

确实，儿童的爱对成人同样具有极大的重要性。他的父母对生活中的一切都麻木了，需要一个新人去唤醒他们，用他们已经失去的那种富有活力的能力激发他们。他们需要一个以一种全新的方式行动的人，每天早晨对他们说：“你们已经忘掉了另一种生活！学会更好地生活吧！”

儿童是充满爱的，他爱着周围的一切，尤其是父母。这种爱是生机勃勃的，充满一种“爱的智慧”。人们必须承认这一点，然后才能受其感染，让已经日渐麻木和冷漠的心灵活过来，重新感受生命、生活以及一切。同时，孩子也是渴望成人的爱的，这个时候，不要因为不好意思或者其他原因而三缄其口，每天最少一个吻，以及一句“我爱你”，得到的会是宝宝欣喜若狂的回答和心灵的满足。而这个过程，人们自身也会得到一种莫名的感动和慰藉，这一切都是爱的力量。

第四章

蒙台梭利的教育观点、评价及其影响

第一节　教育的目的

蒙台梭利博士相信，没有一个人是由别人教育出来的，他必须自己教育自己。一个真正受过教育的人，即使在结束蒙台梭利教室的课程之后很久，仍能持续不断地学习，因为他具有一股发自内心的对于知识的好奇及热爱，不断激发他的学习动机。蒙台梭利博士认为，在童年早期，教育的目的应该不是将一些经过选择的事实塞给儿童，而是培养其自发的学习欲望。

从母亲一受孕开始，即用心去了解幼儿本身。只有这样，才能开发出一套帮助儿童内在能力发展的新教育方法，以取代目前着重以传递过去知识为基础的教育方式。“对于人性进行科学化的研究，可以引导全人类得救，那就是将我们的儿童视为一种精神实体，是一个庞大的社会群体。如果人类真能获救，必然是来自儿童，因为儿童正是人类与社会的建造者。”

科学的观察已经证明教育并不是老师能给予什么，而是由个人自然产生的程序，必须通过环境中的各种经验而来，而不是借着听讲就可以获得的。因而老师的任务应该是在各种特殊的环境中准备各种文化活动的激励物，同时避免让儿童受到强制性的干扰。

因此，要实现教育目的，必须为儿童提供有准备的环境和给儿童发展的自由。

第二节　教 育 哲 学

关于如何看待儿童，蒙台梭利提出了自己独到的观点。

一、童年是一个完整的个体

蒙台梭利继承卢梭（Rousseau）、裴斯泰洛齐（Pestalozzi）、福禄贝尔（Frabel）等人强调儿童天赋的潜能，主张让儿童在充满爱与自由的环境下发展潜能的观点。过去的教育哲学并不强调童年是一个完整的个体，独立的个体。蒙台梭利相信童年不单纯是通往成年人的过渡阶段，而是“人性的两极之一”。她认为儿童虽然依赖成人，但成人也依赖儿童。“我们不应该将孩子与大人视为人生过程相连接的阶段，而应该视之为人生中两个不同的形态，二者同时进行，并且互相影响对方”。

蒙台梭利认为儿童是上天给家庭最好的恩惠，并且“对于成人世界有结构性的影响”。

由于疏忽了成人对儿童的依赖，所以蒙台梭利认为这是一种悲剧性的错误。生活中的许多不快、贪婪与自我破坏皆由此而来。她认为“人类渴望解决许多问题，其中最迫切的是追求和平与和谐，其唯一可行的方式，就是将注意力转移到发掘儿童的纯真、儿童成长与建立自我的过程以及建立人性伟大潜能的发展之上”。

二、儿童是成人之父

蒙台梭利在其著作《童年的秘密》一书中提出：“儿童是成人之父”这一说法。她认为人一旦获得生命，在人最初创造时所发生的事情，在所有人的身上都会再现出来。因此，我们可以不断重复说：“儿童是成人之父。”蒙台梭利认为儿童不是一个事事依赖成人的呆滞的生命，好像他是一个需要成人去填充的空容器。是儿童创造了成人，不经历童年，不经过儿童的创造，就不存在成人。她的这一种说法应当属于重演论的范畴。蒙台梭利认为儿童也是一个工作者，在一定领域成人是儿童的儿子，在另一个领域里，成人是儿童的主人。这种思想与进化思想分不开，它为我们认识儿童提供了一个广阔而深远的进化论视野。即儿童生长过程是生命进化的浓缩。这对变革教师看待成人与儿童之间的关系，尊重儿童具有重要意义。

三、儿童是爱的源泉

作为一位伟大的幼儿教育家，蒙台梭利对儿童的精神世界有一种深刻的洞察。

她认为儿童的天性是比金子还要宝贵的矿藏。"儿童的心理天性是某种异乎寻常的至今仍未被认识的东西，然而它对于人类却是至关重要的。儿童的真正的建设性能力，即能动性，几千年来一直被忽视。就像人类一直在地球上生息耕作却没有注意到在地球深处埋藏着巨大的宝藏一样，我们今天的人们在文明生活中取得了一个又一个成就却没有注意到埋藏在幼儿精神世界中的宝藏。""没有儿童对他们的帮助，成人将颓废。如果成人不努力自我更新，一层硬壳就开始在他心脏的周围形成，最终将会使他变得麻木不仁。""爱是降生于我们世界的每一个儿童的禀赋，要是儿童爱的潜能得以发挥，或者其余全部价值都得以发展，我们就会取得无法计量的成就。……成人为了变得伟大，就必须谦逊，必须向儿童学习"。

蒙台梭利把儿童看成是爱的源泉，把儿童看作成人精神的唤醒者。她甚至认为，单单是为了改造社会，我们也应该多研究儿童。她不止一次地说，成人应当向儿童学习，建立相互尊重的师生关系，建立健康的成人与儿童的关系，甚至对于改造社会，都具有重要的意义。

第三节　教　育　观

一、影响儿童发展的因素

蒙台梭利曾说，决定儿童发展的有三种因素：①儿童的心灵以及它的特殊需要、潜力和敏感性，它们决定着儿童个性发展的进度和方向；②文明社会的准则、习俗、行为规范、理想和所有的文化知识，以及由这一切构成的秩序，它们能促使儿童的心理和外界取得协调；③儿童能适应的物质环境以及所接触的事物，它们能使儿童自由地施展自己的才能。

蒙台梭利认为儿童早在出生之前，便具有一种精神开展模式。她将儿童这种天生的本质称为精神胚胎，这种精神胚胎只会在发育的过程当中显露出来，而且必须有两个条件：第一，儿童必须依赖与周围环境的整体关系，包括事与人。只有通过这种交流，他才可能了解自己，了解环境的界限，也才可能发展出完整的人格。第二，儿童需要自由。如果他可以掌握自己人格发展的关键，并有受自己的成长规则所监督，他便已拥有了唯有通过自由方可达成得极为敏感且独特的力量。如果这两个条件达不到，儿童的精神生活将无法发展到其潜力的极限，人格的发展也会受到阻碍。所以教育必须从出生开始。

当时西方教育受笛卡尔影响，将一个人分为两部分，即知情的与肉体的部分。蒙台梭利认为心灵不可能缺少肉体的活动。活动是一个人性格不可取代的部分。缺乏活动的人会受到根本存在的伤害，而且与现实生活脱节。

经由亲身观察，蒙台梭利坚信儿童对于“自我的建立”有强烈的动机。“婴儿天生便拥有征服世界的心理”，“当前大家的许多原则与想法都太过于强调自我完美与自我实现。真正自我发展的目标除了谋求个人的幸福之外，更是为了服务人群”。

虽然儿童是天生具有一种精神开展模式可引导他努力成长，然而并不具备可保证成功的行为模式。人类具有天生的敏感力，这种敏感力如果醒觉得太迟，将会使儿童与环境之间的关系发展受到破坏。蒙台梭利提出在六岁以前，儿童心理发展并非偶然，而是上天设计好的。例如，敏感期、吸收性心智。

蒙台梭利受卢梭、柏格森、麦独孤等人及宗教的影响，认为儿童的生命就是根据遗传确定的生物学的规律发展起来的。针对当时时弊，蒙台梭利指出，人们面临的一个重要的问题，就是他们没有意识到生命有自己的发展规律，儿童具有一个积极的精神生命，因而有意无意地压制儿童。在教育上采取一系列错误措施。由于大力推崇内驱论的缘故，她在谈到环境的作用时，指出环境无疑在生命的现象中是第二位的因素，它能改变，包括助长和抑制，但它从来不能创造。这只是她观点的一个方面。另一个方面，长期的教育经验又使她坚信，环境对人的智力、心理的发展是举足轻重的决不可忽视的，因而她认为儿童心理发展虽是由内驱力推动的，但既不是单纯的内部成熟，也不是环境、教育的直接产物，而是机体和环境相互作用的结果，后天的环境能影响儿童心理的发展。她的这一观点的发展变化也体现出她的理论是在她的教育实践中不断得到充实的结果。

二、敏感期（The Sensitive Period）

敏感期指的是幼儿成长过程完全融入环境中某一特质而且完全排除其他特质的特定阶段。这些阶段表现出来就如同“全心全意于某些动作的重复，直到另一崭新的功能或动作突然以爆炸性的威力出现为止”。正是由于这种敏感性使他能从复杂的环境中选择对自己生长适宜的和必不可少的东西，使儿童对某些东西敏感，而对其他东西无动于衷。

蒙台梭利受荷兰生物学家德弗里斯的影响，指出生物界存在一个事实，即各类生物对于特殊的环境刺激都有一定的敏感期，这种敏感期与生长现象密切相关，并和一定的生长阶段相适应。例如，毛虫在初生后第一阶段对光很敏感，为了得到强光，它爬上树梢。与此相关联的是树梢有最嫩的叶子，适于幼虫食用。当毛虫长成为成虫后，可以吃较大的树叶，对光也就失去了敏锐的感受力。蒙台梭利认为儿童心理的发展与这一生物现象类似，也有各种敏感期，在发展过程中也经过不同阶段，每个阶段都有某种心理的倾向性和可能性显示出来，过了特定的时期，其敏感性则会消失。蒙台梭利还试图对儿童的敏感期加以区分：

1．秩序的敏感期

在婴儿出生头几个月至 2 岁左右。儿童对秩序有天然的喜好。幼儿内心尚无法明显区分事物之间的差别，所以他对于环境的认知是整体性的。只有在这种整体明确的环境下，幼儿方可能引导自己有目的的活动。否则将无法建立对于各种关系的认知。例如：一位母亲抱着一个半岁的孩子，因为热，母亲照常脱掉了外套搭在手背上，孩子哭了，但蒙台梭利让母亲穿上外套，孩子笑了。

蒙台梭利认为，“秩序是生命的一种需要，当它得到满足时，就产生了真正的快乐。”反之，“所看到的紊乱就可能成为他发展的一个障碍，成为变态的一个原因。”她所说的秩序一词不但是指把物品放在适当的地方，还包括遵守生活的规律，理解事物的时间、空间的关系，以及儿童在生活中要对千百件物体进行分类，并找出它们之间的关系。蒙台梭利设计教具的一个重要的目的就是帮助儿童根据物体特征进行分类，并找出其相互关系。她认为如果儿童的生活有规律、有固定的方式，对周围的环境和物品有一定的安排，有稳定的反应，这不仅能使他感到安全，还有助于他了解周围世界，并形成自己的个性。在蒙台梭利学校里，每件东西都有固定的位置，同时还规定了具体的动作程序、使用物体的规则和取放的方法，以适应儿童对秩序的敏感性。她相信如果用这种方法满足儿童此时的需要，便可形成良好的行为习惯和按习惯的方式来行事。假如错过这个最适于形成良好行为习惯的时期，那么他们的这种兴趣便为其他兴趣所代替。在她所办的学校里，为什么四五十个儿童能安静地在一间活动室内活动而不乱呢？就是因为儿童养成了有秩序的行为习惯，而且能够经常保持下去。

2．细节的敏感期

1.5～2 岁，他们的注意往往集中在细枝末节上。蒙台梭利举了一个例子，15 个月的女孩坐在花园的砖块上，她不看鲜艳的花却全神贯注地盯着地上，原来她在看一只颜色跟砖一样，小得几乎看不见的昆虫，她显得十分快乐。蒙台梭利认为，从幼儿对细节的敏感，可以看到他们的精神生活的存在。这也正说明了儿童和成人是截然不同的，这是一种性质上的差异，而不仅仅是程度上的差异。

3．行走的敏感期

出生到 2 岁。“学会走路对儿童来说是第二次降生，他从一个不能自助的人变为一个主动的人，这番努力的成功是儿童正常发展的主要标志之一，但在这第一步之后，他们仍需要经常的实践。”

4．手的敏感期

1～3 岁，经常抓物体，特别喜欢把东西打开，随后又把它关上。正是通过手的活动。幼儿才能发展自我，发展自己的心灵。

5．语言的敏感期

蒙台梭利说语言的敏感期是出生后 8 个星期左右到 8 岁。在这个时期，儿童先对人的声音产生兴趣，然后对词，最后才对语言的复杂结构产生兴趣。她认为，儿童有一种用舌和手探索周围环境的要求和欲望。他们通过味觉、触觉感知周围物体特征，并对它们有所反应。同样，通过感觉、动作及神经结构使言语得到发展。因此舌和手同智力的关系比身体的其他部分都更为密切，可称为人的智力的“工具”。蒙台梭利还注意向儿童介绍正确的科学和数学的词汇，如地理名称、诗词和故事。首先是教儿童学习字母的发音，然后将声音连成单词。在儿童能用铅笔之前，就让他们将能挪动的单个字母排列成故事，这样就可使儿童很快学到文法和句子了。

6. 社交的敏感期

幼儿期幼儿努力想去了解别人的权利并且建立和谐的关系。他会学习有礼貌并且善待别人如同自己一般。这种社会化的兴趣首先表现出来的是密切观察别人的活动，其次则转变成积极要求与别人有更多的接触。

蒙台梭利相信儿童在每个特定时期都有一种特殊的感受能力，这种感受能力促使他对环境中的某些事物很敏感，于是就将自己的注意集中在这一事物上，并表现出极大的耐心，而对其他事物则漠不关心。这种注意不单是出于好奇，而是在一定的时期由于本能与一定的外部特征之间的密切联系而产生的，是从无意识的深处产生出来的一种热情。由于“满足了需要而得到快乐，增强了自己的力量，出现了惊人的创造性活动，从而形成了意识，当一种积极的心理活动消失了，另一种心理活动又被激起。儿童就是这样在一种稳定的节奏中，在一个不停燃烧着的火焰中进行着人的精神世界的创造工作”。他们经历一个又一个的敏感期，取得一次又一次的胜利，从而形成自己的个性。“在揭露幼儿的这些本质之前，关于幼儿如何建立起心理生活的法则皆不为人知，敏感时期影响人格形成的研究或许将成为人类最有用的科学之一”。

关于环境对敏感期的作用，蒙台梭利认为：虽然敏感期是在一定的外界环境中出现的，但环境本身只是一个时机，而不是原因，它提供的只是心理发展的必要条件。正如人体的发展离不开食物和空气一样，人的个性的形成，也必须靠他自己和环境交往取得的经验。假如没有适宜的环境，他的心理生活便会受到影响；当环境与儿童的内部需要协调一致时，一切都会自然地不自觉地实现。如果儿童不能在敏感期从事协调的活动，就将失去并永远失去这个自然取胜的机会。假如外界环境阻碍了儿童内部的要求，敏感性还会以一种反抗的形式出现，如发脾气、抵制等等。这是由于某种需要得不到满足而产生的紧张状态。正因为敏感期是有时间性的，会转移的，不持久的，所以成人必须识别它，并要最大限度地利用它。

三、吸收性心智（Absorbent Mind）

敏感期描述了幼儿从周围环境中获取知识的各种形态。“吸收性心智”则说明了幼儿获取知识的特质与过程。

蒙台梭利认为儿童具有一种下意识的、不自觉的感受能力与特殊鉴别能力，简称“吸收性心智”（Absorbent Mind），即能通过与周围环境（人和事物）的密切接触和情感的联系，获得各种印象和文化，“利用他周围的一切塑造了自己”，从而形成心理、个性和一定的行为模式。蒙台梭利认为幼儿这种自然吸取和创造性的功能是成人所没有的，儿童在幼年期所获取的一切将保持下去，甚至影响一生。她要求教育者和教育机构必须为儿童提供尽可能丰富的精神食粮，供儿童吸收；认为这种需要如同生理胚胎期的儿童需要母腹这样一种特殊的营养和保护环境一样重要。

即使幼儿无意识地吸收环境进而组合成自己的知识。“印象并不是直接进入幼儿的心中，他们会先组合，再以重组后的形象停留在脑海。此时，幼儿的脑子无意识地预做准备。”随后则是自主性的程序逐渐觉醒并接收潜意识阶段所吸收的各种东西，而后成为有意识的行为。就是这样儿童慢慢建立自己的意志，直到可以记忆各种事物，了解及思考为止。

“这种吸收而来的创造过程会发展到各种精神或道德上的性格，包括爱国心、宗教信仰、社会习惯、技术倾向、偏见等，事实上可以扩展到包括呼吁人性的内涵”。

当幼儿 3 岁时，发展与活动所需要的潜意识准备工作便告完成。此时的目标在于发展幼儿的各种精神功能。正如不能阻止儿童看和听一样，也不能阻止他对周围世界的感受。儿童在幼年期所获得的一切将保持下去，甚至影响其一生，每个成人都有其在童年时期留下来的抹不掉的痕迹。她还感慨地说，几千年来，儿童这种活跃而有力的创造性，这种宝贵的精神财富并未被人发现。人们不承认儿童内心世界蕴藏着的巨大力量，因而常常将自己的意志强加于他们，压制他们的本性，造成儿童心理的混乱。蒙台梭利对造成幼儿心理变态的现象进行了分析，认为下列现象属于不正常：

①心灵的神游，坐立不安，毫无目的，陷入漫无边际的幻想之中。

②心理障碍，不能控制自己的思想或正常地发展自己的智力。

③依附，过分依赖成人——表现无创造性。

③占有欲，往往渴望拥有他们急不可待想要的东西。收藏五花八门。

⑤权力欲，强有力的成人在场时，自我感觉良好，进而想利用成人来获得比通过独自努力所获得的更多的东西。

⑥自卑感，在成人藐视、暴力和不适当的干涉下，不断受挫的幼儿会产生一种自卑感。胆怯、迟疑不决、退缩不前，经常流泪与绝望。

⑧说谎，防御性反射，懒惰等作为一种功能性的失调，会使幼儿的心理处于紊乱的状态。而幼儿一旦出现了心理变态的症状，也就失去了保护自己并保证自己处于健康状态的敏感性，同时也会引起身体的失调。对于这种功能性的疾病，必须进行精心的治疗，才能使幼儿正常的心理品德得到发展。

蒙台梭利针对上述现象提出了建议。让儿童从事一种有趣的活动：一旦他们开始从事某种智慧的活动，就不该不必要地帮助他们，或者打扰他们。如果儿童在心理方面挨饥受饿，那么温柔、严厉、药物都无济于事。如果一个人因为食物匮乏而挨饥受饿，那么我们并不会因此就称他为一个笨蛋，也不会因此就鞭挞他一顿，更不会因此而唤醒他的情感。他需要的只是一顿饭，别的什么都无济于事。同样，无论是严厉还是慈祥，都不能解决该问题。人是一种有智慧的动物，因而对心理食粮的需求几乎大于对物质食粮的需求。不像动物，他必须建立自己的行为。如果让儿童沿着一条他可以组织其行为和建设其心理生活的道路前进，那么一切都会安然无恙。他的疾病将消失，他的噩梦将绝迹，他的消化功能将趋于平常，他的贪婪也将减弱。他的身体健康会得到恢复，因为他的心理趋于正常了。

四、儿童成长的原则

蒙台梭利提出了儿童成长的八个自然定律。

（一）“工作”规则

蒙台梭利认为经由全神贯注投入活动，幼儿某些重要需求必已得到满足，因此他所达到的心智上的和谐与平衡的新状况其实就是儿童该有的正常情况。叫“儿童的正常化”（the normalization of the child）。儿童在完全开放的自由空间中，可以通过工作而完整地建立自我。在全身投入自己选择的工作之后，他们表现出极度的欢愉、平和与宁静。所有破坏性的行为，不管是侵略性的、有敌意的、消极的或者散漫的、慵懒的，也都随之不见了。

“在小孩子所透露给我们的讯息中，有一点是很重要的，也就是透过工作所进行的‘正常化’过程。可以确信幼儿对工作的态度表现出一种强烈的本能：如果不经由工作，人格将无法自行组织。从原始结构中分化发展，人就是要透过工作才会逐渐成长的”。

幼儿与大人的工作很显然地有所不同，幼儿利用环境来改善自己，大人则通过自己来改善环境。幼儿的工作针对过程，大人的工作针对结果，大人的工作是希望以最小的努力获得最大的成果。大人要求有所收获与获得帮助；儿童则在工作上不寻求帮助，他必须靠自己独立完成。

由于儿童生活的社会化本质既不适合于成人社会也不具生产力，目前的儿童通常被剥夺了这些活动。他们被放逐在学校中，而学校常是压抑他们的建设性发展与自我实现的能力的地方。随着成人角色的日渐复杂，目前文明社会的问题日益严重，在原始社会，工作通常较为单纯而且可以任意地进行，成人可以与儿童一齐较少摩擦地共同生活在工作环境中。现代复杂的生活则使得成人“很难配合儿童的步调与成长过程的心理需求”。

（二）独立规则

“除非有退化的倾向，否则孩子的本性对自己机能上的独立有直接且热切的要求，随着年龄的增加，这种动机越来越强烈。”完整的人格发展依赖外在指示以及依赖能否逐渐解放。儿童渴望独立的愿望受到阻碍，他们的许多潜能就无法发展。

蒙台梭利强调，一个人不独立就不能自由。认为人在发展过程中要经过出生、断奶、学说话、学走路、学思考等历程；婴儿从断奶时，就开始选择自己的食物，沿着独立的道路前进。但这时他的依赖性还是很大的，因为他还不能走动，不能自己洗脸、穿衣，不能用语言提出自己的要求。儿童到了 3 岁，便有较大程度的独力和自由了。在这种情况下，教育必须成为一种动力，帮助他们独立地走、跑，上下阶梯，拣起掉下的物品，盥洗、穿脱衣服，清楚地说出自己的意图，设法满足他们的需要，克服前进中的障碍等。如对儿童姑息、溺爱，什么事都替他们做，反而会造成儿童的依赖性。不必要的帮助也会成为障碍，甚至会造成他们的自卑感。正如她所说的那样：“我们的任务是教会儿童做，而不是什么都代替他们做。当然代替要比教会容易得多，但那是很危险的，虽能一时奏效，但对将来却是有害的。”只有能独力活动的人，才能在战胜困难中增长能力，使自己发展得更加完善。这种观点对我们教育颇有启发。

（三）注意力

在成长过程的特定阶段，孩子会以前所未有的注意力集中在周围环境中的特定事物。“问题在于如何激起对孩子人格有重大影响的注意力”，幼儿集中注意力来发展并巩固自己的人格，此时并非终点，而是起点。首先他会被可吸引他本能注意的东西所吸引，比如鲜艳的颜色等。随着经验的累积，他对已知的事物在内心逐渐有了认识，进一步对于新奇的未知世界有更大的期望与兴趣。

以理解力为基础的敏锐兴趣取代了以天生欲望为基础的本能兴趣。一旦小孩可以集中注意力于这样以理解力为基础的兴趣，他们会变得较为冷静且可以控制自己。他们十分明显地表露出因为全神贯注所得到的乐趣，而显得轻松与满足，蒙台梭利认为这些外在的表现正是儿童内在逐渐定型的证据。

（四）意志力

儿童集中注意力的时间逐渐延长，内在各种能力的协调顺畅无疑后，与意志力有关的第四个心理原则便会出现了。

①儿童会重复地动作，这种重复会在极度专心于某一动作后发生。

②自我学习，通过活动表现出来，各种创造性，同时配合现实的各种限制。

③服从的能力。这是自然现象。服从是美国人难以接受的，因为它暗示了孩子可能会自然地服从老师，这一点使人产生恐惧。

以往西方教育认为服从与意志力是截然不同的两种观念，以往的教育方法是压抑小孩子的意志以便用老师的意志取而代之，无条件的服从因而被认为是破坏孩子意志力的方式。蒙台梭利则持不同的看法，她认为服从与意志力皆是同一现象的一部分，在意志发展的最后阶段，服从才会出现。

了解蒙台梭利教育哲学中意志力的来源是很重要的。蒙台梭利认为意志力并不是一种全然独立的力量，而是一种伟大宇宙力量的产物，这种伟大力量就是达成有目的的活动的惊人精力与需求。

“这种宇宙力量并无实体存在，而是进化过程中生命本身的力量。它驱使每一个生命走向进化的过程，也因为它，才能产生活动的动力，进化并不是偶然发生的，而是有一规则在监督，所以，如果人类的生命表现了这力量，那么人的行为自然也要受其塑造”。

“在幼儿的生命中，如果可以从容地按照自己意志完成活动，这所谓宇宙的力量就进入了他们的意识之中，所谓意志力也开始发展，这种过程持续不断进行，只是必须通过实际的体验方能发展。因为我们不得不联想到意志力并不是天生的，而是必须经过发展的程序的，同时由于它是自然界的一部分，这种发展过程必须通过对自然定律的遵循方可达成。这种过程也是通过与环境持续关联的活动来完成的缓慢过程”。

最后阶段完成时，对于生命力的服从会出现，也就是这样服从使得人类生命与社会的延续成为可能。

服从绝不是盲从，“目前世上的一切足以清楚地告诉我们所谓服从的人是怎样的，这种服从说明了为何许多的人会受到伤害，它是一种未加控制的服从，会毁灭整个国家，我们的世界中从来不会缺乏服从，只是很不幸地缺乏对于服从的控制。”

对于服从的控制需要两个条件，即服从的完整发展，还有意志力发展过程最后阶段的达成。

服从的发展是分阶段来发展的：首先它是单纯由内在的生理性动机所驱使，随后发展为自主性，最后受到意志力的控制。

“意志力并不会导致不守秩序与暴力，这些其实都是情绪上受到干扰与痛苦的征兆。在适当的情况下，意志力反而会驱使某些对生活有益的活动。大自然赋予小孩子成长的任务，配合他们的意志力使他们有进展并且逐渐发展他们自己的能力。”

丹尼逊（Geraoge Dennison）在《孩童的生活》中叙述到“我的要求成为约谈经验的重要部分。它们不仅是一位老师或一位成人的要求，更是我照顾约谈的方式。结果也能感受到这一点。事实上我觉得他也重视我对他的要求。我们成为生活中的合作伙伴。其实他最重视的是有成人愿意全心全力地去教导他。当他意识到我的生活延伸到他不知的许多领域，我身为成人的意义对于他就更为强化了，我所知道，而且可教导他的事物也因而在相处的生活中真正获得发挥”。

（五）智力发展

“使人建立自我，同时建立与环境关系的各种反应与组合性或重建性活动的综合”。

智力发展的开端在于意识到环境中的差异。幼儿通过自己的感官来获得这些差异。将差异在脑中重组成一有次序的组合。身处充满刺激与不停变化的环境，容易造成小孩脑海中印象的混乱，因此，小孩接触这种环境是毫无益处的。“帮助小孩智力发展就是帮助他们脑海中的印象有次序地形成。”这种发展程序在进行的第一个征兆是对于刺激有反应，其次是他们的反应会呈现秩序。

（六）想象力与创造力

第六个自然定律是幼儿想象力与创造力的发展。这两种能力是幼儿与环境接触下形成的心智能力。而后发展出的天赋本能。此时的环境必须是美丽、和谐，而且以实际世界为基础的，以便使小孩可以组织自己的知觉。一旦对自己的生活建立了实际而且有次序的知觉，他们便可以选择各种创造力必需的活动与程序，会“将事物的主要特质抽象化而组合成脑海中的形象。”蒙台梭利强调三种特质：第一是要有高度的注意力与专注程度，沉思形态出现，第二是可观的自主性与独立判断能力，第三是对于真理与事实接纳与期望心态。

蒙台梭利特别关心第三点特质。认为大人常会不经意地阻碍了此一特质的发展。幼童通常有沉迷于各种幻想的倾向，成人习惯于认为这些是幼童想象力丰富的证明。蒙台梭利不认为如此与想象力有关，反而是证明了幼童生活中依赖与无助的状态“假如大人听天由命不加以辅导，幼童则只好不停产生幻象。”同时，蒙台梭利指出，小孩子会接受大人的想象，比如各圣诞老人的传说等，但蒙台梭利认为这并不代表小孩子的想象力，而只显示出小孩轻信他人，但这种现象会随着年龄增长与智力发展而逐渐消失。成人会以自己的想象力灌输给小孩，其实是因为他们一直认为小孩子是极为被动的，必须主动地为小孩子做一些事。

“小孩子常被大人看作是只能被动接受而不能主动行动的个体，甚至在其生活的每一个环节，小孩子的想象力也被如此认为与对待。我们常以为告诉孩子一些神话故事，例如中了魔法的公主等故事就可以增进孩子的想象力，其实这些故事，只是处于吸收印象的阶段”。

（七）情绪与精神生活

幼儿天生拥有对于情绪与精神环境反应的本能，使他们可以去爱别人，了解别人的反应。这些本能就如同天生用来对实体世界反应以发展智能的本能一般。幼儿的智力发展需要通过物质世界的刺激而发展，可是情感的发展则需要人类的刺激。他们经由母亲首先体会爱的感觉，母爱也刺激他们的情绪而发展出对母亲的爱。一旦幼儿的情绪觉醒成为可能他们会开始对于周遭关心他们的人各有反应，会受到情绪世界的吸引，就如同他们受到物质环境中各种刺激所吸引一般。这样吸引力是很细微的，也如同在智力发展过程中一样是很容易受到破坏的。因而幼儿的自由选择着实应该予以重视。

如果成人很细心地提供幼儿发育所需同时适时给予帮助，此时应强调的是提供援助而不是支配。我们几乎可以确信幼儿对于成人的爱与尊重必然有所反应。“必然有一天他们对于我们的精神状况颇为敏感，同时也知道如何服从我们，如何与我们沟通，还有如何分享他们生活中的种种喜悦”。

要达到情绪与精神上的成熟，小孩不仅必须发展去爱别人的能力，也必须培养自己的道德感。蒙台梭利相信这也是天生具备的本能。“我们天生有一种本能可以提醒我们了解危险所在，并且了解环境中有利于生活的一面，这应该不是什么不可思议的事。”

为了使儿童道德感得以顺利发展，环境中的善与恶必须呈现出明显的不同，不应因为生活习惯而受到混淆，而是以生命中最深层的本质，出现在生活当中，使儿童能清楚地区别“善与恶”。

（八）成长阶段

1. 0～3 岁，个性建设时期。无意识的成长与吸收的阶段。情绪与智力发展的内在结构则由敏感期与吸收性心智等功能来完成。这一阶段幼儿表现出无穷的精力与兴趣。儿童最初借助于吸收性心智，依靠敏感性，潜意识地感受环境中各种事物的特征，以获得感性印象。蒙台梭利认为儿童在胚胎期身心的联合十分重要，儿童只有用听、看和动作等形式自由反应，才能使智力和动作得以发展。但是，在胚胎期儿童没有形成统一的个性。

2. 3～6 岁，个性形成时期。个性形成期的心理发展包括通过作用于环境的活动发展意识以及充实与完善已形成的能力两个方面，是一个从无意识到有意识地发展时期。这个时期的儿童不仅仅凭借感觉，而且能够有意识地用双手做事，在成人帮助下，通过各种活动，更好地集中注意，并对社会和文化学习发生兴趣，主动受成人影响，于是儿童的个性就在其内在的敏感性的作用下，渐渐得以形成。

3. 6～12 岁，儿童增长学识和艺术才能阶段。这个时期儿童能够有意识地学习，其主要特征为：要求离开过去那种狭小的生活圈子；开始具有抽象思维能力；产生道德意识和社会意识；蒙台梭利认为在这个时期对儿童的教育要从物质分类的感觉练习，转向抽象的智力活动，让儿童掌握事物之间的关系，学习举一反三，要以道德标准来约束他们，用理喻和规劝的方法来启发他们。

4. 12～18 岁，青春期阶段。儿童则已准备妥当，以开放的心灵去吸收世界的各种知识，此时就如同 0～3 岁阶段的幼儿，会拼命地吸收环境中的一切事物，不同的是，此时他们会拼命地吸收环境中的一切事物。他们是自主性地学习，而且他们不再受限于身旁环境的范围，他们的触角可以延伸到宇宙本身，此时所碰到的机会，将会影响他们一生对于智能方面的兴趣，这也就是为何此一阶段的学校教育应该尽可能地包罗万象，而不是如传统学校中的将学校教育分割成独立的个体。此时的青少年应该要选择日后自己一生努力的方向，因此面临了在有限范围的抉择。只是在我们的文化中，此一抉择的时期通常被延后到更大的年纪。由于此一阶段应有的选择行为通常不受到鼓励甚至被禁止，因此情绪与智能的困扰便随之而来。

五、有准备的环境

蒙台梭利认为新的教育应包含 3 个因素：教师、环境和儿童，儿童的身心是个体和环境之间相互作用的结果。只有在一定环境中儿童才能找到适合自己自然发展的东西。蒙台梭利强调环境的重要性。第一，她认为环境的重要性仅次于生活的本身。幼儿并不是因为偶尔被置于丰富的环境中才长大的，他们是因为内在的生命潜力发挥而成长的。第二，幼儿成长的环境，必须由一具备相当知识而且敏锐的大人来筹划。第三，成人必须参与幼儿生活与成长的环境。

但是，一般的家庭都不能达到适合儿童发展的理想环境，因此，要建立“有准备”的环境，这种环境要能使儿童的身体、智力、个性都得到发展。在蒙台梭利看来，学校就应当是这样一个“有准备的环境”。环境有六个要素，包括：自由的观念、结构与秩序、真实与自然、美感与气氛、蒙台梭利教材以及群体生活的发展。

（一）自由的观念（Freedom）

蒙台梭利认为只有在自由的气氛中，儿童才会显露他们的本质。由于教育的角色在于确认并协助儿童的心智发展，能够在一自由与开放的环境中观察他们当然是极为重要的。蒙台梭利相信，要给儿童自由的先决条件是儿童的人格必须健全地发展，包括独立性、意志力与自制力等。在蒙台梭利教室自由的环境中，小朋友有机会去反省自己的行为，了解行为对自己及对别人的影响，测试自己在现实环境中能力的极限，体会自我实现的感觉，了解可能令自己感到空虚与不满的情况，还有发觉自己的能力与短处。这种能发展出自我了解的机会正是蒙台梭利教室中的自由所带来的一种最重要的结果。

（二）结构与秩序（Structure and Order）

教室中的环境必须能表现外面世界的结构与秩序，以使小朋友了解、接受并进而建立自己精神上的秩序与智慧。经由这种内在的智慧，小朋友便会信赖他的环境，并且了解自己与环境沟通的能力。这样就能保证小朋友从事有目的的活动，他们知道如何去寻找与选择自己所需的教材。为了帮助他们进行这种选择，教材必须依小朋友的兴趣分类，并根据秩序的困难度与复杂度不同而排列。对于父母来说，常常惊讶小朋友可以承担如此有秩序的工作。环境中的秩序虽属必要，但所有的东西都一直保持在原位倒也没必要。实际上，敏锐的教师会配合小朋友的成长，定期地更改环境中事物的排放情况，成为一个活泼的地方。比如老师可能发现部分教材被长久地忽略了，或者可能引导小朋友进行新的练习活动，可以将教材放在教室中较为显眼的地方一两天，这种弹性是必要的。

（三）真实与自然（Reality and Nature）

儿童必须有机会将自然与真实的范围内在化，以免受各种奇想与幻象的干扰。只有如此，小朋友才能发展自我约束能力，以便探索内在与外在的干扰。以便探索内在与外在的世界，同时还可以敏锐地观察人生百态。因此，教室中的设施在设计上应使小朋友接近真实社会的情况，其中的冰箱、电话等都是真的。蒙台梭利教室为了和真实世界尽量相近，不可能每个小朋友同时拥有相同的东西，教材大多只有一件，因此如果小朋友想练习的教材别人正在使用，他就会学习到等别人用完后再去使用。此外，蒙台梭利还特别强调发育中小孩子与自然界接触的重要性。让小朋友去照顾动植物来与自然界做最初的接触。蒙台梭利认为由于都市化的结果，要满足儿童这种深切的需要是越来越困难了。除了在教室里弥漫着对自然的重视，蒙台梭利还提倡让小朋友有充足的时间去森林或者乡下，吸收自然世界的神奇与美妙。

（四）美感与气氛（Beauty and Atmosphere）

蒙台梭利认为美对发育中的儿童并非锦上添花的事，而是唤起小朋友对生活作适当反应的绝对要素。真的美建立在简洁上，教室因此无须装潢得太精巧，不过其内部一切却必须有良好的设计，并且吸引人。颜色明亮、有朝气而且协调。室内气氛必须轻松、温暖，使儿童乐在其中。

（五）蒙台梭利教材（教具）

蒙台梭利教材是她的教育方法颇为引人瞩目的，但是它的功能常受到误解。由于这些教材（教具）是实际可以操作的，所以往往比蒙台梭利的其他教学法更为强调，也被人误解为训练儿童的各种技巧。实际上，蒙台梭利教具并不注重外在的教育功能，而是尝试通过内心来帮助儿童建立自我与心灵的发育。它们提供可以集中注意力进而启发儿童专心程序的刺激，因此可以帮助小朋友成长。她的教具具有五个设计原则：①每一教材中儿童所要发现的问题与错误必须只限一种；②教材的设计与使用都是由简而繁；③针对间接帮助小朋友日后学习所设计的；④材料最初以具体表达概念的方式出现，随后逐渐转为抽象；⑤针对自我教育，含有控制错误功能。

蒙台梭利在她的著作中曾描述了她所创办的“儿童之家”的情形，可作为所谓的“有准备的环境”的一个范本。附有绿树成荫的花园，儿童们可以在树荫下游戏、工作和休息。此外，它还有专门为儿童设计的工作室和休息室。室内的器具如，桌椅板凳都做得小巧玲珑，便于儿童随意取用或移动。工作室是“儿童之家”的最重要的场所，置有长玻璃柜和带有两三格小抽屉的柜，用以存放个人物品。墙的周围挂有黑板，儿童可以在上面绘画写字；还贴有儿童喜欢的各种图片，并经常调换内容。工作室的一个角落还铺上地毯，儿童可以在地毯上活动。休息室则是儿童彼此交谈、游戏和奏乐的地方。此外，饭厅和更衣室都按儿童的特点和需要布置。在这样的环境中，儿童是主人，他们饶有兴趣地活动着。每天的活动时间从上午 9 点到下午 4 点，包括谈话、清洁、运动、用膳、午睡、手工、唱歌、照料动植物，以及各种感官和知识的训练、学习等。儿童的学习、工作可由自己安排掌握，不受规定时间的限制。

总之，蒙台梭利所谓有准备的环境就是一个符合儿童需要的真实环境，使用一个供给儿童身心发展所需之活动、练习的环境，是一个充满自由、爱、营养、快乐与便利的环境。蒙台梭利认为，只有儿童处在这种环境中，儿童才能按自己内部需要、发展速度和节奏来行动，最终成长为表现出一系列优良品质和惊人智慧的人类一员。

第四节　评价与影响

一、国内外对蒙台梭利学说的评价

蒙台梭利的教育观与 20 世纪初期的教育理论在观念上不同之处主要在于四点：儿童早期教育的重要性、儿童智能与认知能力的发展、感官训练和成长过程的敏感期。

进入 20 世纪 50 年代末叶后，蒙台梭利的上述主张在以美国为首的世界各国又重新引起人们的注意并得到了肯定。

（一）蒙台梭利重视早期教育的思想受到了支持

以前美国一些学者曾否定婴幼儿期是认知发展的关键时期。20 世纪 60 年代以来，许多心理学家已抛弃了这一见解，如心理学家布卢姆。综合了有关生长模式的研究，提出了儿童早期是智力和情感的功能发展最迅速的时期，认为早期缺少智力刺激的儿童，将永远达不到本来应达到的水平。现在人们已普遍承认从初生到 7 岁是儿童智力发展最快的时期，不应错过良机对儿童进行教育。60 年代后不少心理学家对幼儿学习阅读、计算问题也进行了研究并提出了研究报告。如斯塔茨（A.W.Stats）1962 年以实验证实：对 4 岁儿童如能给予个别的注意，并允许他依自己的速度学习，则可学会阅读。佛勒（W.Fowler）1962 年教他 2 岁的女儿阅读，后写成专论，证实早期智力刺激的重要性。德金 1954 年起以 50 名学前儿童作纵向 8 年研究后发现：所有儿童在 6 岁之前均可学会某种程度的阅读，进入小学 3 年后更显示出早期的阅读可导致良好的成绩。我国杨丽珠等研究表明，对 3～5 岁儿童自制、自信、好奇心、独立性培养有着积极的作用，能够促进儿童这些个性品质的良好发展，上述新研究结论都支持了蒙台梭利的观点。

（二）蒙台梭利对于儿童智力及心理发展的看法受到了肯定

前面已述，蒙台梭利认为智力、心理的发展虽是受内驱力推动的，但既不是单纯的内部成熟，也不是环境、教育的直接产物，而是机体和环境相互作用的结果，后天的环境与教育能影响后天智力的发展。赫伯（Donald Hebb）的研究首次对蒙台梭利的环境刺激理论提供了心理学支持。这种通过与环境交往，获得经验，使儿童智力、心理得到发展的观点，得到了当代儿童心理学权威、瑞士心理学家皮亚杰（J.Piaget）与美国心理学家布鲁纳（J.S.Bruner）等人认知发展理论的赞同。现在人们已普遍接受了这一观点，即为儿童提供良好的教育环境和教育措施，通过丰富儿童的经验及各种活动，可以开发儿童的巨大潜力，消除和防止智力落后的现象。这又回到了蒙台梭利的立场。

（三）蒙台梭利强调的感官训练思想也受到重视

皮亚杰早在 1942 年就提出："思想的中心在于感官发展出来的智慧，而且通过认知与实际接触，终其一生地影响一个人的思想，认知对智慧发展的角色实在不应该忽略。"皮亚杰发现儿童的思想是以渐进的方式发展的，从最初的认知到象征性的想法，到具体的运算，再到青春期的形式运算的想法与蒙台梭利的看法一致。"抽象概念的发展最先是从出现重复行为表现出来的，这种依照庞大系统中松弛与分离的发展而重复的行为必须持续到感觉动作阶段才告一段落；然后思考的发展更可以海阔天空，最后进行到运算阶段为止。"近年来美国的学者们也主张，认知能力的培养应从感觉训练开始，感觉发展得越好，带来的外界信息就会越多，而缺少感觉的经验，会影响到知觉的发展。这些观点都符合了蒙台梭利的主张。此外，美国心理学家亨特（Hunt）于 1962 年在对蒙台梭利设计的感官教具进行了研究以后指出：她的教具并不像以前人们所说的那样死板，而是有一定的心理学根据的，并可以解决"动机"问题。亨特根据皮正杰的理论，提出智力的发展依赖于两个因素，即内在的可能性和有刺激的环境，只有在这两个因素配合得十分"相称"或称"匹配"（the match）的情况下才能激起儿童学习的动机，并促进智力的发展。他认为蒙台梭利的有关作法，即让儿童在有准备的环境中，根据自己的意愿和进度，选择按等级顺序排列的教材或教具，可以解决"相称"问题，从而促进儿童的发展。

（四）蒙台梭利的敏感期及儿童心理发展的阶段论理论受到了现代心理学家的支持

蒙台梭利早年自德弗里斯的昆虫研究而获得灵感，提出了儿童发展敏感期及关键期的理论，认为儿童如果在敏感期中遭遇障碍，则心理的损害将难于弥补。现代不少心理学家继续了这一研究。如劳伦兹（K.Lorenz）于 1935 年提出了"印刻"

（imprinting）学说；索耳替于 1961 年提出了小鸟学唱歌的敏感期研究；史考特（J.p.Scott）于 1968 年对于关键期的定义赋予新的教育意义，将关键期定义为“情况的稍许改变可导致巨大影响的时期”。他们的研究证明了学习有其适应时机与预备状态，必须抓紧敏感期及时施教。我国杨丽珠等研究表明，3～4 岁是幼儿自我评价开始发生的转折年龄，4 岁是幼儿情感体验开始发生的转折年龄。4～5 岁是幼儿自我控制开始发生转折年龄，同时也是幼儿自我调节系统得以发展的时期。5 岁是幼儿生物性需要向社会性需要、精神需要发展的关键期。这些都支持了蒙台梭利早年倡导的观点。此外，她还认为敏感期会出现一些反常现象，即我们所说的危机期，这一观点也被证实了。蒙台梭利关于儿童心理发展阶段与一些儿童心理学家不谋而合。

上面所介绍的是 20 世纪 50 年代以后人们对蒙台梭利的新的、肯定的评价。但是，正如杜威所说的“教育上的事没有一件是没有争论的。”现在尽管不少人对蒙台梭利的教育主张予以肯定，但也仍然存在非议。主要是：①对蒙台梭利感觉训练的评价。有些人仍然认为她的做法机械、呆板、烦琐、枯燥，所用教具脱离生活实际。近年来，我国还有人提出感觉训练会影响到创造力的发展。这些都应在实践中加以验证。②蒙台梭利教育法限制了儿童的想象力，创造力，以及情感和语言的发展。③在儿童提早学习读、写、算问题上，有些教育家并不怀疑蒙台梭利从感觉训练开始，教儿童学习读、写、算的成就，但他们从珍惜儿童童年的立场而反对这一做法。

二、蒙台梭利在当代的影响

尽管蒙台梭利的学说从问世到当代，对它一直存在着批评意见，但蒙台梭利对幼儿教育的贡献及重要性已成为一个不可否认的事实。她被人们赞扬为“儿童世纪的代表”，“在幼儿教育上，是自福禄贝尔以来影响最大的一个人”，并对“英语国家的教育影响尤大”；亨特在 1964 年版《蒙台梭利方法》的序言中指出蒙台梭利方法重视儿童早期经验，主张通过感知的运动的协调促进智力发展等思想符合当今的儿童心理学的见解，成为它日前在美国流行的主要原因。1958 年，美国第一所新蒙台梭利学校在康涅狄克州格林尼治城创立。1972 年，美国蒙台梭利学校即达 762 所，1980 年则超过了 2000 所。在这些幼儿学校中，以她的重视“工作”价值及环境的哲学取代了无法控制的及非引导的游戏的地位。

在英国，由于蒙台梭利的影响，蒙台梭利的方法和教材大量地渗透进传统的福禄贝尔幼儿园。苏联在 20 世纪 50 年代时对蒙台梭利还大加鞭挞，斥之为“反动理论”，到 70 年代则给予某些肯定。例如，1978 年苏联出版的《学前教育学》中说：“在帝国主义时期的学前公共教育方面，蒙台梭利特别出众。”她“实行了独创的教育体系”。苏联的幼儿教育已吸收了她的一些有价值的东西，特别是她的各种各样的教材（教具）和感官教育中利用这些材料的方法。在日本，蒙台梭利教育模式受到了欢迎，自 60 年代以来，日本不少人士都认为日本 90 年代以来的幼儿教育在很多方面都有蒙台梭利教育模式的影子，为日本幼儿教育改革注入了原动力。在加拿大、德国、澳大利亚、印度等国都先后开展了“蒙台梭利运动”。

1969 年，蒙台梭利思想的推崇者在纽约成立了“进步的蒙台梭利国际协会”，自称“代表进步的蒙台梭利教育思想”，并提出了一套有组织的教育方案，要求按照蒙台梭利的教育原则，应用现代教学技术，进行新的改革。1979 年，蒙台梭利的另一批推崇者又在华盛顿成立了“国际蒙台梭利学会”，目的是向全世界传播蒙台梭利的新教育主张，力图使她的“通过教育改革社会，进而实现世界和平”的理想得以实现。与此同时，1929 年在荷兰成立的“国际蒙台梭利协会”也仍在积极活动。蒙台梭利逝世后，由她的孙子马里奥•蒙台梭利（Mario M. Montessori）领导，此组织在欧洲较有影响。蒙台梭利的著作被翻译成 22 种文字，教育方法被广泛应用于幼儿园、家庭、儿童保育中心等。

正如蒙台梭利所指出：“说我发明蒙台梭利教学法是错误的，我只是对儿童加以研究而已。”她的学说是她从 36 岁成立儿童之家到 82 岁去世不断实验、研究、发现而形成的。她的追随者史坦丁（E.M.Standing）说过，对于蒙台梭利教育理论的发展、完善将是今后一个相当长的时期内幼儿教育工作者的任务。

第五章

蒙台梭利教育模式中国化

20世纪的幼儿教育以重重的一笔记下了蒙台梭利这个名字。她创办的“儿童之家”成了幼教工作者朝拜的“圣地”，她创办的“蒙台梭利教育法”引起了人们对幼儿教育的极大热情。20世纪是“儿童的世纪”她则被认为是“儿童世纪的代表”。现在，蒙台梭利绝不仅仅是幼儿教育史上的重要人物，她的教育理论和实践与当代学前教育密切相关。美国著名幼儿教育家莫尔（Shirley Moore）曾明确地指出，“当代讨论学前教育的文章，如果没有论及蒙台梭利体系，便不能算作完全。”凯汀·麦克尼科尔斯在大量的实验研究基础上提出，蒙台梭利模式像一块磁体，以自己的教育方式和儿童在成就测验中的优秀成绩吸引了众多的儿童进入。总之，蒙台梭利教育模式在当今学前教育体系中占有重要的地位并对当今世界各国的学前教育发展与改革产生了重要的影响。

随着我国改革开放的日益深入，蒙台梭利教育模式在世界学前教育体系中的重要地位，已经越来越多地被我国幼教界人士所认识，如何借鉴蒙台梭利教育模式以及如何使蒙台梭利教育模式中国化成为专家学者、实际工作者探讨的焦点。根据我们多年对蒙台梭利幼儿教育理论和实践研究，我们从中国古代教育思想、中国幼儿教育课程发展的历史以及国外当代几种典型的课程模式以及蒙台梭利教育模式中国化几个方面提出一些看法。

第一节　蒙台梭利教育思想与中国古代教育思想

蒙台梭利教育思想已经越来越多地被我国幼教界人士所认识，而且被大家所接受。这是因为她的教育思想与我国许多教育家传统教育思想的观点颇为相似。

一、孔孟教育思想

孔孟教育思想中突显“人”有主导自己生命方向的力量，要求尊重人。孟子说：“尽其心者，知其性也。知其性，则天矣。”认为天与人既然是合一的，所以一个人如果知道了自己的性，就知道天。更进一步，他得出了他的主观唯心主义的思想，以为人性既与天相合，那么，天生万物，人性里也就具有万物的因素了。“万物皆备于我矣。反身而诚，乐莫大焉”。还提出了“人皆可为尧舜”。这与蒙台梭利尊重儿童，儿童具有天赋能力的观点颇为相似。蒙台梭利认为儿童天生具有一种“吸收”文化的能力，他们在其“内在教师”（又称“内部向导”）的引导下积极主动地工作着。“儿童不仅作为一种物体的存在，更作为一种精神的存在，它能给人类的改善提供一个强有力的刺激”。

对于教师这个职业的热爱他们也有着共同点。例如，古代孔子曾说自己“学而不厌”“诲人不倦”，虽然没有直接说出做教师的乐趣，但我们可以推断，他肯定是享受其乐趣的，否则就不会“诲人不倦”了。孟子明确讲过做教师的乐趣，他认为“得天下英才而教育之”是人生的三大幸福之一。蒙台梭利将自己的一生奉献给了幼儿教育事业，她吸引了许多博士放弃了其他工作而来从事幼儿教育工作，蒙台梭利认为他们是从低水平走向了高水平的工作。她认为，教师的爱不再是个入的和物质上的爱。为儿童服务就是为必须解放的人的精神服务，因此教师常常感到她的工作是崇高的。孔子在其教子过程中，认真考察其弟子的智力、能力、性格、志向、学习态度等诸方面，对其弟子个性类别、差异等诸方面，都有深知灼见。这与蒙台梭利要求教师具备了解儿童个性的要求一致，她要求教师要针对儿童个性特点进行个别化教育。

二、老子教育思想

老子与蒙台梭利的共同之处在于二者对儿童的崇拜。早在春秋时期，中国哲学家老子就写道：“砖气致柔，能婴儿乎？”（《老子》第十章）“众人熙熙，如享太牢，如登春台；我独泊兮其未兆，如婴儿之未孩。”（《老子》第十二章）“常德不离，复归于婴儿。”（《老子》第三十八章）老子尤其赞赏婴儿，他认为那通晓万物，道德高尚的圣人的精神状态宛若婴儿。

蒙台梭利在《童年的秘密》《吸收性心智》等著作中构建出空前深刻的儿童精神哲学。她认为儿童不仅仅作为一种物体的存在，更作为一种精神的存在，它能给人类的改善提供一个强有力的刺激。正是儿童的精神可以决定人类进步的进程，也许它甚至还能引导人类进入更高形式的一种文明。她首次发出以下预言：儿童自身隐藏着一种生气勃勃的秘密，它能揭开遮住人的心灵的面纱；儿童能帮助成人解决他们个人的和社会的问题。“没有儿童对他们的帮助，成人将颓废。如果成人不努力自我更新，一层硬壳就开始在他心脏的周围形成，最终将会使他变得麻木不仁。”她认为儿童是成人之父，最高的崇敬应当给予儿童。“如果我们能保留我们在儿童时所具有的那种奇妙的能力该有多好啊！”

实际上对儿童尊崇的思想与进化思想分不开，它为我们认识儿童提供了一个广阔而深远的进化论视野；不仅使我们在儿童那里感受到了生命的进化的神奇，也使我们在儿童那里体悟到个体生命的绵源历史，这本身就会使我们成人对儿童的生命和儿童的精神世界产生一种敬畏与赞美。

这一思想可以促使教师进一步认识儿童、尊重儿童，促使双向尊重的师生关系的转换，从而自觉地建立起平等、民主的师生关系。

三、王守仁教育思想

王守仁以自然为师，崇尚自然规律，反对以人为的外在价值阻碍生命的生长，与蒙台梭利追求生命自然成长的立足点相同。他们对儿童教育的方法也有共同之处。

王守仁认为宇宙万物都靠心的认识而存在。万事万物都不在心外，都在心内的。他对一个学生的“岩中之树”的答案，充分表明他的观点。他说“离却我的灵明，便没有天地鬼神万物了”。王守仁对当时的儿童教育也有所批评，并且提出了一些办法和积极的意见。他说：“若近世之训蒙稚者，日惟督以句读课仿，责其检束而不知导之以礼，求其聪明而不知养之以善，鞭挞、绳缚，若待拘囚，彼视学舍如囹狱而不肯入，视师长如寇仇而不愿见，规避掩复以遂其嬉游，设诈诡以肆其顽鄙，偷薄庸劣，日趋下流，是盖驱之于恶，而求其为善也。”（《训蒙大意示教读刘伯颂等》）这是当时私塾的真实写照。王守仁提出了他的“儿童心理”的见解。他说：“大抵童子之情，乐嬉游而惮拘检，舒畅之则条达，摧挠之则衰萎。今教童子，必使其趋向鼓舞，中心喜悦，则其进自不能已。譬之时雨春风，沾被卉木，莫不萌动发挥。自然日长月化”。

在这里他把儿童的学习和教师的教学比作时雨春风，盎然生意，情意舒畅，而不是冰霜剥落，生意萧索。因之教学必须注意启发诱导，默化其粗顽，使之见于礼仪而不苦其难，入于中和而不知其故。作为教学方法，这较之拘束防范和体罚威迫要好得多，而且也注意到豢养阶段的年龄特点。

王守仁提出了自得、循序渐进和因材施教的教学原则，这三点与蒙台梭利的教育思想非常相近。

王守仁从“致良知”的中心思想出发，认为教学只是导引学者“各得其心”，学习贵于自得。学问要旁人点化，不如自家解化者一了百当。蒙台梭利认为儿童有生长的需要，他必须靠自我建设、自我教育和独立奋斗来达到自我表现，成人的职责在于承认、培育和保护儿童自身的能力，并给予间接帮助。

王守仁多次提到为学必须循序渐进，不可躐等。他认为教学必须注意“从本原上渐渐盈科而进”，个人的发展从婴儿起到成人其阶段性。在应用上，要顾到学者的水平。童子的良知有童子的水平。他说：“洒扫应对就是一件事。童子良知只到此，便教去洒扫应对。自童子以至圣人，皆是此等功夫。”蒙台梭利对儿童个性年龄阶段的划分、教具运用的由简到繁、由易到难都体现出她的循序渐进的原则。

与循序渐进相通的一个教学原则是因材施教的原则。王守仁说，“与人论学，亦须随人分限所及。”他说比如种树，有这些萌芽，只需这些水去灌溉，萌芽既长，便又多浇些水；从幼苗到合抱的大树，灌溉皆随其分限所及。“若些小萌芽，有一桶水在，尽要倾上，便浸坏他了。”教学要顺着成长的程度而逐渐增高，因人施教。若把大量的学生所不能接受的知识，注入学生，岂非与把一桶水倒在幼苗上一般，便浸坏他了。“人的资质不同，施教不可躐等，中人以下的人，便与他说性，说命，他也不省的，也须慢慢琢磨他起来。”教学要按人资质、能力与才能慢慢地帮助他。即使这样，教学应注意个人长处、短处。譬如良医治病，目的在治病，并不是有一定的方剂，不问是何症候，必使人人都吃这一服药。治病要因病发药，教学亦必须与治病一样，要注意到因人施教。他反对用一个模型去束缚学者，要发展各人不同的个性。这与蒙台梭利用发展的观点看待儿童，个别化教学的思想基本一致。

总之，蒙台梭利教育思想于我国古代一些教育思想家的观点颇为相近，因此她的教育思想和方法很容易被接受。她的教育模式一直与我国课程改革相关联。

第二节　蒙台梭利教育课程与中国幼儿教育课程

1913 年，蒙台梭利教育法即由日本传入中国。20 年代以前，就翻译出版了蒙台梭利的有关著作，宣传和介绍了她的教育思想，仿制并推广蒙台梭利教具。1914—1915 年间，江苏省成立了蒙台梭利教育法研究会。1916 年美国巴士蒂夫人携带全套蒙台梭利教具来我国演讲“蒙台梭利教育法”。有些蒙养园还曾试用她的教学法，她的教育主张一时成为我国幼教界注意的中心。据说，蒙台梭利收到过一封贴着中国邮票的信，打开一看，里面有一块美丽的绣花丝绸和一封中国妇女写给她的信，信上说：“亲爱的蒙台梭利博士，当我读到你的书，真不知道该怎样形容我的愉快心情。我曾反复想过应当像你所说的那样对待儿童，尊重他们，敬爱他们，允许他们为自己做事情，然而人们都说我在发疯，因为我总是希望能出现一种新的学校。现在我才知道我是正确的。”20 世纪 70 年代以后，我国大陆及台湾都有学者对蒙台梭利思想进行探究。在台湾还有专门的杂志，介绍蒙台梭利教育思想在幼儿园运用的情况。那么，究竟蒙台梭利教育模式与我国幼儿教育课程是怎样的关系呢？首先让我们来回顾一下我国幼儿教育课程改革的发展。

一、课程的定义

在我国，“课程”一词始见于唐宋期间。唐朝孔颖达为《诗经•小雅•小弁》中“奕奕寝庙，君子作之”句作疏：“维护课程，必君子监之，乃依法治。”但他用这个词的含义与我们现在通常所说的课程的意思相去甚远。宋代朱熹在《朱子全书•论学》中多次提及课程，如“宽着期限，紧着课程”“小立课程，大作工夫”等。虽说他只是提及课程，并没有明确界定，但意思还是清楚的，即指功课及其进程。这与我们现在许多人对课程的理解基本相似。

目前已有的课程定义繁多，几乎每个课程工作者都有自己的界定。事实上，对各种课程定义的辨析，会有助于我们对课程的理解。若把课程定义加以分类，大致有以下六种：

①课程即教学科目。②课程即有计划的教学活动。③课程即预期的学习结果。④课程即学习经验。⑤课程即社会文化的再生。⑥课程即社会改造。上述各种课程定义，从不同的角度或多或少都涉及课程的某些本质，但也都存在明显的缺陷。可以预料，关于课程定义的争辩还会继续下去。杨丽珠认为，幼儿园课程定义应包括培养目标、课程模式，以及为实现培养目标而采用的教育内容、材料、方法、手段、进度等全部保教活动的总和。

二、我国幼儿教育课程改革的发展

（一）20 世纪二三十年代幼稚园的课程改革

这一阶段的特点是从产生到初步化。这个时期是我国公共机构的学前教育课程（主要是幼稚园、幼儿园和蒙养院的课程）从无到有，从简单抄袭国外到开始独立探索时期；是我国学前教育课程发展的第一个高峰期，第一个改革期；是我国学前教育先驱们开始致力于学前教育课程中国化时期。在 21 世纪的第一个 10 年，我国学前教育课程的发展只处于起步阶段，课程普及的面还相当狭小，仅在部分省市的个别地方存在幼稚园和幼稚园课程。所提出的教育目标虽然涉及德智体美几方面，但是还非常笼统简单，所开设的科目也不多，远远没有形成体系。还有一些外国教会开办的幼儿教育机构，它们的主要教育目标和课程内容都具有浓重的宗教性，向幼儿灌输宗教思想。教育内容完全外国化。

民国初年，幼稚园课程科目与前一时期没有多大不同，教育内容和方法也相似，没有实质性突破。但有所不同的是，由于德国福禄贝尔和意大利蒙台梭利等人的教育思想的传播，我国幼稚园课程中增加了福禄贝尔游戏、恩物和蒙台梭利的教育法。此外，康有为等人的改良思想对幼稚园课程也有影响。

综上所述，19 世纪末到 20 世纪 20 年代以前，我国学前教育课程的发展才刚刚开始，在课程宗旨、课程目标、课程内容和课程实施方法方面，具有一定的民族性，试图照顾到幼儿的年龄特征。此时，外国的一些先进的教育思想已经引入到中国，在一定程度上促进了我国的学前教育课程的发展。特别是“五四运动”之后，在科学与民主的旗帜下，我国教育界有识之士纷纷介绍外国教育思想，例如，卢梭、斯宾塞、赫尔巴特、裴斯泰洛齐、福禄贝尔、蒙台梭利和杜威等人的教育思想被陆续引入，形成了平民教育、实业教育、科学教育和实用主义教育等思潮，其核心是教育救国和尊重与发展儿童的天性及才能。特别是杜威的实用主义教育思想对我国的教育影响最大，对幼稚园课程的影响也是如此。

但以陶行知、陈鹤琴、张雪门、张宗麟为代表的早期教育家坚决反对照抄照搬，在充分调动查的基础上，揭露了当时幼稚园课程存在的严重的“外国病”“花钱病”“富贵病”，创办了新的幼教实验中心，开始了幼稚园课程中国化和科学化的历程，掀起了我国历史上第一次独立探索和研究适合中国国情的幼儿园课程的热潮。

1932 年 10 月，由陈鹤琴主持草拟的幼儿园课程颁发了。包括三部分内容：幼稚园课程的教育目标、课程范围和教育方法。教育总目标为：增进幼稚儿童身心健康，力谋幼稚儿童应有的快乐和幸福，培养人生基本的优良习惯，协助家庭教养幼稚儿童，并谋求家庭教育的改进。课程包括音乐、故事、儿歌、游戏、社会和常识、工作、静息和餐点 7 项，每项又列有目标、内容及教育的最低限度要求。教育方法共 17 条，主要包括，将各科目内容打成一片，实行作业中心制的作业设计等教学法。

总之，这是中国历史上第一次制定并颁发的全国统一的课程标准。体现了中国化和科学化，也受杜威实用主义影响，其单元教学是当时的课程模式。

（二）20 世纪 30 年代末至 1949 年

这一时期我国学前教育课程随着战争的进展产生了新的特点。1939 年教育部颁发了《幼稚园规程》。1943 年，教育部对《幼稚园规程》进行了修正，改为《幼稚园设置办法》。抗战期间和解放战争期间，中国共产党在解放区逐步建立起幼稚园课程：如按年龄分班，采用单元教学。设置常识、唱歌、游戏、故事、工作（折纸、纸工、泥工、涂色）、自由画、体育、卫生、识数、识字、玩玩具、自由发表等科目。这些在当时都具有一定意义。

（三）1949 年至 1966 年

中华人民共和国成立伊始，百业待兴，对旧中国的幼儿教育进行全面改革是历史必然。在全面学习苏联的背景下，1952 年 3 月和 1952 年 7 月教育部颁发了《幼儿园暂行规程（草案）》和《幼儿园暂行教学纲要（草案）》。这两个文件初步奠定了我国幼儿园新教育模式。主要规定了幼儿园教育的主要目标、教养活动项目（六科），使我国从单元教学的模式，初步确定了分科教学的模式。20 世纪 50 年代中期，《幼儿园教育工作指南》标志着幼儿园课程改革的进一步深化。总之，初步确立了幼儿园教育教学的目标系统；更新和充实了教育教学内容。提高了对幼儿全面发展的要求和内容；建立了有目的有计划的分科教育模式。但是，也存在着继承历史经验不足、结合中国实际不够、课程模式单一的弊端。例如，课程“苏化”，反对推崇儿童教育中发展儿童创造力和先天能力的“自由教育”。

（四）20 世纪 80 年代以来至 1999 年

1981 年教育部颁发了《幼儿园教育纲要》，把幼儿园教育内容划分为卫生习惯、思想品德、体育、语言、常识、计算、音乐、美术等八个方面；并强调通过游戏、体育活动、上课、观察、劳动、娱乐和日常生活等各种活动完成；幼儿园教育教学继续采用分科教学的模式。在当时确实起到了整顿教学秩序、提高教育质量的作用。然而在改革开放的新形势下，《幼儿园教育纲要》已越来越不适应发展的需要了，具体表现在分科教学的畸形发展上。例如，过于重视上课，轻视游戏；重视教师，轻视幼儿；重智育，轻德育、体育等倾向。这显然影响了教育质量的提高，不利于幼儿主体性的发展，不利于国家全面发展教育方针的实施，因此学前教育课程改革迫在眉睫。

随着我国改革开放，国际学术交流日益增多，国外一些新的儿童心理学、教育学、课程理论传到我国。例如，皮亚杰的儿童认知发生论、布朗芬布伦娜的人类发展生态学、泰勒等人的课程思想等对我国影响较大。陈鹤琴、陶行知等人的课程思想重新得到研究和重视。在此基础上，人们逐渐形成了幼儿教育的新观念：整体教育观、发展观、活动观、个体观、主体性教育观等。这些观念，成为幼儿园课程改革的指导思想和理论基础。

1989 年 6 月国家教委颁发的《幼儿园工作规程》明确规定了幼儿园保育和教育的主要目标是：“促进幼儿身体正常发育和机能的协调发展，增强体质，培养良好的生活习惯、卫生习惯和参加体育活动的兴趣。发展幼儿正确地运用感官和运用语言交往的能力，增进其对环境的认识，培养有益的兴趣和动手能力，发展智力。萌发幼儿爱家乡、爱祖国、爱集体、爱劳动的情感，培养诚实、勇敢、好问、友爱、爱惜公物、不怕困难、讲礼貌、守纪律等良好的品德、行为、习惯，以及活泼、开朗的性格，萌发幼儿初步的感受美和表现美的情趣。”

1990 年，第三届理事会将“幼儿园课程结构改革”改称“幼儿园教育整体改革”，这标志着幼儿园课程改革即将进入一个新阶段。此后，课程改革的热潮迅速掀起。具有如下特点：

1．课程以“教育活动”为基本组织形式

强调活动在幼儿发展中的作用，并把游戏确定为幼儿园的基本活动。改变了过去以上课为主的课程模式，引发了广大幼教工作者研究设计适合幼儿发展的教育活动的大量探索。这一概念的提出，反映了一种新的幼儿教育观念和儿童发展观念，是新时代教育思想的必然表现。更为准确地区分幼儿教育与小学教育不同。

2．改革深入到课程的各个领域

社会、自然、艺术、健康、语言，从教育内容到教育方法、活动设计等方面都相对具有自己的特点。

3．幼儿园课程理论基本上已成为一门独立的课，并在一些高校成为独立开设的一门学科

4.多元化课程理论指导下产生了多种课程模式

彻底打破了单一课程模式一统天下的局面，对分科课程的弊端产生了极大的冲击。尽管已经进行或正在进行的各种课程的实验还不十分成熟，但多元化课程理论和模式的吸收运用和出现，是对传统教育观念的挑战，因而空前地活跃了幼教界的学术思想。蒙台梭利教育思想也是在这种情况下，在我国各地掀起了热潮的。特别是在 1994 年以后，迄今全国有 300 余所幼儿园在开展蒙台梭利教育实验，辽宁省就有 20 多所。我国台湾地区于 1985 年成立了蒙台梭利教育研究基金会，致力于中国文化与蒙台梭利教育理论的融合研究。

（五）2001 年以来

2001 年 7 月 2 日，我国教育部颁发了《幼儿园教育指导纲要（试行）》（以下简称《纲要》），这标志着我国教育改革迈进了一个新的阶段。《纲要》是遵循我国宪法和教育基本法的精神，根据党的教育方针和《幼儿园工作规程》而制定的对全国幼儿园教育进行宏观管理和指导的单行法规文件。它与其他有关的幼教的教育行政法规一起，构成一个受共同原则指导的、具有内在协调一致性的层次不同的幼教法规体系，共同推动我国幼教的科学化、法制化进程，促使幼教朝着更加健康、正确的方向前进。《纲要》体现着国家的意志，遵循《规程》的精神，将我国幼儿教育长期以来，特别是贯彻《规程》以来的行之有效的教育观念、方法、措施、经验等等以法规的形式固定下来，通过国家强制力来保证其实施，从而为我国幼教新世纪的发展构筑坚实的基础。幼教改革是目前我国正在进行的意义深远的基础教育改革的组成部分。因此《纲要》的出台，也是这场改革的重要标志，这也将是我国幼教界今后相当长时间内要进行贯彻落实的一项重要任务。

1.《纲要》从结构来看，由四个部分组成，即总则、教育内容与要求、组织与实施、教育评价

2.《纲要》与《幼儿园工作规程》之间的关系

《纲要》是《规程》的下位文件，《规程》是《纲要》制定的直接的依据，《规程》涉及的面广，《纲要》在《规程》的基础上，将幼儿园教育目标进一步深化，将幼儿园教育任务的终极目的凸现出来，以体现出富于时代精神的终身教育理念和

以儿童可持续发展为本的教育追求。《纲要》在《规程》的基础上不但继续重视发展幼儿的个性，而且更进一步强调了每个幼儿自身发展的个性化，强调了教育应当培养每个幼儿自身发展的特色。《规程》中的“促进每个幼儿在不同水平上的发展”的提法也在《纲要》中有了进一步深化。如果说过去对不同水平的注意点还较多地放在幼儿能力水平的高低上的话，那么《纲要》在今天则更加关注每个幼儿的特点，注重他们不同于他人的学习特点或能力特征。

3.《纲要》将幼儿学习的范畴按学习领域相对划分为广大教师所熟悉的健康、语言、社会、科学和艺术等五个领域，并同时强调了“各领域的内容相互渗透，从不同的角度促进幼儿情感、态度、能力、知识、技能等方面的发展”

4.《纲要》基本指导思想

（1）终身教育的理念

《幼儿园教育指导纲要（试行）》明确指出：“幼儿园教育是基础教育的重要组成部分，是我国学校教育和终身教育的奠基阶段”，它要为“幼儿一生的发展打好基础”。这是一个符合终身教育理念的定位，一个符合社会发展需求的定位，一个符合幼儿长远的可持续发展为本的定位。不言而喻，依据《纲要》的精神，重塑幼儿园教育质量观，创造符合这一理念的高质量幼儿教育，是贯彻《纲要》的最重要的行动。《纲要》各领域的目标、内容和要求以及组织和实施、评价等所有部分，均一致地将培养幼儿终身学习的基础和动力放在了核心位置，强调教育活动要“既符合幼儿的现实需要，又有利于其长远的发展”各领域的目标表述较多地使用了体验、感受、喜欢、乐意等词汇，突出了我国基础教育共同的情感、态度、价值等方面的取向；各领域都强调良好的习惯形成，强调合作、参与、探索，强调“幼儿每天有适当的自主选择和自由活动时间”；强调通过引发、支持幼儿与周围环境之间的积极的相互作用来学习知识、技能……总之，《纲要》明显着眼于幼儿终身持续发展所需要的最基本的重要的素质，如积极主动的态度、强烈的学习兴趣、有效地与环境互动的能力、初步的合作意识、责任感等等，这是衡量幼儿教育质量的最重要的指标。

（2）以人为本的幼儿教育

《纲要》字里行间都旗帜鲜明地倡导尊重幼儿、保障幼儿权力、促进幼儿全面和谐发展的儿童观。帮助幼儿从现实的存在状态过渡到更高质量的生活的中介，是融入幼儿的成长和发展过程中的教育，它必须为幼儿发展权的实现做出积极的贡献。在关注幼儿的同时，《纲要》也表现出对教师、对家长、对教育中所有人的因素的尊重和关注。《纲要》“以人为本”思想否定教师是点亮别人而毁灭自己的蜡烛，倡导积极的、进取的、乐观的教师观，视教师职业为以自己的生命之光与被点燃之光交相辉映，从而获得生命的意义和辉煌的职业。因此，《纲要》希望把教育过程构建为让参与其中的所有人，尤其是幼儿、教师都能共同发展的过程；构建为让教师能在儿童发展的过程中，同步提高自己的专业水准，铸造自己美好职业生涯的过程，构建为幼儿、家长、教师都能得到尊重的并实现自身权利的过程。

（3）面向世界的科学的幼儿教育

《纲要》在立足我国幼教的现实的基础上，面向世界教育潮流发展的方向，注意吸纳现代教育科学研究的成果，倡导对幼儿身心发展规律的尊重，对教育规律的尊重等等。《纲要》的全部内容反映了教育科学研究的诸多成果，体现着世界教育共同的发展趋势。在教育目标方面，《纲要》重视幼儿的兴趣、情感、态度，并在实施中重视幼儿为主体的探索性学习。在内容方面，《纲要》吸收了建构主义和现代认知心理学的成果，强调了作为教育内容的知识建构性、过程性，在其教育内容与要求中，不再把知识列为一大堆静态的、脱离幼儿的、仅仅要他们记住的东西，而是视知识为动态变化的、幼儿主动建构的过程。在原则上，根据现代学习心理学的研究，从广义的学习观出发，要求保证幼儿的游戏、自由和自发的活动时间。这符合幼儿园教育生活性，符合教育回归儿童的生活，密切贴近儿童的生活的世界教育发展趋势。《纲要》体现出世界基础教育另一个共同特征——“学科融合”的方向。

纵观我国幼儿园课程发展一百年历史，可以明显地看到这样一个主线：即课程改革一直是学前教育改革的核心和突破口。从学前教育课程改革的先锋陈鹤琴先生开始，我国一直在探索幼儿教育中国化问题。陈先生不仅重视幼儿教育，并且躬身实践，进行幼儿教育的科学研究，主张幼儿教育适合国情，反对全盘西化，他虽留学国外，受过洋教育，但并不媚外，而是主张“洋为中用”这种态度至今仍值得学习。进入新的世纪，全面考察我国学前教育课程的发展，我们可以从中获得如下启示：充分吸取历史经验和中外幼儿教育的精华，植根于中国实际，探索适合中国国情的具有自己民族特色的幼儿园课程理论与实践，才能实现幼儿教育课程的中国化。特别是要注意不要唯我独尊，也不要盲目照抄照搬，独学一国。不能仅停留在理论层面的研究，更要与幼儿园实际结合进行大胆研究。

上述对我国幼儿教育课程发展的回顾，也可以看到蒙台梭利教育思想对中国幼儿教育的影响。蒙台梭利教育课程在国外的课程理论中也占有重要的地位。

第三节　蒙台梭利教育课程与国外主要幼儿教育课程

蒙台梭利为我们留下了丰富的教育著作，从内容上看，大致分为四类：①关于出生到 3 岁前儿童的教育，代表作有《童年的秘密》《儿童的发现》和《吸收性心智》；②关于 3 岁到 7 岁儿童的教育，代表作有《蒙台梭利方法》《蒙台梭利手册》和《家庭中的儿童》；③关于 7 岁到 13 岁儿童的教育，代表作有《高级蒙台梭利方法》两卷，包括《教育中的自发活动》《蒙台梭利初等教育》和《青春期及其以后的教育》；④其他：《教育人类学》《新世界的教育》《教育的重建》《开发人类的潜能》和《和平教育》等。她的学前教育课程思想主要在①②两类著作中。

一、发展阶段的世界学前教育课程理论与思想

1837 年，世界上第一个幼儿园诞生，标志着学前教育由家庭开始转向公共社会机构教育。由此，世界学前教育课程的发展也进入了一个新阶段。

从世界学前教育史的发展历程可见，19 世纪欧美国家的学前教育课程的理论与实践基本上是在福禄贝尔教育学说影响下推进，而 20 世纪则基本上可以说是由福禄贝尔与蒙台梭利平分秋色了。但从整个世界范围的情况来看，实用主义的集大成者杜威的儿童教育与课程思想，也大大地震动了学前教育界。事实上，研究学前教育课程发展史，谁也不可能也不敢不重视以上三人的影响。

（一）福禄贝尔的学前教育课程思想

福禄贝尔是德国著名的教育家，幼儿园的创始人，世界学前教育的先驱。他受裴斯泰洛齐的教育思想影响很大。他教育哲学中最基本的信念是坚信人类精神发展的规律，系自内而外展开而不是其他。他还深受夸美纽斯教育思想的影响，感到幼儿教育的重要性和儿童游戏的必要。幼儿园的创建是他的教育思想和热爱幼儿及幼儿教育事业的外部反映，也是他躬身幼儿教育实践的硕果和最好见证。他根据自己对幼儿本质的理解，为幼儿开发了一系列玩具——恩物；他还搜集民间儿童歌曲、游戏，选定各种作业，作为儿童的课程和教材。

福禄贝尔创办的幼儿园模式和幼儿教育思想对欧美影响很大。他逝世后，他的教育思想在英国、法国、意大利、瑞士、荷兰、比利时和美国等地得到广泛传播。他所创立的比较完整的幼儿教育理论，成为后人设计学前教育课程的重要根据，以至于人们把这样建立的学前教育课程称为福禄贝尔模式。

1．教育思想

福禄贝尔对教育目的、教育本质、教育任务、教育方法等方面的观点构成了他的教育思想的主体。他认为，宇宙中存在一种永恒的万物赖以生存的自然法则，它统一着万物，是万物之源。因此，教育的目的就是要唤醒人类内在的精神本性和力量，认识世界万物之间存在着内在联系，共同形成生命统一体。而对于个体的人来说，就是要培养万物统一的人生观。基于教育目的的认识，福禄贝尔提出，教育的任务在于促进儿童的自我活动和内在本质力量的发展，挖掘儿童内在生命的潜力。他认为，儿童具有活动的本能、创造的本能、艺术的本能，这几种本能是儿童内在

的生命力量，是教育的依据。因此，教育就是促进儿童的自我活动，发展儿童的创造性、艺术能力。

要完成这些任务，促进儿童内在力量的和谐发展，教育必须依据儿童发展的阶段特点进行。福禄贝尔认为，人类的精神本质的发展是一个循序渐进的过程，由前后相关的阶段构成，前一阶段是后一阶段的基础，前一阶段任务的实现有利于后一阶段任务的实现。儿童身上，蕴涵着两种特性：一是自然性，一是人类性，两种特性成阶段形成。因此，教育工作应遵循这种阶段性特点，逐渐发展，使儿童由“自然儿童”发展为“人类儿童”，将儿童身上所有的内在力量发掘出来。

2．课程内容

为了实现上述教育目的和任务，福禄贝尔为儿童设计了一套完整的课程。

（1）体育卫生

健康的精神寓于健康的身体。重视儿童早期的体育锻炼，保证健康，几乎是所有早期幼儿教育家们共同的教育理念。福禄贝尔也是如此。有所不同的是，他既重视对儿童的体育活动和锻炼，也要求向儿童传递一些知识，养成必要的卫生习惯。

（2）游戏活动

幼儿最喜爱的活动是游戏，而游戏对幼儿发展的价值早已为世人所公认。在教育史上，福禄贝尔第一次将游戏列入幼儿课程中。他认为，游戏对于幼儿来说，是一种令人愉快、自由的活动，无论是用物做游戏，还是与人做游戏，都能产生巨大的教育价值。游戏是能够发展儿童内在生命力的活动。

（3）恩物

这是福禄贝尔为幼儿设计制造的一套玩具。它是根据自然的法则、性质、形状等球体、圆柱体、立方体、三角体等制作的，作为幼儿了解自然和人类的玩具。恩物共有 12 种，其中 10 种是游戏性恩物，2 种是作业性恩物。每一种恩物都有特殊的作用和使用方法。比如，第一种恩物是六色球。球体的直径为 6 厘米，用红、橙、黄、绿、蓝、紫各色的毛线编织成球套，里面塞上棉花或海绵，一端有一根短线。这种恩物的目的是用来帮助幼儿认识数目、方向和颜色；又由于球体代表大自然，象征着具有统一性的自然界的一切现象。从精神方面来说，这种恩物可以培养圆满的人格。

（4）语言

这部分内容包括说话，听讲故事、童话，叙述小说，学习文法和文字等。福禄贝尔受裴斯泰洛齐影响，非常重视让幼儿在观察自然和生活的基础上学习说话，采用直观法教学。还选择能反映伟大人物人格的小说、故事等，让幼儿叙述，从中理解生活的意义，学习处世立身的道理。文法是语言的规则，文法和文字是思维的工具。福禄贝尔让幼儿从学习画线开始，逐渐学习字母、单字、拼法，进而学习读和写，并且经常将读和写结合，作为幼儿学习的课程。当然，福禄贝尔还没有将这些内容统称为语言。

（5）手工

具体包括排列积木、折叠纸等，其主要目的是让儿童由此唤起儿童活动的欲望，使儿童在感官活动中学习遵守纪律。

（6）绘画和颜色辨别

为了陶冶儿童内心生活的规则性，福禄贝尔让儿童在横线、直线构成的空白图形中填充作画。颜色主要用来训练儿童的视觉和和谐感。值得注意的是，福禄贝尔并不把颜色和绘画联系在一起，而是各有用途，这与今天幼儿教育中的绘画有所不同。

（7）唱歌和诵诗

福禄贝尔重视对儿童进行情感教育和意志教育。教儿童唱歌，可以陶冶儿童的情操，锻炼儿童的意志。让儿童背诵一些有关人生和宇宙的诗篇，可以培养儿童的人格。

（8）自然科学当识

福禄贝尔重视对儿童进行自然常识方面的教育，主张让儿童在自然环境的接触中学得自然知识、科学常识。

由上可见，福禄贝尔幼儿的课程结构和内容已经比较完备，在一个世纪之前能做到这一点是难能可贵的。显然，在幼儿教育方面，福禄贝尔已远远超出了他以前的所有教育家。他所提出的课程思想，即使今天看来，也仍然具有价值。

3．教育方法

福禄贝尔的教育方法主要有三点。

（1）让儿童在自由、自主的活动中发展

福禄贝尔认为，教育的本质在于发展儿童内在的精神力量，而尊重儿童的自由，让他们自由自在地活动，才能使儿童的内在精神力量得到继续不断地发展。这种思想与现代所谓的让儿童“从做中学”的教育主张大体相似。

（2）让儿童在游戏中得到发展

福禄贝尔是教育史上第一个承认游戏的教育价值并把游戏列入课程之中的教育家。他认为游戏对于儿童发展的价值有三：一是可以发展儿童的动作和与人合作的精神；二是儿童在游戏中可以自由自在，获得愉悦，提高教育效果；三是儿童要想玩游戏，就必须遵守游戏的原则，这可以培养儿童的规则意识和责任感。

（3）充分利用恩物，让儿童在操作恩物中获得发展

一方面，恩物可以训练幼儿的感官，配合游戏；另一方面，由于恩物的各个部分必须按照一定的规律组合起来才具有价值，儿童玩恩物可以使他们获得统一的整体观念。

以上三个方面只是福禄贝尔学前教育及其课程思想的主要内容，但从中我们已经足能看出他学前教育课程的诸多真知灼见。他对教育本质的观点，他关于课程结构与内容的规划，他所采用的带有原则性的教育方法，都反映出他对教育，尤其是学前教育深刻而全面的思想。难怪人们研究学前教育时，谁也不能对他的理论与思想置之不理。他之所以能有如此之多的闪光思想，固然与他受裴斯泰洛齐等人思想有关，但更主要的是由于他对学前教育的躬身实践，是由于他对人类的“花朵”——幼儿执着的爱。

（二）蒙台梭利与福禄贝尔学前教育课程比较

蒙台梭利和福禄贝尔生活的时代相隔近一个世纪。他们作为历史上两位最杰出的幼儿教育家，其理论既有不少相同（或相似）点，也有许多不同之处。

1．相同或相似之点

第一，都接受了卢梭的强烈影响，反对传统教育对儿童身心的束缚和压迫，反对外因论；信奉性善，赞同内发论，主张以儿童为本位；要求认真研究儿童的特点，遵循自然，强调教育中自由及活动的重要性。

第二，都极其重视幼儿期（尤其是 1～6 岁幼儿期）教育，重视童年生活对人生的影响。倡导建立专门的幼儿社会教育机构及培训大批合格教师来从事幼儿教育工作。

第三，都受到唯心主义的影响。福禄贝尔对儿童的本性做了神秘主义的解释；而蒙台梭利的生命学说亦含有神秘的色彩。

2．不同之点

第一，在理论基础上，福禄贝尔以德国古典唯心主义哲学为基础，往往从神秘主义来论述人的发展和教育问题，故许多观点充斥了符号及谜样的象征哲学意味。蒙台梭利虽也受到唯心主义的影响，但其教育理论主要以近代科学、哲学及心理学，特别是生物学、生理学为基础，其唯心主义色彩远较福禄贝尔为轻。

第二，在具体教育观点上，二人也有很大差异。比较重要的地方有：

①在儿童心理发展观上，二人虽都赞同“内发”论，但蒙台梭利强调通过主体与环境的相互作用来促进儿童的发展，福禄贝尔则倾向于个体复演说。

②在教育内容、方法上，福禄贝尔倡导“游戏”“恩物”“作业”（绘画、纸工、手工），认为游戏是幼儿自我表现的最高形式，强调应通过游戏来发展幼儿的想象力和创造力；蒙台梭利则主张“工作”，自动教育、感官教育（包括读、写、算的练习）、实际生活练习等，认为工作是幼儿特有的有价值的活动，反对有想象活动的游戏及玩具，否定了创造性游戏在幼儿教育中的重要作用。

③在教学组织形式上，福禄贝尔要求组织集体教学，蒙台梭利则主张个别活动，单独的学习。

④在教师作用问题上，在福禄贝尔的幼儿园里，教师被视为“园丁”，须承担对幼儿的关心、指导乃至教学（如“恩物”的演示、说明）的职责；而在蒙台梭利幼儿学校中，教师由主动转向被动，被称为“指导者”，只是承担指导、引导及环境保护、看护的责任。

⑤蒙台梭利与福禄贝尔对幼儿活动“环境”的理解不尽一致。二者都包括室内、室外两大部分；但蒙台梭利的“有准备的环境”与福禄贝尔的幼儿园环境及设施有些区别。

⑥在教育对象上，福禄贝尔幼儿园主要招收中产阶层子女，实行半日制、不供膳；蒙台梭利幼儿学校则主要招收贫民子女，实行全日制、供膳。

由于蒙台梭利与福禄贝尔在具体的教育主张上有上述差异，因此有人提出，蒙台梭利体系的确立使得“幼儿园有史以来最重大的一种教育体系出现在我们的面前，”使得幼儿教育思想“多元化”“多样化”了。

（三）杜威的课程思想

约翰·杜威是实用主义的代表人物，是 20 世纪最伟大的教育思想家。他的教育主张和课程思想对世界具有广泛的影响。他曾在 20 年代到我国讲学，宣传自己的教育学说，因此我国教育界深受其影响。

杜威一生著述甚丰，仅在教育方面就有《我的教育信条》《学校与社会》《学校与儿童》《明日之学校》《民主主义与教育》等。在这些教育著作中，杜威阐发了自己的教育哲学、教育主张，也旗帜鲜明地阐述了他的课程思想。他的教育主张和课程思想是密切相关的。

1．教育本质

教育本质问题是教育学中的基本理论问题，也是人们多有争议的问题。杜威对教育本质提出了自己独特的见解：教育即生活，教育即生长，教育即经验的不断改造。

个人和种族为了能继续生存，需要不断地改造生活，把周围的一切变成自己生存的手段。人与周围环境相互作用，使生活继续不断，而所谓生活，乃是一种自新的历程。教育则是使社会生活继续不断的方法。因此，教育和生活在本质上是一致的。教育即生活。

与生活紧密相连的是生长，所谓生长就是向未来的结果不断进发。个体与种族继续不断地生活的历程，也就是继续不断地生长的历程。教育就是要帮助人类生命趋向完善地发展，其实质也是一种生长。

经验是个体与外界交互作用的结果，而经验要有价值，必须经过不断的组织，具有连续性，能够彼此相互作用。经验的继续不断的组织和改造过程就是教育。

教育本质观是杜威课程与教材思想的理论基础。

2．课程与教材

受卢梭、裴斯泰洛齐、福禄贝尔、蒙台梭利教育思想的影响，杜威也主张课程应尊重儿童，以儿童为中心，让儿童在中学，与生活打成一片，通过实际操作获得经验。

在教育中，杜威一方面重视个人的心理发展，一方面重视社会因素的影响。因此在课程的设计与教材的选择上，必须充分顾及儿童的个人经验、需要、兴趣和能力，将个人因素与社会因素结合起来。但是他特别强调儿童的经验，认为教育是偏重儿童已有能力的生长。所以儿童心理条件是课程设计与教材选择的基本要素。由于儿童是生活在现实世界中，他所接受的教育应与社会生活紧密相关。因此，教材应取自实际的生活，而不只是为未来做准备，否则容易使儿童的学习和生活相脱节。

总之，课程必须适合儿童本身的特点和社会活动，必须注意社会的需要，并以改造社会生活为宗旨，促进社会进步。他的教育思想非常丰富，后人对其思想褒贬不一，由此也变化出多种多样的教育形式。但是，从中我们可以得到一些基本的原则：教育注重个性的培养，强调对儿童活动的选择，让儿童从做中学等。以这些教育原则建立起来的学前教育课程，突出开放性教育，设置活动区，儿童可以在创设好的教育环境中自由选择自己喜欢的游戏材料和重视个人价值及其实现。当然，由于杜威课程思想过分强调儿童，也曾被教育界批判过。但是，杜威把人看作课程设计的中心的思想，以及他对教育本质的独特观点，至今仍然值得我们认真思考。

二、当代西方学前教育课程

（一）认知理论的学前课程

皮亚杰的认知发展理论与历来的发展理论相比独特而新颖，其关于儿童思维和认知结构特点的研究成果给学前教育开辟了一个广阔的天地。从 20 世纪 60 年代开始，以皮亚杰理论为指导的学前课程的开发空前活跃起来。到现在为止，实施的主要认知派课程有拉瓦特里的早期儿童课程（1970），怀卡特的认知性课程（1971），威斯康星大学研究小组的皮亚杰课程（1976），凯米和德渥里斯的皮亚杰认知论课程（1977），等等。这当中又尤以凯米、德渥里斯和怀卡特的课程著名。各种认知课程都自认为是依据皮亚杰的理论，但是由于对其理论的理解不同，课程间存在着一定的差异。

凯米根据皮亚杰的理论，认为儿童的知识结构应该由三方面知识组成，即自然的、社会的、数理逻辑的知识。这三种知识在课程内容中占据重要位置是凯米课程的特点之一。凯米课程具体由三个方面组成。

1．日常生活

凯米认为日常生活有巨大教育价值。儿童的进餐、散步、自由游戏中都应有意识地而又自然地施教。

2．传统活动

凯米课程中吸取了许多幼儿教育被经验证明有教育价值的活动，并赋予其新的意义。凯米指出小组游戏，包括各种比赛捉迷藏、猜谜语，合作游戏等等，虽不是新东西，但是其教育价值远不限于平时所见的，来自皮亚杰理论的洞察力，使我们能从新的角度利用传统活动来刺激儿童的发展。如捉迷藏，作为幼儿喜爱的活动一直被幼儿园列为必选活动之一，但该游戏对儿童的发展究竟起什么作用，过去是比较模糊的。凯米明确地分析了该游戏的发展价值，将之作为发展儿童社会知识和认知结构的活动项目列入课程。

3．来自皮亚杰理论启示的活动

凯米认为，传统活动在发展儿童的认知能力方面是有缺陷的。在发展儿童的逻辑数理知识方面作用几乎为零。所以她专门设计了一系列独特的活动，活动的原则是皮亚杰关于知识分三种且类型不同，构造方法各异的理论。以使儿童获得物理知识为目标的活动是各种以儿童自身动作为基础的活动。凯米认为，儿童构成物理知识固然离不开观察，但动作比观察更重要。使儿童获得社会知识为目标的活动主要是各种带竞争性和无竞争性的集团游戏，与一般幼儿园通常活动相似。让儿童获得数理逻辑知识的活动是各种分类、数教育游戏等。如给儿童提供各种长短粗细不同的积木，让儿童作滑旱冰游戏，3～4 岁儿童主要是在日常活动和生活中产生对数的兴趣，注意学会分辨多少，数数等。

凯米课程的指导方法有 4 个特点：重视儿童的生活和自发活动。凯米认为幼儿教育是与儿童的生活融汇在一起的，她反对脱离儿童生活实际的教育内容。针对皮亚杰的课程被大量引入课程中的现象，她提出两条原则。第一条即为是否有利于儿童发展生活必备的技能。按此标准衡量，她认为“液体守恒”的课题是不适合引入的。因为它对儿童校内外的生活都没有实际益处。第二，课程中重视儿童认知发展与社会性、情绪发展的密切结合，这不仅体现在课程目标中，也落实在课程实践中。第三，重视课程内容与过程的统一，凯米认为，由于对皮亚杰结构主义的深入理解，开始注意到知识的发展是通过内容（具体的经验）和结构的相互依存关系而实现的。第四，重视课程内容的结构化。凯米反对把知觉、认知、语言、思维、守恒、分类、系列化等彼此孤立地列为课程内容，似乎认为这些目标汇聚在一起就能造就人才，这是经验主义教育的反应。她强调课程中各种单一技能，应形成一个统一的结构才有意义。这种统一的基础正是儿童的实际生活和活动。

（二）英国“学会学习”的学前课程

该课程由英国伦敦大学教育学院、儿童发展和早期教育系高级讲师奥德•科迪斯于1986年提出。该课程的理论基础正是布仑金指出的英国初级课程的三大基础，即进步主义教育理论，儿童发展心理学前理论和哈多•普洛登报告。科迪斯赞同哈多报告中对课程的阐述，课程不应是知识和事实的贮存，而应考虑活动和经验。课程旨在发展儿童作为人的基本能力，启发他们对文明生活的兴趣，并使这些兴趣和能力充满儿童的生活。“学会学习”学前课程正是这一课程观的具体化。科迪斯规定了课程的5大目标。7部分课程内容，课程对象为3～5岁。课程目标包括：①发展儿童智力；②发展儿童的社会性和情感；③发展儿童的审美能力；④发展儿童身体；⑤保证儿童顺利地从家庭向学校过渡。课程内容即7个发展领域：自我意识、社会能力、文化意识、交际能力、动作与感知能力、分析解决问题能力、美感与创造意识。

（三）行为主义理论的学前课程

幼儿早期教育中，许多课程直接反映了当代行为主义的心理学的影响。其中最有代表性的是美国开端计划（Head Start）中设计的学前课程。这类课程的共同目标是帮助处境不利儿童发展智力，以使他们在未来学校教育中有更多的成功机会，从而有助于终止贫困和社会底层问题恶性循环，促进社会的平等和安定。直接目标是对上小学所必需的读、写、算、语言等进行早期指导。如恩格尔曼和贝雷特的课程方案、DARCEE早期训练计划、阿帕拉齐尔早期课程等都属于此类。恩格尔曼的课程以语言、计算、阅读为中心，以与推理有关的语言现象为基础。语言方面要求儿童掌握一定的词汇量、理解反义词、词与词的配搭关系以及口语表达、推理等。计算方法要求儿童学会数数和初步的加减法。阅读方面在教师指导下完成简单的阅读任务。恩格尔曼认为，低阶层儿童智力落后的主要原因是语言落后，所以集中的语言训练实际上是课程的压倒性中心。

DARCEE早期训练计划是为美国开端计划的训练中心所设计的课程方案，由美国田纳西州的乔治皮波特学院早期教育试验研究中心的格雷和克劳斯制定。计划对象是3、4岁儿童，计划目标是：第一，补救语言和概念的发展迟缓；第二，培养动机、坚持性等学习态度。课程内容由学科课程和社会性课程两部分组成。学科中不分科，按单元综合教学。对于智力发展迟缓的儿童来说，学科的系统性学习抽象难解，所以该计划选择与儿童日常生活密切相关的具体经验和儿童喜爱的活动组成各种单元，指导儿童学习。单元内容中应注意内在的整体联系，以利于儿童发展。

阿帕拉齐尔早期课程方案系美国西部的阿帕拉齐尔教育研究所设计。它与上述两个方案的不同之处在于它以人口稀少的偏僻地区的家庭中的3～5岁幼儿为对象，主要利用电视和家访作为教学手段，采用“活动教室”的形式授课。取得了公认的良好效果，其成果堪与一年制的正规幼儿园媲美，而经费仅相当于正规教育的一半，故获得一致好评。

（四）结构化学前课程

日本爱知教育大学教授西头三雄儿在他主编的《保育内容总论》中总结了长期实践经验，将结构化学前课程模式化。

西头先生认为，幼儿园课程的内容应是与儿童发展相适应的直接、间接经验的总体。它既包括教师为儿童安排的必要的经验、活动，同时也包括幼儿自发进行的创造性活动。所谓课程内容结构化，即是将这些经验、活动按照幼儿教育的目标、幼儿身心发展的需要，以及幼儿园、社区的实际情况进行选择、排列、组合。但不同教育者在目标上各有偏向，结构的内容也因此而不同。西头先生以儿童发展的目标为中心目标，将幼儿形成健全的人格所必需的经验、活动按其特点分类、组合，并顺应幼儿的发展水平将其系统化，在分类组合与系统化统一的基础上来把握课程内容的结构，以这一结构为基础再制定具体条件下的具体课程计划或教案。

1．关于经验、活动的分类标准

实践中一般用两分法，即看是以教师为中心的还是以儿童为中心的，这可从活动指导的目的与形态、活动的功能、对象等来判断。西头先生提出三分法，首先从形态上将幼儿的经验、活动分为工作、学习、游戏三领域；其次将各种经验、活动涉及的对象分为自身、自然的事物和现象、社会及社会现象三类；这六种因素相互组合，从而将幼儿的经验活动进一步细分为 7 个方面。“基本的活动”指：①坚持和增进健康；②基本生活习惯（进餐、睡眠、大小便、穿脱衣、清洁卫生）；③个人生活节奏与集体生活节奏的调节（同步化自立化）；④身体运动的活动，跑、跳、走、踢等；⑤自我表现活动（语言的、音乐、造型的、行为的表现活动）；⑥安全。“基本活动所必需的知识技能”指：①对健康的认识和具体的行动；②对基本生活习惯的意义的理解和实际；③对集体生活节奏富有体验的理解和积极参加；④对身体运动的关心和基本技能的获得；⑤自我表现的基础技能：a．语言的习得和基础技能，b．对音乐、造型的兴趣和基础技能，c．实现或控制自我欲求的体验和方法；⑥对安全的认识和对付方法。“对物环境的相互作用”指：①与动植物的积极接触和积极的行动（饲养、栽培等）；②对自然物质（石头、砂、土等）以及制品（工具、玩具等）的积极作用和行动；③对自然现象（四季、天气等）有对应办法。“对物知识和处理技能”指：①对动植物的关心、观察以及相应的基础技能；②对自然物质、制品的性质多方面的理解和处理方法；③熟悉日常生活中的工具、道具的使用并有意识地将之组合；④对数与图形的关心和认识；⑤对自然现象的惊异感知理解。“与人际环境的相互作用”指：①与保育者的关系；②与乳幼儿的接触和有组织的活动；③与社区的关系（与周围成人和社区事情的接触）。“对人的知识和处理技能”指：①对人际交往的体验以及基础技能的习得和运用（对话方法、参加集体活动的方法、对同伴的理解、自我欲求的调整办法）；②对集体活动的认识和适应（对集体规则、自我责任的理解）；③对幼儿园、社区活动的积极关心、理解其意义。自发地反复选择、展开；热衷的活动与物融合的活动、与人融合的活动。

幼儿阶段，由于工作、学习、游戏三者不分化，工作、学习均以游戏形态出现，所以游戏成为三领域中最基础的领域，工作、学习的成果正是靠游戏而得以内化、稳定化。

2．经验活动系统化的标准

与幼儿的发展阶段性相对应，其经验、活动、游戏也呈现出阶段特点和不同的发展水平，以发展水平为主线，并结合儿童的发展阶段（结合年龄）排列成序即为系统化。按此系统配以各阶段相应的具体内容便构成系统化经验、活动序列。

这样将前述的经验活动的分类（7 个方面）和系统化结合起来，把握这两个维度设计学前课程，就是西头先生的结构化课程。某些个别的知识和技能和结果并且是：第一，掌握反映现实的某方面的主要联系和依从性的一定的知识体系的结果。第二，掌握作为在两者统合中要注意两点：①幼儿的经验活动理论上划分为 7 个方面，而实际上在发展的最初阶段各方面并未分化，随年龄增长逐步分化；配置具体活动时不能机械割裂；②列出各年龄阶段 7 个方面的核心经验活动的全部名称，如在 0～2 岁阶段的核心游戏的名称和其他尚未分化的 6 个方面的活动名称，这样教养员就容易编出结构化的课程。

（五）苏联的知识系统化课程

苏联幼儿园课程的主要形式是“作业课”。作为智育最重要的手段，作业课的基本任务是形成幼儿关于周围事物的现象的一定范围的知识和思维活动的方法（观察、分析、比较、简单概括的技能）。而研究资料表明，儿童的智力发展的最重大的进展不是掌握这一知识体系基础的思维活动的一般形式的结果。因此特别尖锐地提出了对选择学前知识并使之系统化的主要原则进行深入研究的问题。

学前知识系统化的含义：苏联学前教学论专家乌索娃认为，学前知识系统化的关键在于深入评定每种知识，弄清知识间的联系，组织得有明确系统，并充分利用儿童已有的经验，使儿童在掌握知识过程中，逐渐认识事物之间的简单联系和规律，从而使儿童个别知识能结合成一个完整的体系。但学前儿童知识体系的基础和核心是反映在感性实物活动过程中所认识的事物的联系和关系的表象和初级概念，与以科学概念为核心的学校知识体系有质的差别。

学前知识系统化的可能性：苏联心理学认为，在影响儿童心理发展的诸因素中教育起着决定性的作用。在有组织的教学条件下，学前儿童智力发展的可能性超过人们原来的设想，以感觉行动思维和直观形象思维为主要思维形式的学前儿童也可以形成概念。加里培林和塔雷津娜的实验表明，使用分阶段地形成智力动作的教学可使大班儿童（6～7 岁甚至 5 岁）形成十分完满的概念。儿童不仅能够顺利地认识实物和现象的外部直观特点，而且能认识实物和现象的内部的重要联系和关系。儿童的表象水平的初级形式的抽象、概括和推理能力是在学前期形成的，这是系统化课程的心理依据。

苏联学前教育学研究也同样表明，儿童零散的、偶然的、琐碎的知识不具有发展价值，而有计划有目的的系统化教学，能使学前儿童从认识现象的外部特征和联系过渡到认识一些不能直接感知的内部和关系，从而从本质上改造儿童的思维活动，使他们形成掌握知识的新方式和新方法，引起智力发展的重大进展，形成概括性的观念和概念。

建立在苏联心理学与教育学基础上的学前知识系统化课程成为苏联学前教育的特征之一。这类课程的形式是专门的作业教学。作业课的必要性乃依据苏联学前教学论专家乌索娃“两类知识”的原则。即儿童应掌握的知识分两类，一类比较简单，可通过日常生活、游戏和观察而获得；另一类比较复杂，只有通过专门的教学儿童才能掌握。所以苏联幼儿园在大中小班分别设置了不同水平的各种作业课，如小班的音乐、体育、造型活动、认识环境、语言、绘画等；中班的音乐、体育、认识环境、语言、计算、绘画、手工、艺术文学等；大班的音乐、体育、认识环境、认识自然界、计算、语言、手工、文学作品、俄语等等。根据苏联学前儿童智育实验室的研究，知识系统化课程对促进儿童的智力发展有更大意义。表现在：①通过掌握系统化知识，能更随意运用以前的知识并借以更深刻地理解新形成的知识；②系统化知识大大地扩大了儿童认识活动的可能性，成为形成更复杂的思维活动的基础；③在掌握系统化知识的过程中，儿童形成了按一定的逻辑计划展开认识活动的一般方法。

下面介绍系统知识的教学实例。

尼科拉叶娃和法律里关于形成学前儿童关于动物保护性适应的知识体系的系统化教学；选择动物的保护性适应进行教学适合大班儿童，因为：①这些适应是动物的机体构造和行为对环境的一般依从性的具体表现；②保护性适应能很好地从外部观察到；③儿童的已有经验中有大量这一类零散观念。如儿童一般知道老鼠的皮是褐色的，老虎身上有条纹，白鹤有长长的嘴能方便地猎获水中的鱼虾、小青蛙等等。但是他们的知识是零散的、片段的、彼此没有联系，而且儿童并不清楚动物的这些特点与其生活的环境之间有某种关系。知识系统化教学的目标是：在儿童先前知识的基础上，通过教学，让儿童发现各知识之间的联系并概括出这样一条动物世界的规律，动物的外部结构和行为特点是与其生存环境相适应的，否则它们就难以生存，围绕这一中心环节建立儿童的知识体系。因为这一规律在许多场合下具有极其简单的表现形式，所以儿童完全能够理解的。教学方法主要是直观教学法。如教师制作模型演示动物的生活规律性、放映电影、实地观察或讲故事等来激活儿童的旧知识，增添大量新知识特别是与儿童的旧知识相矛盾的知识。因为儿童过去多看到某种动物适应环境，表现出某种本领，而不注意动物在另外条件下其本领会消失。如小鸭的扁嘴能方便地衔起水中的小鱼，但却难于吃掉盘子里的米饭，喂鸭与喂鸡可不一样；一匹马在光滑的冰面上跑起来很困难，常常摔倒；而笨拙的海豹却借助鳍、靠腹部滑动，很容易超过了马。这些情况很多儿童想道："为什么在这种条件下动物这样能干，而在另外的条件为什么毫无办法呢？"在教师的引导下，儿童会逐步认识动物的身体和器官已经适应了它的生存环境，它只能顺利地生活在那个环境中。对动物世界这一规律的简单概括使儿童形成了一个新的知识体系。凭着这个体系儿童能积极地再现已有的知识，让旧知识系统化，精确化，提升认识深度；而且凭借这个相互关联的知识网络，儿童能处理、解释、预测新问题、新现象，由此及彼广泛迁移，极大地促进了智力发展。当教师向儿童提出测验作业：一张画片有一只以丛林为背景的老虎，教师问"为什么老虎身上有条纹"。大部分儿童都能正确回答，老虎有条纹在森林里不容易被发现，易于偷偷地靠近猎获物。而在这之前并没有人向儿童讲述过关于老虎的任何知识。相对比的是没有经过专门教学的控制班儿童没能回答这个问题。

在知识系统化教学中教师的作用是十分重要的。可以说儿童能否形成概念，构建知识体系主要取决于教师的作用。教师的主要任务是：①选择教学内容，设计适合儿童现有水平和发展可能性的各种知识系统，恰当地确定各系统的中心环节；②教学中灵活地组织多样化的活动，巩固扩大儿童的知识范围；③引导儿童围绕知识系统的核心积极思考，发现事物之间的内部联系和规律性，帮助儿童建立知识体系；④巩固形成的知识体系，并帮助儿童将之迁移到更广阔的范围里去。

总之，从上述国外几种学前教育课程的目标、内容等方面不难发现被西方誉为世界学前教育课程发展阶段三大代表之一蒙台梭利学前教育课程的影子。

第四节　蒙台梭利教育模式中国化

综合上述中外课程的发展，都可以看到蒙台梭利的教育思想影响。我国著名幼儿教育家陈鹤琴先生曾评价：蒙台梭利教育揭开了幼稚教育的新篇章，使幼稚教育面目一新。并在自己著作中介绍了蒙台梭利教育模式，但由于当时中国特定社会原因蒙台梭利思想没有传播下来。改革开放以来，蒙台梭利幼儿教育的精髓逐渐被幼教界人士所认识，我们通过 5 年的实践研究，探索中国化的蒙台梭利教育的模式。

一、主要思路和宗旨

我们的研究思路是如何借鉴蒙台梭利教育模式的长处，即以“以我为主，它为我用”为宗旨。强调蒙台梭利的长处为我所用，即蒙台梭利教育模式的本土化。

我们这一思路的形成其一是与我国幼儿教育改革进程分不开的。从我国学前教育改革的实际来看，20 世纪 80 年代以来，幼教工作者研究和实践了多种学前教育模式，期望从中找出或由此建立一种适合中国学前教育的模式。20 年过去了，多种理论和研究成果问世，我国学前教育课程的多元化形成了。大多数人达成了共识，即不存在一种适合所有儿童、所有学习领域的最佳学前教育模式，我们应该充分借鉴和学习国外一些优秀教育模式的长处和优点，并结合我国实际作出最佳选择。

我国传统教育中以成人为本位的教育、以传授知识为主的教育模式，在强调以人为本、强调幼儿在活动中发展的今天，我们完全有必要学习蒙台梭利的关于有准备的环境的思想、关于幼儿与教师关系的观点。

我们 5 年研究中发现，学习和借鉴蒙台梭利模式对于面临观念转变到行为困难的幼教工作者来说相对容易。原因在于蒙台梭利不仅仅是一位教育理论家，同时也是一位教育实践家，或者说，她主要是一位教育实践家。作为“儿童之家”的设计者和管理者，她对“儿童之家”的一切都有具体的要求。如她对教室中环境的设置有具体的要求；对教师的角色和每日工作有具体的要求；对儿童的活动材料更是有匠心独具的设计。从这个意义上说，蒙台梭利的教育思想更接近于处在幼儿教育第一线的幼教管理者和教师，由此，蒙台梭利的理论和实践更容易为他们理解和接受——这与我们以前所研究的一些幼儿教育思想和理论，如皮亚杰的思想不同。皮亚杰的理论更多的是在观念层次上，因为其概念晦涩难懂。而蒙台梭利则既有理论又有实践，处在观念与行为的结合层次上。

思路形成其二是与国外引进的经验分不开的。我们吸取美国的经验教训。蒙台梭利教育模式在美国经历了兴—衰—兴的过程，就是因为在一开始盲目照搬照抄，没有消化地崇拜，没有本土化。20 世纪六七十年代蒙台梭利教育在美国复兴后蒙台梭利教育模式在许多方面都与美国的实际情况进行了结合。比如，美国人以蒙台梭利语言教育的思想指导，参考蒙台梭利的语言教具，设计一整套英语语言教育的方案和教具；比如，美国人以蒙台梭利文化科学教育的框架为蓝本，设计了富有现代文化气息、融合现代科学原理和知识的文化科学教育的方案和教具；再比如，美国人对相对稳定且极具特色的一些蒙台梭利教育内容也进行了调整、充实和完善。在日本同样，引进蒙台梭利教育将其融入日本的主流文化，如日常生活练习区，增加日本烹饪、节日等富有日本特色的活动。

因此，本土化是我们研究的关键问题。以此，我们制定研究的宗旨就是本土化。

即应该结合中国的实际将蒙台梭利教育理论和实际做一些调整，中国化。

二、蒙台梭利教育模式中国化的特点

（一）目的

我们探索蒙台梭利教育模式中国化的主要目的不仅仅在于保证受教育的中国儿童也能像其他国家的儿童那样受益，而且要使蒙台梭利教育模式在中国幼教改革中能发挥积极的作用。

要达到上述目的我们认为应注意在理论上做如下调整：

第一，在充分对蒙台梭利教育模式与其他一些教育模式进行理论的分析基础上，对比我国实际进行比较，才能做到有理有据，实现我们的终极目标。

第二，一定要根据本幼儿园的实际情况来设置蒙台梭利教学班，可以分小步迈进，逐渐扩大。

第三，要不断地进行研究，分析和总结，这样才能探索出规律。

（二）教育内容

蒙台梭利教育内容是有体系的，根据上面所述，分为六大领域。有些幼儿园因为没有充分理解蒙台梭利的教育理论和内容体系，出现了这样的情况，即上午蒙台梭利教育、下午五大领域教育的脱节现象。根据我们的研究，我们以综合活动为主，将五大领域与蒙台梭利的六大领域相结合、融合。

具体操作办法是充分运用蒙台梭利的教具来进行感官教育、数学教育、语文教育，另外设计一些适合我国幼儿语言发展的教具和适应我国国情的中国文化科学以及当前的科技知识。例如，日常生活区增加中国人日常用品，筷子等。语言部分将英文转换成汉字，并同时进行双语教学。感官部分，增加假想游戏等。需要注意指出的是，教育内容的道德方面一定要去除掉那些不适合我国现状的东西。设计出适合中国社会主义道德风尚和时代特点的道德教育内容。这也是我们将蒙台梭利教育模式中国化的又一重要任务。详细内容我们将在以下几章进行专门介绍，并附有活动设计方案。

（三）班级组织形式

班级组织形式问题。在蒙台梭利教育模式中，班级组织应该呈“垂直式”的混龄班级。混龄编班也可以说是蒙台梭利教育模式的一个重要特点。从理论上说，适用于蒙台梭利教育模式的混龄编班，也应该适用于我国，混龄编班对于促进幼儿社会性的发展更应该能够发挥独特的作用。对此，蒙台梭利曾经有过论述，她认为六个孩子的母亲反而比一对双胞胎的妈妈轻松得多，因为孩子不会同时向她要一样的东西。这就好比混龄班与同龄班也是一样，教师的任务相对会轻松。但在社会上人们普遍认同并接受了同龄班的今天，在人们的脑子里对混龄编班还没有明确概念的今天，蒙台梭利教育模式中的班级组织形式，在进入中国时面临挑战。我们在研究中发现家长对此常常持有怀疑态度，担心自己的孩子年龄大了会吃亏，而年幼的家长却担心自己的孩子受欺负。事实上，在观察研究中发现，不仅“大带小”，有时也有“小带大”的现象，如插积塑，有的年龄小的幼儿反而比大孩子花样多。另外，混龄班对教师要求非常高。教师必须能够具备相当敏锐的观察力，教师面对的不再是同龄班上水平相对齐整的孩子，而是有着不同年龄特点和不同发展需求的，差异很大的孩子。这就对教师提出了较高的要求，她不能再像以前那样面对班上水平适中的孩子

来讲授和管理，她需要了解每一名幼儿的心理特点进行个别指导。研究中，我们尝试采用了第一阶段同龄编班、第二阶段部分混龄、第三阶段完全混龄。同时，我们仍保留了传统的同龄班。这样尝试，不仅发挥了不同老师的能力，而且也满足了不同家长的需要。同时，蒙台梭利班也对非蒙台梭利班开放部分时间，充分利用资源，让每一套蒙台梭利教具都发挥它们的作用。教师也提高了自己的能力。

经过多年的研究，我们认为中国不应该拒绝蒙台梭利教育模式，应该让蒙台梭利教育模式在经济发达的地区、大中城市占有一席之地，在实施过程中，应小面积开展。就像我们这样，先在一个班进行，然后逐渐使全园每个班都受益。

我们五年的研究表明，对每一种理论的研究，最好的方式将其付诸实践。蒙台梭利教育模式的中国化研究是理论与实践相结合的问题。就像本书的成果一样，是理论工作者和实际工作者相互合作的结晶。

第六章

蒙台梭利教育法与幼儿园管理

第一节　幼儿园的组织与管理

我国幼儿教育事业，经历 20 年的改革开放有了长足的发展，特别是《幼儿园教育指导纲要（试行）》（以下简称《新纲要》）的颁布，标志着我国幼儿教育改革又进入一个新的阶段。尤其是在教育观念的转变上，注重幼儿的个体差异已成为我们“尊重幼儿主体性”“满足幼儿的需要”“尊重幼儿的选择”这一教育理念的内涵之一，它意味着“教育不仅要满足全体幼儿的整体和谐发展的需要，而且要满足每个幼儿个性及特长发展的需要”；也意味着“教育是为所有在园幼儿的健康成长服务的，要为每一个儿童，包括有特殊需要的儿童提供积极的支持和帮助”。

幼儿园现在的教学管理是按照一个规定的模式进行的，即金字塔式的目标管理模式。这是人类社会发展处于工业时代的企业管理模式。当今人类社会正在步入知识经济及信息化时代，不可阻挡地推动着个性化教育的进程。为适应新经济市场的变化，满足不同家庭的需要，幼儿园的企业管理模式已经发生了深刻的变化，逐步开始建构以信任与诚实为基础的网络化、团队协作、责任到人的管理模式，体现了“以人为本”的理念，以此来增强幼儿园对市场的应变力和竞争力。

一、建立“以人为本”的幼儿园管理模式

管理的根本目的在于提高人的责任感和工作效率，而实现这一目的的关键是调动成员的积极性。随着高校后勤社会化改革的不断深化，遵循学校后勤管理体制改革精神，已经初步完成了从传统的管理模式向“事企分开、两权分离”的过渡，按

照现代企业管理模式，于 1999 年率先走上了自主经营、自负盈亏、自我约束、自我积累、自我发展的产业化道路，建立了新的“以人为本”的管理模式。

（一）改变单一的制度管理，建立起道德自律、工作自勉的管理模式

美国维萨公司的前董事长霍克先生说：“用制度代替人的判断，必然会导致自我退化的恶性循环。”20 世纪末以前，每个幼儿园的管理条例都有厚厚的一本，教师往往被动地根据条例来工作，从而失去了工作的积极性和主动性。这种条例管理的后果造成了幼儿园不是有制度不执行，就是执行起来铁面无私，失去了人情味。造成领导与教师间相互对立、矛盾增加，影响了幼儿园的工作与团结。比如，以往的幼儿园管理计划性比较强，一个学期的工作乃至一年的工作，都要按照上级主管部门的要求，制定好计划，而且要详细到具体日期，但是实际工作中冲突却非常大。幼儿园为了完成上级布置的工作，园领导也只好依照计划来检查，严重束缚了教师工作的主动性和创造性。而幼儿园现行的管理条例突出了幼儿权益保护和尊重、信任、平等的特点，为此，幼儿园遵循《新纲要》的精神，简化管理程序，删除了束缚教师积极性、主动性、创造性发挥的条例，把幼儿园管理的重心，从制度约束转向道德自律、工作自勉，也使幼儿园的工作氛围轻松、人际关系和谐。

（二）下放管理权力

我国大多数幼儿园实行的是层级管理制度，带有比较浓重的等级色彩，领导一管到底的现象比较严重，使教师不敢发表自己的见解和观点，限制了教师主动性的发挥。鉴于这种情况，在管理方面加大了管理力度，从以领导为核心转向以教师为核心，使得教师在《新纲要》的指导，以蒙台梭利教育思想这条主线，将整合教育、生成教育以及瑞吉欧教育等各种课程模式、教育内容和教学方法，结合我国幼儿教育的五大领域，结合幼儿园的实际情况，本土化、创造性地开展教育教学活动。如将幼儿在园活动确定为两大块——生活活动、学习活动，把时间和活动安排权交给教师，教师则根据主题教育的需要、幼儿的兴趣、环境的变化等有计划地开展活动。同时将管理的权利也下放给教师，如教研活动的管理、科研活动的管理、幼儿一日常规的管理、安全、环境的管理等，不仅能发挥教师的主体性，充分的挖掘了教师自身的教育资源，也极大地丰富了幼儿园的资源。

（三）转变评价的思想和做法

《新纲要》的颁布实施，不仅为幼儿园对教师工作的评价提出了新的思路，同时也使教师能够正确地看待评价工作，正如《新纲要》中所说：“评价的过程，是教师运用专业知识审视教育实践，发现、分析、研究、解决问题的过程，也是其自我成长的重要途径。”具体体现在：一是教师自身树立了正确的评价观念，自己的工作表现怎样，不是做给领导看的，而是为确立自己在社会或幼儿园这个群体中的形象及价值，为自己的发展总结经验；二是幼儿园的管理人员从“法官”的角色中走出来，注重为教师创造条件，协助她们顺利完成工作并取得成功；三是通过评价促进教师之间的相互学习、相互了解和相互磋商，共同提高自己的专业水平。比如在认真学习《新纲要》的基础上，园领导定期参加教研活动，平等地参与教师的研讨，听取教师意见。并适时地对教师的创造性教育尝试给予肯定，对有显著效果的经验组织教师观摩学习和推广，以达到共同提高的目的。与此同时，幼儿园应运用观察、交流、探讨的方式开展教师教育工作的考核评估，将评估的情况作为园领导与教师沟通及教师自身改进工作的依据，不再简单地把它作为奖惩的依据。

管理体制的改革可以使幼儿园在原来的管理上貌似科学实际并不科学甚至违反科学的现象得到扭转，可以使教师与园领导之间的距离缩短，可以使教师的工作充满热情，富有朝气，从而改变幼儿园的整体面貌，提高管理水平。

二、建立“尊重幼儿主体性”的教育原则

蒙台梭利教育法中一个最为有名的原则就是“为生活做准备”。在生活的这个阶段，即在儿童上学之前，这条原则提供了“教育自出生起”的关键，并规定了对人类个体从最初开始的真正培养，切实体现了蒙台梭利教育的终身教育的思想。随着《新纲要》的颁布，在中国幼教界掀起了轰轰烈烈的教育改革热潮，不仅提出幼儿教育要为其一生教育打好基础，同时各种教育模式也相继被认可，例如，生成教育、整合教育、瑞吉欧教育以及我们现在所倡导的探究性教育等。我们认为，无论是何种模式，幼儿在园生活都应以快乐和发展为根本追求目标，即幼儿应在快乐中生活，在快乐中学习，在快乐中获得发展。“幼儿园应从实际出发，因地制宜地实施素质教育，为幼儿一生的发展打好基础。”也就是说教师不仅应关注幼儿现在的快乐与发展，而且要为他们一生的乐学、会学打基础，实现其一生的可持续发展。为了保证幼儿在快乐中获得充分的发展，我们应遵循以下五项原则。

（一）整体性原则

幼儿的学习活动蕴含在生活、游戏活动中。教师应善于抓住生活和游戏中的教育机会，深入挖掘其教育价值，把幼儿的一日生活整合为一个有机的整体。虽然蒙台梭利教育把幼儿教育划分为生活教育、感官教育、数学教育、语言教育、科学教育、艺术教育六个领域；《新纲要》中把幼儿教育内容划分为健康、语言、科学、社会、艺术五个领域，而且每个领域也有相对独立的教育内容，但事实上，幼儿在参与任何一个活动时，都不可能孤立地获得某一方面的发展。因此我们主张在教育过程中，教师要以幼儿的具体活动为载体，将蒙台梭利教育内容与《新纲要》内容有机融合，使幼儿在多领域综合性地得到发展。

（二）自然化原则

教育是教师以发展幼儿能力为目的而开展的实实在在的工作，其实质是幼儿与教师真实而自然的交流。它需要教师以平和的心态，十分真切地关注孩子的学习过程，尽量减少做作和表演的成分，做到教育过程、教育内容和教育材料的自然化。

要达到教育过程的自然化，就要特别注意教育内容的自然化。如果教育内容是和孩子生活无关的内容，要达到教育过程的自然化也是不大可能的。比如在一个语言表演活动的过程中，老师教孩子朗诵“君不见黄河之水天上来，奔腾到海不复还；君不见高堂明镜悲白发，朝如青丝暮成雪。”而多数的孩子不明白，反复地问老师“为什么”。老师费尽了口舌也没有给孩子讲清楚。因为教师既没有准备形象直观的教具，选择的内容又远离了幼儿的生活。相反，老师在教“大鱼、大虾……大嘴、大碗”儿歌时，孩子们兴致极高，只用了短短的一课时，孩子们便全部学会，而且声情并茂、不厌其烦地反复表演；即达到了教育目标，师幼互动又得到了淋漓尽致的体现。

幼儿园的教育过程应该是教师头脑中有明确的教育目标，并将完成教育目标的活动灵活而自然地渗透到幼儿一日生活的各个环节中，引导幼儿生活和学习同步，在自然而然的状态下获得发展。此外，因为幼儿学习的过程是和他们的生活、游戏同步的过程，所以，幼儿借以发展的物质环境、材料也应该有许多是自然化的，即能用生活中常见的物体进行学习。

（三）目标性原则

教育目标是教育工作者对教育对象将要达到的发展水平的期待，每位教师头脑中都有本班幼儿的教育目标。而目标明确后，教师就要把它落实到幼儿一日生活的各个环节中。

1．落实在环境中

环境是幼儿赖以学习和发展的必要条件，教师给幼儿创设的环境应体现本班的教育目标，即物化教育目标。教师在环境中所投放的材料，应以幼儿生活中常见的材料为主，便于幼儿容易获得经验。同时教师在环境创设中，应为幼儿设立最近发展区的材料，引导孩子通过和环境的相互作用，自然主动地获得发展。比如教师在进行春天的主题活动中，首先教师的头脑中要有春天主题的目标主线，在与幼儿进行谈话的过程中，提出问题，然后共同搜集春天的图片，共同布置出一块春天的环境，并预留出给幼儿发挥想象的空间。接着教师带领幼儿走出教室，用自己的眼睛来寻找春天，并用照相机留下春天，然后再用孩子自己照的春天的照片来充实到环境里。这些活动不仅在形式上深受孩子们的喜爱，在实质上教师的教育目标也得到了更好的落实。而且在这些活动中，孩子们不仅表现出了极大的热情和参与活动的积极性，同时也得到了家长的欢迎，很多家长都自愿地参加了活动，获得了非常好的教育效果。

2．落实在教师的引导中

有时候，幼儿的某些活动是有潜在教育价值的。如果教师的目标意识不强，不能进行及时的引导，它可能就溜过去了，幼儿得不到应有的发展。如果教师的目标意识较强，能够发现其中的教育价值，并进行适当的引导，孩子就会得到发展。

比如在孩子的角落活动中，无论是3岁还是6岁的孩子，也无论是男孩儿还是女孩儿，娃娃家始终是他们的最爱。他们对大人的皮包、大人的首饰、大人的衣服特感兴趣，教师可以适时地让幼儿互相比较，大小、颜色、形状，与同伴之间的相同之处和不同之处。在幼儿活动的同时，也可引导不同活动区的幼儿进行交往，以此来解决某些共性的问题；不仅能够促进幼儿观察、比较、语言表达等能力的发展，而且也对儿童以后的社会间的人际交往能力的提高打下了良好的基础。

3．落实在不同的活动中

教育目标的落实不可能靠单一活动来实现，教师应把教育目标落实到不同的活动中。如幼儿的感官教育，粉红塔区别的是大小、棕色梯区别的是粗细、长棒区别的是长短；而圆柱体组和彩色圆柱，既有高低、又有粗细、又有大小。教师要在教学中把握契机，注意引导幼儿进行观察、比较、总结；同时将幼儿所学的知识运用到日常生活中，以及贯穿于其他的教学活动，使幼儿学会举一反三、融会贯通。

（四）参与性原则

蒙台梭利教育提倡教师与幼儿人格平等，提倡教师与幼儿的“双向参与”。在中国已经入世的今天，社会已是一个多元化的载体，而教育也必将是一个多元化的模式，教师与幼儿间的活动同样将是一个多边活动。即在教育的过程中，一方面允许幼儿参与过去只有老师才能参与的决策环节，如班里将进行什么教育活动、开设什么活动区、需要什么材料等；另一方面，教师也不是游离于幼儿活动之外的旁观者，而是和孩子们一起活动、一起获得惊喜、共同成长的伙伴。在科学活动中，我们尝试了这样的教学方法，让孩子和教师一起来种植蒜苗，一盆放在有阳光的地方，一盆放在没有阳光的地方，请幼儿观察它们的变化。我们发现，幼儿在这个活动中表现出异乎寻常的热情，他们每天都要去看一看蒜苗的变化，尤其是因病休息回来的孩子，对老师说的第一句话就是“老师，我要看一看那盆没有阳光的蒜苗。”由此可见，当幼儿作为一个主体来参与活动时，他所掌握和获得的知识与教师作为主体所教授的知识，它们之间的区别是不可同日而语的。

（五）可变性原则

《新纲要》中指出：“教育活动的组织形式应根据需要合理安排，因时、因地、因内容、因材料灵活地运用。”幼儿园是一个有自身特点的教育机构，它的服务对象是学龄前的孩子，教育的最终目标是使幼儿获得全面和谐发展。因此我们工作的各个环节都应以《新纲要》为原则，围绕着“为幼儿一生发展打好基础”这个核心，而不必拘泥于在固定时间、固定地点，有固定教师上固定内容的教育模式。

1．教育目标可变

教育目标有大目标与小目标之分。比如“爱护动植物，关心周围环境，亲近大自然，珍惜自然环境，有初步的环保意识”属于大目标，它贯穿于幼儿园教育的始终；而“引导幼儿对身边常见的事物和现象的特点、变化规律产生兴趣和探究的欲望”就属于小目标，它是在某段时间内要求幼儿达到的水平。比如“沙尘暴”教师就应该适时调整目标，让幼儿了解“沙尘暴”的危害和成因，培养幼儿的环保意识。在工作中大目标要牢牢把握住，即“抓大”；而小目标则可以按照当时的情况随时调整，即“调小”。当然，这里提出的教育目标可变，并不代表教师缺乏对幼儿的观察与了解，在教育活动中只备教材不备幼儿而定下了过高的教育目标，使得教育目标无法完成所进行的目标调整。

2．教育内容可变

在教师与孩子互动的过程中，如果原定的教育内容合适，就按计划进行；如果不合适，教师要根据教育目标的要求，具有相应的预见能力，按照孩子们当时的兴趣和合理需要修改原定计划。

3．教育时间可变

教育时间可变一是指不必在每天的固定时间进行集体教育活动，如果幼儿在活动区十分投入的工作，那么就没有必要一定组织进行集体活动；二是指活动时间的长短，视需要而定。如果教育目标已经完成，就没有必要非得达到固定时间，造成孩子时间的浪费。

4．组织形式可变

幼儿学习活动的组织形式应该是灵活的，可以是个别的、小组的，也可以是集体的、开放的；同时也可以尝试着请家长来组织教学活动。

第二节　幼儿园的环境管理

一、有准备的教育环境

《幼儿园管理条例》（以下简称《条例》）第 8 条规定：“举办幼儿园应当具有与保育、教育的要求相适应的园舍和设施，而且必须符合国家的卫生标准和安全标准。”《新纲要》第一部分总则中指出：“幼儿园应为幼儿提供健康、丰富的生活和活动环境，满足他们多方面发展的需要，使他们在快乐的童年生活中获得有益于身心发展的经验。”幼儿园作为幼儿生活、学习和游戏的场所，应依据《条例》《新纲要》的规定，按照幼儿生长发育的需要，从安全、卫生和教育的要求来设置环境、修建房舍、安装设备和购置玩教具。加之幼儿年龄小，外界环境会直接影响幼儿身心健康。因此，幼儿园应为幼儿提供良好的生活条件和有益于健康发展的环境。

（一）物质环境

1．物质环境创设的一般要求

（1）合乎安全、卫生与教育要求

评价幼儿园环境的首要的最基本的条件就是要合乎安全、卫生与教育的要求。环境设备材料的提供必须考虑卫生、安全的因素并应注意发挥其教育功能。

（2）根据本地区实际逐步改善办园条件

我国幅员辽阔，各地经济发展不平衡，自然人文资源各异。幼儿园应结合本地区本单位的实际，根据《条例》要求设置环境，并且要对自身的发展建设制定相应的远景目标规划，逐步加以实现。

（3）注重发挥现有条件的实际效用

幼儿园的设备设施是为教育和保育的需要而配备的，是幼儿园实现教育的社会功能的物质基础。设备和设施是重要的，是提高保教质量的前提。但是如果这些东西仅仅作为摆设，就失去了教育意义。例如有的幼儿园配置了运动器械却不组织活动、有的玩具丰富却束之高阁、有的为追求档次而进行华丽的装修、有的自身并不具备条件却一窝蜂地上电脑等，既造成经济的极大浪费，又与实际教育相脱节，达不到预期的教育目的。

（4）挖掘潜力、发挥社区与家庭的资源

《新纲要》指出："幼儿园应与家庭、社区密切合作，与小学相互衔接，综合利用各种教育资源，共同为幼儿的发展创造良好的条件。"因此，幼儿园要在可能的限度内，发挥自主性，积极争取社会各方面的大力支持，发掘和利用社区及家庭的资源，因地制宜地改善办园条件，以达到资源共享的目的。比如废旧物品的利用——果冻盒、旧糖纸、塑料袋、雪糕棍、胶皮管、废轮胎等，这些在家长眼里无任何作用的东西，在老师的手里却会变成具有极高教育价值的教具。

2．蒙台梭利教育对环境的要求与创设

蒙台梭利教育提出，教师与家长应从幼儿的身心发展需要出发，创设一个幼儿喜欢的、适合其自由发展的、有利于其身心健康的真实的环境——儿童之家。

儿童之家是一个供孩子自由活动的空间，它没有固定的模式，幼儿园与家庭可视财力与机缘而定。它的特点就是：专为孩子而设、存放专为启发儿童心智的教材、有全套的小家具。

开展蒙台梭利教育，第一不能照搬外国的，第二要符合中国国情，第三要结合本地区实际。因此环境创设要在遵循蒙台梭利教育思想与原则的基础上，实行客观条件下的创新。

第一，必须具备一套完整的蒙台梭利教具，财力允许的情况下可有多套。

第二，必须为幼儿提供一间进行蒙氏教育的工作室，工作室内需要具备各色地毯，儿童可以任意将地毯铺在地上，坐下来，摆上教材，完成他们的工作。

第三，必须为幼儿提供丰富多彩的生活教育教具，例如，舀水、倒豆等符合幼儿生活实际需要的真实环境。

（二）精神环境

蒙台梭利认为成人应该为幼儿预备一个符合幼儿需要的真实环境，它能提供幼儿身心发展所需的活动与练习，并且像家一样充满爱、快乐与便利。

1．混龄教育

蒙台梭利教育采用混龄制，亦即采用不同年龄的幼儿混合在一个班级里，如3～6岁、6～9岁或9～12岁等。在这样的混龄班级中，年龄较大的幼儿，会自发地去帮助年龄较小的幼儿，而年龄较小的幼儿，则能从年龄较大的幼儿的工作中获得灵感和榜样。这种方式的教导非常可贵，因为5岁幼儿的心智比我们更接近3岁幼儿的心智，他们之间存在一种精神上自然发生的“渗透作用”，使幼小的孩子很容易学会那些我们难以传授的知识。有些父母会担心，如果让5岁幼儿去教更小的幼儿，他自己的发展会延缓下来，事实并非如此，蒙台梭利指出：

（1）年龄较大的幼儿并不是一直都在教别人，而且他的自由会受到尊重。

（2）教导比他年龄更小的幼儿，可以帮助他了解自己先前所学的知识，他必须重组自己的知识，才能传授给他人，所以他的牺牲并非一无所获。比如，在参观某幼儿园的一个蒙台梭利教育活动中，就看到这样一个实例，一个3岁的小弟弟叫青青，他请一个5岁的大哥哥帮他插一架飞机，这位大哥哥费了很大劲也没有插出来，最后是两个人共同合作插了起来。

2．尊重与等待

在蒙台梭利教室中，每一种东西就只有一件。如果某件玩具已有人使用，另一位幼儿也想用它时，后者必须等待前一位幼儿让出来时才能使用。蒙台梭利指出：我们无法将“忍耐”的美德教给幼儿，但是靠幼儿本身在现实环境中的体验，却是可能的。

3．自发性的责任感

在蒙台梭利教室中，幼儿是教室的主人。他们不仅自己负责维持每日的秩序及教室的整理，并且会将用过的教具放回原处、清理桌面以及负责照顾自然角等。以上这一切都是幼儿自发的表现，他们对所处的环境，已经产生一种责任感和归属感。

（三）管理环境成

为儿童身心健康发展提供可靠保障的一系列日常工作常规、制度及各岗位人员的管理要求，统称管理环境。它包括一日生活作息制度、一日生活保教常规、营养与膳食管理、卫生保健制度等。

1．生活作息制度：餐饮次数多、动静交替勤、室内外变化快。

2．保教工作常规：生活、游戏、锻炼是保教人员实现教养任务的主要途径，保教人员要坚持教养并重，做到“四勤”——眼勤、嘴勤、手勤、腿勤。

3．营养与膳食管理：细、碎、烂、精。

细——餐餐变花样，每餐不重复。

碎——食谱定的细，副食切的碎，主食做的小。

烂——饭菜偏软，蒸煮适度，不影响色、香、味。

精——营养精良，选料配料精，量少营养高。

4．卫生保健制度：短、繁、实。

短——体检间隔时间短，每半年检查一次。

繁——要求护理的内容多，记录的内容多。

实——管理内容具体翔实。

二、蒙台梭利教具及内容

蒙台梭利教具的真正目的，在于提供幼儿可专心的对象，帮助幼儿的自我建构和心智的发展，这是一种属于内在的作用。简单地说，就是教具能够刺激幼儿，引起幼儿的注意，进而让幼儿进入专心的历程，帮助幼儿的成长。本章节中所为家长列出的只是其中的一部分。

（一）生活教育内容

1．照顾自己的训练——衣饰框架。

2．做家事的训练。

3．园艺和手工训练——照顾动植物、茶艺、陶艺、面点、纸工等。

4．运动训练——走线运动。

5．肌肉训练——体操。

6．自然教育——农业劳动：动植物培养。

7．体力劳动——陶土工艺和房屋建筑。

（二）感觉教育教具

1．视觉教育：辨别物体的大小、颜色、形状的视觉能力。

第一，区别体积的视觉概念。

（1）圆柱体组——高低、粗细、大小——配对序列。

（2）粉红塔——大小——序列。

（3）棕色梯——粗细——序列。

（4）长棒——长短——序列。

（5）彩色圆柱——高低、粗细、大小——序列。

第二，区别形状的视觉概念。

（6）色板——颜色的种类——配对序列。

第三，区别形状的视觉概念。

（7）几何嵌板橱——平面几何图形——配对序列。

（8）几何立体组——几何图形的立体认知——配对序列。

（9）蓝色三角形。

（10）构成三角形——形状与等值。

（11）单项式——颜色、大小、形状。

（12）二项式——颜色、大小、形状。

（13）三项式——颜色、大小、形状。

2．触觉教育：培养幼儿敏锐的触觉能力。

（14）触觉板——粗糙与光滑——配对序列。

（15）布盒——布的种类——配对序列。

（16）重量板——轻重——配对序列。

（17）实体认识袋——配对序列。

（18）温觉板——物体本身的温度——配对序列。

（19）温觉板——温度的差别——配对序列。

3．听觉教育：声音的种类。

（20）音筒——杂音——配对序列。

（21）音感钟——乐音——配对序列。

4．味觉教育：用舌头来感觉。

（22）味觉瓶——酸、甜、苦、辣——配对。

5．嗅觉教育：用鼻子来感觉。

（23）嗅觉瓶——酸、甜、苦、辣——配对。

（三）数学教育教具

1．数量概念的基本练习——数棒、砂数字板、数棒和数字板、纺锤棒和纺锤棒箱、0 的游戏（取数游戏）、数字与筹码（奇数与偶数）时有数棒的基本计算练习（加法和减法）。

2．十进法的教育。

（1）十进法的导入——量（金色串珠）、数字卡片、量与数字卡片。

（2）十进法的加减乘除概念——交换游戏、加法、减法、乘法、除法。

（3）十进法的并行练习——点的游戏（加法）、接龙游戏（加法）、邮票游戏（加法、减法、乘法、除法）、排列彩色串珠棒、使用排列彩色串珠棒的加法、使用排列彩色串珠棒的乘法。

3．连续数的传统性称呼与排列——塞根板（1、2）、数字的排列、串珠链（100、1000）。

4．初步平方与立方的导入（包含倍数）。

（1）正方形彩色串珠（串珠的平方）。

（2）立方体彩色串珠（串珠的立方）。

5．使用记忆的加法、减法、乘法、除法。

（1）加法组——加法班、定规、订正板、心算板、填空心算板。

（2）减法组——加法板、订正板、心算板、填空心算板。

（3）乘法组——乘法板、订正板、毕氏板、填空毕氏板。

（4）除法组——除法板、心算板、填空心算板。

6．介绍初等教育的算术及教具。

（1）几何及代数的导入——二项式（a+b）、三项式（a+b+c）。

（2）算术教具——数数架（计数法与计算）、加法、减法、乘法、分数小人。

（四）语言教育教具

1．砂字字母版（1、2）——大写英文字母一套。

2．印刷字母卡——大写小写英文字母各一套。

3．活动字母箱——活动字母 26 个。

4．汉语拼音多字母砂字板。

5．拼音结构练习卡片。

（五）科学文化教育教具

1．铁制嵌板 12 个。

2．活动时钟。

3．世界洲际地图嵌板。

4．亚洲地图嵌板。

5．中国地图嵌板。

6．树叶嵌板图。

7．植物卡片。

8．动物卡片。

9．动植物卡片架。

（六）艺术教育教具

1．音乐教育活动中幼儿个体活动所需的弹拨琴等，首先从辨音能力、音调的掌握练习开始。

2．美术活动所需的各种教具教育进程。

（1）自由绘画练习——名称和形状。

（2）自由塑造练习——泥塑、陶塑、小制作练习。

（3）颜色感觉练习——图案和绘画。

第三节　幼儿园教师工作的管理

现代管理思想强调人是管理的核心，是一种社会活动。管理对象中各个要素、管理过程的各个环节，都要由人来实施和操作、要靠人去掌握和推动，离开了人，管理的任务目标就不可能实现，也就无所谓管理。具体到幼儿园，其各项工作质量的高低和完成任务的优劣，都取决于人，取决于教职工队伍的素质。特别是在保教工作第一线的教师，她们是幼儿园工作的主体，对幼儿园保教工作质量的提高，起着重要的作用。

在以往的管理理论发展中，有重视一个方面而忽视另一个方面的倾向，或是将组织目标与个人目标对立起来。其结果往往无法激发组织成员为组织努力工作。随着管理思想的演进，当代管理理论越来越强调两者的一致性。“以人为中心”的管理理念的提出，就是强调重视人力资源的开发，尊重人，充分发挥人的积极性、主动性、创造性，从而实现幼儿园保教工作的高水平、高质量的管理模式。在高校后勤社会化改革中，积极投身于市场竞争之中，本着“以人为本”的管理理念，在创设宽松的精神心理气氛、建立和疏通信息沟通渠道的基础上，逐步建立与完善了对教师的“三制”管理——教师聘任制、岗位考核制、结构工资制。

一、引入竞争，建立教师聘任制

我国《教师法》第十七条规定：学校和其他教育机构应当逐步实行教师聘任制。面对激烈竞争的市场、面对财政拨款全部取消、面对全部自负盈亏的现实，是否有一支高素质、高水平、高学历的教师队伍，将会直接关系到幼儿园的存亡与发展。实行教师聘任制能不断地激励教师提高素质，提升办园的整体水平，使改革中求发展的理念得以落实。

（一）招聘

与上级主管部门共同协商，科学设定招聘考核程序，择优录用、任人唯贤，从而为幼儿园招聘到专业能力、学历水平、年龄层次都合适的幼儿教师。

（二）聘任

聘任中要充分体现择优上岗的原则。首先要根据幼儿园的规模确定岗位及人数，然后根据年度考核结果确定受聘资格，考核等级必须是优秀和称职，基本称职与不称职者均不能受聘。聘任方法有多种，一般采用逐级聘任。如纵向方式可以是上级主管部门聘任园长，园长聘班长，班长聘教师和保育员；横向方式即园长聘任副园长、专任教师和其他部门工作人员。教研组长与科研负责人可采用在考核优秀的教师中进行自荐和推选，聘期为一年。

（三）换岗与离岗

即对被淘汰者实行换岗和离岗。这项工作的难度较大，首先要做好被淘汰教师的思想工作，贯彻公平公正公开的原则，将落聘教师的考核结果、换岗与离岗的制度规定及待遇、要求等向本人公布；对调离的教师要上报上级主管部门并在全园大会上宣布。

（四）末位淘汰

有效的淘汰能使队伍结构不断优化和调整，以适应队伍建设目标和幼儿园发展的需要。如何淘汰？幼儿园的做法各有不同，当然，幼儿园应本着鼓励先进、激励后进和教师自身发展、幼儿园目标发展的原则。

二、追求绩效、建立岗位考核制

岗位考核，即岗位工作绩效考核，通过平时的单项考核与年终的全面考核相结合的方法，对教职工的德、勤、能、绩、责方面给予综合评价。

幼儿园考核与奖惩制度的建立，可以保证其他规章制度的贯彻执行，而没有考核评价就可能造成有章不循，各项规章制度就可能流于形式，成为没有任何约束能力的一纸空文。近年来，幼儿园结合体制改革，在奖惩制度方面进行了积极的探索，与教职工的劳动纪律、工作质量、工作成果挂钩，奖勤罚懒、优质优酬，使考核与奖惩切实起到了调动积极性和提高工作水平的作用。具体做法如下：

（一）设立全勤奖

幼儿园根据上级主管部门的具体规定，结合幼儿园的工作实际，制定出一系列的规章制度，比如：迟到早退两次以上不得全勤奖、病事假累计休息满一天以上不得全勤奖等。

（二）设立专项考核奖

为提高教师的业务能力，幼儿园要定期进行业务方面的考核。在请专家评定或全体教师集体评定的基础上，选出一、两三个奖项，根据幼儿园的规定进行加分；对不合格教师则采纳再次考核但是不加分的方法，以达到考核只是手段而不是目的的作用。

（三）设立综合奖

这一方面主要是依据教师的工作态度和履行职责遵守劳动纪律的情况评奖。如：体罚与变相体罚、违反幼儿园规定上班时间干私活、同事之间吵架、与家长吵架的、违反幼儿教师职业道德等，均不得奖。

（四）设立工作质量奖

根据教职员工在保教工作、卫生保健、后勤工作等方面取得的成绩评定奖金，按质论价，并与当月的奖励工资挂钩；效益工资则根据本班级当月效益及幼儿出勤情况而定。

幼儿园管理者应带领教职工依据本园实际，制定合理的奖惩与考核制度，将工作情况与奖惩结合，保证其他规章制度的贯彻执行，调动职工积极性，促进工作质量的不断提高。

第四节　幼儿园管理的目标与过程

一、目标管理思想的提出

目标管理思想最早是由美国管理学家德鲁克于 1954 年提出来的。德鲁克在其《管理的实践》一书中，首先提出“目标管理与自我控制”的主张。他认为，“应该把一个组织的目的任务转化为目标，各级领导均应通过目标对下属进行领导和管理，以此来动员和协调全体人员的行动，促进组织总目标的完成”。

目标管理理论的产生是当代管理理论与管理实践发展的必然结果。在管理理论发展的过程中，经历了古典科学管理时期和人际关系——行为科学时期，古典管理理论强调正式组织的职能、强化劳动监督、注重组织的工作效果；行为科学管理理论则重视组织中的人，强调管理应满足个体的各种需要，注重改善人际关系和发挥机构中非正式组织中的作用。这两个时期的管理理论虽然各有其合理成分，然而又失之片面。目标管理思想正是吸收了这两种理论的合理成分，并将二者有机结合起来：一方面通过制定和实施目标来完成组织的目的任务，同时又以目标层层展开的方式强化组织成员的参与意识和行为，使他们以目标为中心与组织产生认同，促使他们在工作中实行自我控制。因此可以说，目标管理是一种既注重工作，又重视人，并使二者有机结合起来的科学管理方式。

二、目标管理的意义和作用

目标管理是现代管理科学的重要内容，是以先进的管理方式，起着提高管理效能的重大作用。目标管理的意义和作用体现在以下几个方面：

（一）目标具有导向作用

目标属于方向的范畴，为人们展现一种经努力可达到的前景。在管理过程中，管理者始终以目标调节来控制人们的行为，使幼儿园的教育工作和管理工作有目的有计划地开展，而不是随意盲目的进行。

（二）目标具有激励作用

目标起着调动组织的全体成员积极性的重要作用，目标管理通过层层建立目标，形成目标体系，同时目标落实到每个岗位和每个个人，将人与工作结合统一起来，起到激励全员行为，同时也是发动全员参加管理的方式，因而能实现有效管理。

（三）目标具有系统性、整体性

目标管理从确立组织的总体目标为开端，进而确立各个部门及个人的目标，层层有目标，形成组织目标与个人目标统一一致的系统化的目标体系。管理者通过目标来动员和协调全体人员的思想与行为，齐心协力，步调一致，最终保证组织的总体目标的实现。

（四）目标具有可衡量性

目标既是管理工作的出发点，也是终结点。管理要以目标作为评价检查工作的依据，以目标是否达到，及预期的设想是否通过组织成员的行动或活动而由观念形态转化为客观现实，即某种有效的工作成果或结果，从而衡量管理的优劣。

三、蒙台梭利教育与幼儿园目标管理的有机结合

蒙台梭利所追求的教育目标，不但是以学术教育为出发点，更配合当时社会的需要，以全体性教育为目标。而蒙台梭利教学法之所以能在发展初期就为人们所重视及接受，也正是由于她的这番新理念、新方法为教育界开创了一番新气象的缘故。

当前幼儿园要形成整合一致的目标体系，必须与基础教育改革相结合，广泛听取意见与建议，根据社会发展与家长的需要，将幼儿园的教育发展目标与特色教育有机融合，实现培养目标的调整和人才培养方式的转变，以全面提高国民素质，适应未来的挑战。

第五节　幼儿园卫生保健工作的管理

（一）幼儿园卫生保健工作的意义和任务

1．幼儿园卫生保健工作的意义

卫生保健工作是幼儿园管理工作的一个重要方面，是为保证幼儿身心正常发育和健康成长而实施的各种措施。卫生保健工作在幼儿园工作中具有特别重要的意义，这也是幼儿园教育与管理区别于中小学的一大特色。

幼儿园保健工作的对象是正在发育和成长中的幼儿。学前期幼儿正处于生长发育的关键时期，她们生长发育迅速，但身体尚未发育完整，生理和心理发展的可塑性很大，容易受到损害；其次，幼儿对环境的适应能力与对疾病的抵抗能力不强，容易感染疾病；由于幼儿身体结构还没有定型，因而其行为习惯和个性也正在逐步形成的过程中。幼儿园必须通过卫生保健工作，科学安排幼儿一日生活；安排营养膳食；建立一系列的安全措施等，以保证幼儿身体健康发展。

2．幼儿园卫生保健工作的任务

幼儿园卫生保健工作的任务是：保护幼儿的生命与健康，促进其生长发育，增强其体质，为幼儿全面发展奠定良好的基础。幼儿园卫生保健工作必须与教育结合，培养幼儿保持和增进健康的初步能力，养成健康生活和安全生活必要的习惯与态度。

（二）幼儿园卫生保健工作的内容

1．创设良好的生活环境

幼儿园是幼儿生活和活动的场所，幼儿园应根据各自实际情况，因地制宜地创造环境。我国幅员辽阔，地区差异各不相同，经济承受能力更是千差万别。但是必须遵循的是，幼儿园的园舍、场地、设施等一定要符合卫生部门的要求，净化、绿化和美化，应该有比较宽敞的户外活动场地，活动室的通风采光以及所配备的桌椅高度尺寸等，都应从保护幼儿身体健康成长的角度来考虑。经济条件较好的幼儿园，应多配备适宜幼儿活动的、安全的大型户外玩具，地面可铺设塑胶，沙子是幼儿游戏中最愿意玩的东西，无论幼儿园条件好坏都应设置。而户外水池则可根据季节、地区等具体条件来设置。

2．建立科学的幼儿一日生活制度

随着幼儿教育体制改革的进一步推广，幼儿园所招收的幼儿年龄已由 3～6 岁扩展到 2～6 岁，由于年龄差别较大，0～6 岁幼儿教育一体化工程也正在启动。因此，幼儿园的一日生活制度则应根据幼儿的年龄特点，相对有所不同。3 岁以下的幼儿在作息的时间安排上，休息的时间安排要多于 3 岁以上的幼儿；教育内容也应以生活教育为主；3 岁以上的幼儿要在生活教育贯穿始终的基础上，结合我国教育内容来进行程度不同的教育；同时还要根据幼儿在园时间的长短而有所不同，充分地保证幼儿的休息和户外活动时间，使幼儿的生活科学化、规范化以利于幼儿身体的健康发育和养成良好的生活习惯。

（三）提供合理的营养膳食

由于幼儿年龄的特殊性以及生长发育的需要，幼儿在园期间的营养也就显得非常重要。合理的营养是使幼儿身体健康成长的物质基础。幼儿园的卫生保健人员要充分重视这项工作，与保健院配合，进行膳食调查；定期计算幼儿进食量和营养摄取量，提供合理的代量食谱。并通过各种渠道征求家长建议，齐心协力做好幼儿园的伙食，保证幼儿生长发育和活动所必需的营养。

（四）幼儿园的体检与疾病预防工作

1．幼儿园的体检工作

（1）幼儿园工作人员和入托幼儿的体检

工作人员：凡是幼儿园工作人员，必须经过体检方可上岗。检查内容主要有肝功能化验、血色素检验、超声波检查与肺部透视、妇科病检查以及身体各器官的检查，全面体检健康者可以，上岗，每年体检一次。

入托幼儿：首先家长必须到户口所在地的卫生防疫站去取保健手册，然后到需要入托的幼儿园所指定的妇幼保健院体检，合格者方可入托。幼儿入托之后，幼儿园则根据工作要求定期为幼儿进行“四二一”体检，主要是量身高、体重、测头围、视力、检查解齿等。入托幼儿每年需要接受卫生保健院的体检一次，为方便家长，保健院一般情况下不需要家长将孩子带去，而是下到幼儿园来进行这项工作。

（2）幼儿园的晨间检查工作

幼儿园的卫生保健人员要依据“卫生保健制度”的要求做好晨间检查和全日观察工作，认真做好一摸、二看、三问、四查工作。一摸：摸额头有无发热；二看：咽部、皮肤、情绪、精神状态；三问：了解幼儿饮食、睡眠和大小便情况；四查：检查有无携带不安全物品，发现问题及时处理。

2．幼儿园的疾病预防工作

（1）坚持预防为主的方针

“以预防为主”是我国卫生工作的根本方针。幼儿期生长发育迅速，可塑性强，然而又是生命较为稚弱的时期，各器官系统发育不完善，对环境的适应能力与对疾病的抵抗能力还很弱，一旦稍有疏忽就会为幼儿带来不必要的麻烦和痛苦。因此，幼儿园必须做到预防为主，加强晨检的力度和实效。尤其是目前沙尘暴肆虐，病菌较多，幼儿园要从孩子的健康角度出发，配备上呼吸道感染的消毒药水，利用晨检的机会给每一个幼儿进行口腔喷药，教室、走廊、活动室、寝室等适当增加紫外线消毒次数，保证幼儿身体健康。

（2）健全卫生保健管理的组织制度

幼儿园应将卫生保健工作放在首位，必须有专门的园长来管理。在园长挂帅下，建立一支保教队伍，并健全各项规章制度，以实现卫生保健工作的制度化。成立爱委会、膳食管理委员会、安全工作检查小组、卫生检查小组等，并有计划地进行检查和指导，从各个方面来推动卫生保健工作。

（五）幼儿园的安全工作

幼儿园的安全工作特别是幼儿的安全是至关重要的。幼儿年龄小，缺少知识经验，缺乏独立行为能力，然而好奇、好动、好探索，活动中对危险事务不能做出正确判断，不能预见行为后果，面临危险时不会保护自己。幼儿园作为集体保育和教育的机构要对全体幼儿的安全负责。同时加强有关方面的制度建设，使幼儿园的各项活动的开展均能以孩子为中心，注意各种活动中的安全保护问题。应注意以下几方面的问题：

1．强化安全意识

随着中国的入世，社会的发展，人们的法律意识逐渐增强，寻求自我保护的愿望越来越强烈。虽然在法律方面对幼儿园活动中的意外事故有相应的条款保护，但是幼儿园应本着为家长服务的原则，保护好孩子的安全。一方面，家长既然将孩子送到幼儿园，幼儿园就有义务有责任保护好幼儿生命安全；另一方面，幼儿又是一个活动的个体，所有没有尝试过的事情，他都想试试，而完全没有危险意识，教师稍有疏忽就有可能酿成大祸，不但给家长带来痛苦，也为自己带来不安。因此，幼儿园要随时强调教师的安全意识，加强安全保护工作。

2．加强安全教育，防患于未然

教师组织教育活动时，应注意结合幼儿年龄特点，进行适当的安全教育，增强其自我保护意识。

（1）关于活动安全的教育

幼儿园的教育活动，多以生活教育和动手能力培养为主，不乏在活动中经常要使用相对危险的工具，如：剪子、小刀、锤子、钉子等等。在使用这样的工具时，教师应教给幼儿正确的取放方法，避免发生意外。比如在蒙台梭利教育中，孩子使用的剪刀是圆形的，刃是各种花边形的。用完后将剪子交给别人时，要把剪子的尖端握在手心，将剪刀柄递送出去，以防刺伤别人。用完的工具要收好放好，不要拿着工具乱跑。

在活动中通过适当的教育，让幼儿明确电源、插座、火柴、打火机等的危险性，不准幼儿去使用或玩耍。

不随便吞吃非实物的东西，不把钱币、玻璃球等小东西含在嘴里。

使用户外活动器械要遵循正确的运动技能和方法，遵守活动规则，不得做任何危险的动作。

走路时尽量不要奔跑，奔跑时不要猛跑猛停；要会躲闪，防止与人碰撞。

户外活动时，教师要让幼儿学会检查自己的衣服与鞋子；衣服是否适合活动、鞋带有否松开等。

（2）关于交通安全的教育

引导幼儿学习认识交通标志，遵守交通规则。过马路走人行横道和人行天桥等。

乘车时，不能将手、头探出窗外；在车上不得大声喧哗、跑动或玩耍。

（3）关于应急情况下的自救教育

发生火灾时，知道拨打 119，用湿毛巾捂住口鼻，弯腰或趴下等待救援。

有匪警出现时，知道拨打 110，找警察。

发生疾病时，知道拨打 120，找医生。

第六节　幼儿园家长工作的管理

教育是一项系统工程，儿童的发展受到教育机构、家庭和社会等因素的影响。幼儿园的教育要取得预期的效果，离不开家长的支持和配合。因此幼儿园应正确处理教师与家长、园所与家庭的关系，加强一体化建设。

（一）幼儿园家长工作的任务

1. 指导家长进行家庭教育，宣传家教知识。

2. 加强家园联系，多与家长沟通，了解掌握儿童情况，实现家园的同步教育。

3. 充分发挥幼儿园的社会功能，了解家长的需要，解决家长的困难，为家长服务。

4. 争取家长的配合与支持，并通过家长打开渠道，走进社区，走进社会。

（二）蒙台梭利幼儿教育对家长的要求

蒙台梭利对家庭影响幼儿教育这件事非常重视，为了让家长了解幼儿园的教育，为了让家长做到自觉的配合幼儿园的工作，蒙台梭利幼儿教育对家长提出的要求如下：

1. 家长必须按照幼儿园所规定的时间来接送幼儿，避免打扰孩子的工作。

2. 家长必须为孩子准备好相应的生活教育的各种备品，如围裙等，因为教育孩子是幼儿园与家长的共同责任。

3. 家长应让幼儿服装仪容整洁地来到幼儿园，以良好的精神状态投入到与伙伴的交往之中。

4. 家长应尊敬在幼儿园工作的教师与其他人员，为幼儿做良好的表率。

5. 在教育方面家长应配合教师的要求，爱护环境、提供必要的家庭生活资料等。

6. 家长每周至少要与教师沟通一次，以便于了解孩子的学习与工作。

7. 家长应定期参加幼儿园组织的活动，教学观摩、游戏活动等，也可以教师身份来组织活动。

8. 家长要阅读蒙台梭利教育的有关书籍。

9. 家长应自觉为幼儿园做一些力所能及的工作，比如，制作简单的教具、公共环境的维护管理等。

（三）美国蒙台梭利幼儿园家长学校内容

在美国，一般的蒙台梭利幼儿园都积极地主办家长学校，这是因为在幼儿园或者学校方面，家长对蒙台梭利的认识是非常重要的。家长学校的形式各不相同，有的是每月一次晚会、有的则是集中一段时间连续几天开会、还有的就是定期的讲座或者是教学活动的参观，内容大致如下：

1．关于蒙台梭利的教育原理。

2．关于蒙台梭利的教育方法与实践。

3．关于儿童的成长发展及其敏感期。

4．日常生活练习的目的与在家庭中实施的方法。

5．说明感觉教育及其方法。

6．关于阅读与算术的教学课程及在家庭中能够做些什么。

（四）蒙台梭利家庭教育与社区一体化

1．家庭教育的意义与重要性

（1）家庭教育是人一生教育的起点

教育并非始自于学校，在原始时代以及未开化的社会中同样存在着教育，只不过是家长所采用的教育方式主要以对生活中有用的知识传授为主，通过家长的经验来影响儿童，学习相应的知识技能以及成为团体一员的责任，学会与他人交往。而现今的家庭教育，有着丰富的教育内容、丰富的教育媒介、丰富的教育手段；现今的儿童，具有显著的时代性，有着多项的思维，喜欢多问几个为什么，个体差异比较突出；如果家长能够审时度势，言传身教，适当地加以正确引导，对儿童的成长将起着决定性的作用。裴斯泰洛齐说“家庭教育不仅是一切教育的基础或原型，也是模范”。

（2）家庭教育的特征

家庭教育以家长为中心，是基于爱护与信赖、自然而且本能的教育，这一点与幼儿园、学校的权利与义务的基础教育不同。家庭教育没有时间阶段，他是从出生到死亡，历经人的全部生涯的教育。家庭教育不拘形式、不拘意图、不拘内容。家庭教育的环境与学校不同，是建立在家庭生活中的教育，是与人生活相关联的教育。家庭教育的教育者不同于学校，可以是家族中的任何一员。

随着二十一世纪的到来，随着中国的入世、经济的发展，社会对人才的培养已经转化到对复合型人才与沟通型人才的培养。幼儿园的教育对象的年龄，已由 3～6 岁扩展到 0～6 岁，幼儿园的教育工作范围则由单纯的幼儿园教育发展到社区一体化的教育。在这里家长需要明确的是以下几方面的问题：

社区学前教育，即幼儿教育社会化、社区化，这是幼教事业发展的必然趋势。首先，从社会学和大教育观来看，学前教育或幼儿教育不等于幼儿园教育，不等于单一模式单一规模的正规化教育，而应纳入开放的社会体系。从教育对象来看，也不仅仅局限于幼儿园的孩子，而应扩展到家庭与社区的各个方面的孩子。从组织形式来看，可以是课堂式的正规教育，可以是板报宣传式的，也可以是咨询问题式的，可以是封闭的也可以是开放的。可见，社区学前教育是一个全方位的系统性的工程，他属于大教育范畴。

应当认识到，社区学前教育无论在教育资源、途径方法，还是在其目的效果上，均具有不同于以往幼教机构教育的广泛的深远的含义。

（3）蒙台梭利教育法与0～6岁的一体化教育

俗话说“十年树木百年树人”，形象地概述了教育人的历程。蒙台梭利认为，教育是形成人的作用，它从人的诞生一直持续到死亡。儿童最初借助他人的帮助获得形成人的功用，逐渐地将在不必他人的帮助下也能独立进行自我教育。也就是说，教育的目标

在于培养儿童成为即使没有家长与教师的帮助也能够自我教育的人。

0～2岁的教育——蒙台梭利认为，教育始于出生。0～2岁这一时期在教育上具有重要的意义。为了将他培养成健康正常幸福的儿童，家长有必要以爱来教育他，经常与他交谈，而不要让他经常的独处。当语言和步行现象出现时，儿童所接触的环境就其质和量而言，都将急速扩张。家长要在天气晴朗的时候，多带孩子到庭院散步，多带孩子到公园观赏花草，多带孩子与他人交往，多带孩子参与社区的公益活动。有条件的可以和孩子一起来种植花草，一起来养护小动物，如小鸟、小鱼等。这样不仅可以培养孩子的观察、思维、分析能力，也可以培养孩子与他人交往、语言表述等方面的能力，同时孩子通过观察家长对社区活动的态度，以养成自己的品格。所谓“三岁定终身”说的即使如此。

3～6岁的教育——这一时期是感觉和身心各方面能力形成的时期，家长应注意对孩子进行感觉教育和运动方面的训练，幼儿期借着运动来学习，借着运动来分类、配对、系统化，在时空中定位等经验，正是学习能力的形成期，也是一辈子学习的原动力。家长应掌握儿童这一时期的成长关键，通过日常生活教育来达成这一目标。

21世纪将是机械文明取代人类手脑的时代。这个结果会造成人类活动愈来愈不灵巧，导致人格的不成熟和不调合是必然的趋势。随着机械夺取人们的思考，样样都成为视而不见，思考停留在一般思维的人将会不断地增加。大众传播媒体的发达使人的思维普遍化，资讯的泛滥逐渐失去洞悉事物本质的能力，如果21世纪的人为这样不变的思维及表面上的生活方式所主导，人或许就会丧失自己的方向和使命，在惰性与无奈中生存，与灿烂的文明背道而行，以至于看不见生命美好的一面，所以观察生命的本质，寻找生存之道是相当重要的。

有人说21世纪人需要内在的力量，蒙台梭利说，教育就是服侍自我成长的生命，并且协助生命顺利地发展使其开花结果。人在幼儿期受到生命法则支配而成长，

曾经顺应这法则而体验到发挥生命力的人才不会受时代潮流的影响，知道如何发挥自己的内在的力量。

（五）家园共育

一般情况下家长是愿意接受教师的建议的，如果教师与家长是以合作为前提，那么两者之间就易建立良好的关系，从而使孩子热爱教师、热爱幼儿园生活，促进其健康发展。

1．举办家长学校

支持和帮助家长改善家庭教育，提高家长的科学育儿水平，是教师义不容辞的责任，也是实现家园共育，提高幼儿素质的需要。举办家长学校，开设家教专栏讲座是非常有效的方式，在家长学校里请幼教专家讲授“幼儿心理特点及规律”“幼儿自信心和意志力的培养”“幼小衔接应做好哪些准备”“家长如何尊重幼儿”等。请保健专家讲授“如何培养幼儿良好的饮食习惯”“口腔卫生、用眼卫生”“幼儿常发病的预防”等常识。同时针对目前幼儿家庭教育问题较多，不少家长在对子女的教育上存在着重知识技能，忽视品德、个性、行为习惯的培养，溺爱娇纵，过度保护，包办代替等现象，请专家给家长解答疑惑，帮助家长转变观念，树立正确的教育观。在方式上，要灵活多样，讲求实效。从实际出发，除举办全园性的家长学校外，还根据不同层次的小型讲座，分别授课，并将讲课与讨论相结合。还要善于组织“家长教育家长”，在提高家长科学育儿水平方面，我们不能忽视发挥家长的作用，可请他们登上家长学校的讲台，也可在家教经验会进行交流，家长讲的是具体实在的例子、亲切生动，有说服力。

2．用多种形式进行沟通

（1）发挥家委会的作用，增强教育的合力

加强与家长的沟通是幼儿园生存与发展的关键，也是做好家长工作的重要环节。成立班级家长委员会是做好沟通工作的第一步，幼儿园要充分发挥家委会的作用，使其真正成为幼儿园与家长间的桥梁和纽带，增强教育的合力。首先，要选择有教育意识、责任心强、支持幼儿园工作，主动、热心、愿意参加幼儿园活动的家长。其次，要选择语言表达能力较强、有说服力和组织能力的家长加入委员会中来，请他们参与班级的管理。他们会及时地向教师反映家长普遍关注的问题，同时能把教师的想法和意图向家长做宣传。当园里有大型的活动时请他们出谋划策，并帮助教师解决一定的难题。教师可与家长共同商议班级的计划，同时家长也应向教师提一些合理的建议，根据需要及时调整班级的活动计划。教师一定要使家委会的成员感到班级需要他们，老师和孩子需要他们，从而使其真正地发挥作用，成为很好的教育合作者。

（2）改进“开放日”活动

家长开放日是很受家长欢迎的一种形式，请家长来园了解孩子的生活情况和幼儿园教育，以便家园间增进了解，促进家园共育。以往的家长开放日只是在一学期或间月开放一次，且都是面向全体家长的集体开放，满足不了家长的需求，家长开放日应是随时向家长开放，这个随时也是有计划的，教师可根据家长的时间排出开放日程，每天都有几名家长到班级来配合老师工作，了解幼儿一日生活情况，这样就不会造成一次或几次开放的拥挤，又避免了家长因没有时间来园失去一次开放的机会，同时又因每次开放人数少，家长可以看得细一些，了解得深一些，也便于随时与老师交谈，探讨孩子的教育问题，之后家长还可以把感想、体会、建议告诉老师，这样有利于家园互相沟通密切合作，更好的教育孩子。

（3）建立家园联系手册

建立家园联系手册是与家长沟通、密切联系的有效途径，家长不可能每天在幼儿园参与管理，有很多问题和想法因早晚接送孩子匆忙而没有与教师及时沟通，同时教师也想把孩子的成长进步情况随时告知家长，这时联系手册的作用就很好地发挥出来，教师向家长介绍好的教育方法，结合幼儿的情况把正确的育儿理念很自然的写出来，会让家长感到耳目一新，家长也可以在联系册中写出育儿的好点子，也可以写感到困惑的问题，还可以向教师提出合理化的建议。文字的沟通更为感人真挚，教师把每位幼儿在园的表现真实而艺术地汇报给每位家长并征询家长在育儿过程中有什么宝贵的经验或存在什么困惑，家长也可以以同样的形式反馈给老师。这样，一方面节约了家长的时间——家长可针对自己的孩子的实际情况与老师进行交流，而不必为了一点点小事一趟趟往幼儿园里跑；另一方面也解除了部分家长的后顾之忧——家长反馈给老师的不一定是经验，而且仅仅是与老师进行交流。家园联系册不但能起到家园共育的作用，还能密切老师和家长的关系，既方便又实用。

（4）改革家长会的内容

家长会是家园沟通的基本方式，传统的家长会教师将一学期的工作计划、要点向家长公布，并提出需要家长配合的内容、要求即结束，就像例行公事，形式单一、内容枯燥，当请家长谈谈有何看法和想法时，家长则面面相觑，谁也不愿说，家长们感到：家长会没有收获而成了负担，开不开都一样。教师应改革这种乏味的家长会，把家长会的中心内容定位在家长感兴趣、关注的问题上。教师可以预先征集话题，也可将自己发现的问题和家长委员会成员反映的共性问题摆出来与家长讨论，如：怎样保护孩子的自尊心？孩子的要求没有达到哭闹怎么办？孩子晚上总睡得很晚怎么办？孩子无故被人打哭了怎么处理？孩子不愿与人分享怎么办等。家长可选择任一话题谈自己的看法也可以大家讨论达成共识，因为孩子在一个班，家长较为熟悉，在共享经验时，较容易对比总结反思自己的教子现状，大家畅所欲言，各抒己见，不仅学到了理论、经验和方法，提高了自身的育儿能力，而且对于教师今后开展教育教学活动，有针对性地进行个别教育也有很大的帮助。这样的家长会能解决具体的问题有实际意义，家长愿意阐述自己的想法和听取他人建议，所以家长愿意参加。教师还可以在家长会上播放幼儿一日生活的录像片，使他们能真切地看到自己的孩子在幼儿园里的生活游戏情况，既让家长了解幼儿的生活，又了解了班级的管理，从而更加配合教师的工作。

3. 家长参与班级管理

以往每谈到家园共育都会提到“配合”“参与”，实际上家长配合的多，参与的少，参与应是切切实实地加入班级的各项活动中，在班级教育管理中发挥应有的作用，参与不仅能让家长了解幼儿园的教育管理，也能了解老师了解幼儿，能使家长站在老师的角度去思考如何管理班级教育幼儿。

（1）发挥教育资源，将参与落在实处

新《纲要》指出：“幼儿园应与家庭、社区密切合作，与小学相互衔接，综合利用各种教育资源，共同为幼儿的发展创造良好的条件。”

家长来自不同的岗位，从事各种职业可谓人才济济，如果教师能充分利用这些得天独厚的教育资源，使参与落在实处，那么家园共育就会起到事半功倍的效果，幼儿教育的内涵也会更丰富。现在家长的素质较高，且有参加班级活动的愿望和能力，让家长到班级带领幼儿开展教育活动或组织一日生活的某个环节，教师可用两种方式：一是采取家长自愿，二是由教师根据家长职业指定。之前教师和家长共同探讨活动的内容，做好活动前的各项准备，教师要主动了解家长设计的活动内容、过程，帮助家长把握深浅尺度，选择安全贴近幼儿生活且感兴趣的内容，和家长共同把活动安排得更加合理、有趣、有益，从而保证了活动的质量，必要时教师可同家长幼儿共同布置相关的环境。做消防工作的家长可向幼儿讲述预防火灾和怎样灭火保护自身安全等内容进行健康教育；做英语教师的家长可定期对幼儿进行双语教学；学生物的家长可向幼儿介绍讲解及进行保护大自然和美化环境的教育；做厨师的家长可向幼儿讲解面点制作的知识等（有条件的可以带幼儿一起制作面点）。参与活动不仅丰富了幼儿的知识，同时给幼儿讲解和进行演示，会使幼儿感到新鲜增强学习兴趣，丰富知识与感受，同时也丰富了幼儿园教育活动内容，为教师和家长提供了一个经验交流和共享的机会，教师不仅从家长所拥有的专业知识、生活经验中获得帮助，而且加深了对教育、对社会的认识，也弥补了教师在某个知识领域中的不足，家长在与教师的共同策划、组织、准备中也从教师身上获取了先进的教育观念、教育技能，更加了解孩子、理解老师，同时促进了家园共育。

（2）开展亲子游戏，与家长共育共享

有孩子的地方就有游戏，游戏是幼儿的主导活动，是幼儿的生命。《幼儿园工作规程》指出：“游戏是对幼儿进行全面发展教育的重要形式。”幼儿园要“以游戏为基本活动，寓教育于各项活动之中。”《新纲要》指出：“教育活动内容的组织应充分考虑幼儿的学习特点和认识规律，各领域的内容要有机联系，相互渗透，注重综合性、趣味性、活动性，寓教育于生活、游戏之中常听有的家长说孩子每天在幼儿园就是玩，也不了解老师是怎么教育的。在许多家长眼中幼儿园的游戏就是老师领着孩子玩，孩子学不到知识。针对家长的疑问教师应首先通过各种形式向家长宣传讲解幼儿身心发展的规律及游戏的作用，使家长明白游戏是幼儿学习知识的最有效的手段。由于孩子喜爱游戏，所以在游戏中积极性最高，认识和情感处于积极的活跃状态，这时能够最有效地学习知识。正如马卡连柯说：未来的活动家的教育，首先要在游戏中开始。”其次最有效的方法是通过各种途径、方式开展亲子活动，让家长通过亲身的体验、观察、感受游戏对幼儿的作用，家长参与体育游戏、联谊会、游园、远足、区角活动等亲子游戏，让孩子和家长一块参加活动，延伸了幼儿园的教育，每次游戏前教师都要向家长讲明游戏活动的目标及如何配合，并对幼儿和家长分别提出要求。游戏中家长发现平日咬字不清的孩子能口齿伶俐的讲述表达了，平日孩子最头疼的数数问题成了孩子感兴趣的活动，并且表现踊跃。登高、爬坡充分锻炼了孩子的毅力和耐力，家长受到启发与教育，意识到要更新教育观念培养健康儿童的重要性。从游戏开始家长认真地观看孩子的游戏到情不自禁地和孩子一起玩。家长明确了游戏的这种作用是灌输教育所达不到的。

在亲子游戏中家长参与还能产生家长之间互动关系，有利于家长互帮互学、建立信任共同提高，家长主动关心班级工作，积极帮助解决各项活动中出现的困难，变被动配合为主动参与，真正调动起家长配合的主动性、积极性，使家长成为幼儿园管理的协作者、参与者。同时，在家长、教师、幼儿之间友好关系的互相影响下，家园关系更为融洽，气氛更为活跃，配合更为默契。家长参与管理，不仅有助于提高家园的教育水平，更有利于幼儿园保教质量的提高，使每位幼儿在良好的家园环境中和谐、主动、健康地发展。

第七章

蒙台梭利教育的教师与家长

在蒙台梭利教育中教师和家长起着重要的作用，只有教师和家长共同协作努力，才能使蒙台梭利教育得以继续和发展。

第一节　蒙台梭利教育的教师

教师是蒙台梭利教学法中的一个重要因素，在幼儿成长发展中起着直接作用，蒙台梭利强调：在教育中教师本身也必须随时成长，为发挥自己的潜能不断地努力。而这种成长是在帮助幼儿发展的过程中实现的，因此，教师首先要努力做幼儿活动的观察者。

一、做观察者

《新纲要》指出："关注幼儿在活动中的表现和反应，敏感地察觉他们的需要，及时以适当的方式应答，形成合作探究式的师生互动。"观察幼儿是为了了解幼儿，并以此作为教育的起点。那么我们应该通过观察了解幼儿什么？仅仅了解幼儿会做什么、不会做什么是不够的，重要的是要通过幼儿外在的行为表现来了解幼儿的内心世界，了解他们的想法，要站在幼儿的角度去看幼儿，才会有正确的教育行为。教师必须发展自己对观察幼儿的欲望和能力，教师不仅要有能力观察幼儿和自然现象，更要有观察幼儿和自然现象的欲望，教师必须了解并且明白自己是处于观察者的地位，而幼儿的活动就在于所观察的现象之中。蒙台梭利强调："儿童的生命不是抽象的，也就是说儿童的生命都是个别而独特的，其实，只有一个真实的生命现象，那就是具有生命的个体，而教育的对象就是单独的人，所以要一个人一个人分别观察。"蒙台梭利在这里所说的观察是对表现在幼儿成长及活动的内在需要，而不是只注意观察幼儿外表的成长和活动。

（一）观察幼儿的工作

工作是幼儿活动的主要形式，传统的教师在幼儿进行工作时，只是提出一系列的要求后让幼儿自己做，教师看着幼儿自由活动，没有危险发生也就可以了，而蒙台梭利教育要求教师去注意幼儿什么时候开始花一段时间专心于一项工作？那些工作是什么？他花多少时间继续工作？他对什么感兴趣？他是怎样认识这个问题的？他体验到了什么？在同一天中他又专心于哪种工作而表现出多少耐心？他是怎样表现进步的愿望的？他是怎样选择工作的先后顺序而有规则的工作？如果他的工作受到故意的干扰，他是如何重新开始做他曾被分散注意力的工作的等。例如：教师连续几天观察到一幼儿每次到盥洗室都是好半天才出来，跟踪观察后发现幼儿每次便后洗手时在水池边停留的时间都很长，一会儿用小手握住水龙头，看到水从指缝间四散流出，一会儿用胳膊支在龙头上看着水顺着胳膊斜着流下来。"×××，你干什么呢？该上桌吃饭了。"幼儿听到保育员的喊声回到活动室吃饭，吃完饭后借漱口的机会又留在盥洗室里，教师看到他在重复刚才的动作，并用小手赶着池中的水流向下水管中。幼儿的这一举动在传统的教师眼里是浪费水、捣蛋的行为，而具有正确教育理念的蒙台梭利教师则将其看成是智慧的火花，教师会询问幼儿，与之共同探讨交流，将"玩水"生成一个"水是流动的"主题与幼儿分享。因此，在实际活动中，教师要站在儿童的角度去看儿童，观察不仅仅是看，还需要教师去听、去问、去想，敏锐地察觉到幼儿真正的兴趣和需要是什么，能够及时地调整自己的活动目标以及步骤。

（二）观察幼儿的行为

行为是幼儿在工作中所引发的外部表现，幼儿在进行工作时，往往存在有序的和无序的现象。传统的教师对幼儿工作时出现的无序现象大多采用制止或指责，因为教师没有深入细致的观察幼儿，所以也就没有对幼儿行为的原因进行分析，如：玩区角游戏时，几个幼儿费了好大的劲儿才共同拼成一座大桥。当幼儿用自制的小车通过大桥时，大桥倒塌了，孩子们惊呼、大叫起来，这时没有细致地观察幼儿工作经过的教师会大声地指责："喊什么，小声点！"认为孩子破坏了纪律，全然不顾孩子的内心感受。而蒙台梭利教师应该做的是理解、安慰幼儿，从儿童的角度去体验他们的感受，并鼓励他们给他们自信使其重新再来。一个好的教师要注意观察幼儿行为中的表现，观察幼儿是否有下列的现象：因喜欢而欢呼、因失败而难过、情感的显露、沉着的表现，并且观察他在同伴中扮演什么角色，教师要认真做好各方面的记录，一对一细致地观察，针对不同情况分析原委，找出症结和解决办法，在一定的时机用不同的方式反馈给幼儿。这种观察是科学的、系统的，是顺应幼儿生长和发展规律的，所以蒙台梭利强调科学观察必须经由实践而发展成习惯。这样的观察才会成功，才会有效，才会有利于幼儿生长发展。

二、做环境的准备者和联络者

《幼儿园工作规程》指出幼儿园要“创设与教育相适应的良好环境，为幼儿提供活动与表现能力的机会与条件。”《新纲要》指出“环境是重要的教育资源，应通过环境的创设和利用，有效地促进幼儿的发展。”幼儿园环境教育就是从幼儿与环境的关系出发，探索幼儿园一系列环境因素对幼儿健康的影响与作用，研究制定幼儿园环境因素的质量要求和标准，有目的地改善、控制、消除环境中的不利因素，创设和充分利用有利的环境因素，萌发幼儿环保意识，养成幼儿健康生活方式和行为习惯，促进幼儿身心健康发展的教育。

蒙台梭利教学法中有两个主要的要素：一是环境，二是教师，教师除了是一位观察者之外，更是环境的预备者，环境与幼儿的联络者。蒙台梭利认为环境是在她的教学法中所必须要强调的第一要件。把设计环境与照顾环境作为教育过程中的主要任务，所以蒙台梭利教师要花大部分时间和精力在环境上。

蒙台梭利的环境必须是有生命的，是一个让幼儿感受到真实的场所。而且是由对幼儿成长发展非常清楚的成人所准备的，现在有许多家长和教师存在一些不正确的观念，他们要么替幼儿做一切的事，要么完全放任幼儿并将其置于被动的环境中，这种做法不利于幼儿的成长。要知道只是给幼儿适应他们身体大小及能力的环境是不够的，想帮助幼儿成长，教师要学习如何运用方法，怎样运用方法呢？

（一）改变自己的观念，采取开放的态度

教师必须使自己先成长起来，试想一个个性僵硬的人，她准备的教室一定是一个受传统思想束缚而静止的地方，怎么能为幼儿准备一个鲜活的有生命的环境呢？因此教师不能墨守成规、一成不变，教室的物品摆放要有变动，使幼儿有新鲜感，环境的布置既符合季节的变化又具有生命力。自然角是教室环境中的绿色区域，教师要使之常绿常青，各种植物的名字要制成标签易于幼儿识别，粮食和干果类要分类装瓶（透明的玻璃瓶），生活区的物品要真实，如微波炉、烤箱、刀、案板、榨汁器等便于幼儿操作使用。水果要准备新鲜干净的，让幼儿自由的切割品尝。教师要教会幼儿正确地使用这些生活用具，不能怕麻烦，幼儿是一个将来要走向社会的人，他必须要学会做这一切。

（二）教师要参与在不断变化的幼儿生活中

蒙台梭利的教室环境中有六个主要的构成因素，它们分别是自由的观念、结构与秩序、真实与自然、美感与气氛、蒙台梭利教具以及社会生活的发展。

1．自由

自由是蒙台梭利环境中不可缺少的要素之一。其原因有二，首先幼儿只有在自由的气氛中才能将自我显现出来。其次，幼儿内在具有发展自己的模式，幼儿的发展就应该遵循这个内在的规律。

以往人们所提到的自由，常常只是拒绝权威控制的一种反应，认为只要幼儿从压迫性束缚和对权威的服从之下得到解放即是自由，因而表现出无秩序且有粗野行动。实际上幼儿在这样的情况下所获得的自由，并不是出于他们的自由意志，因此并没有获得真正的自由，要给幼儿所需的自由就必须要幼儿的人格先有健全的发展及建构。蒙台梭利强调："真正的自由是一种借由教育者的帮助而使潜在的导引力量得以发展的结果。"如何帮助幼儿在导引作用下得到发展呢？首先必须帮助他们经由环境获得独立。幼儿只有在行动上不必要别人的帮助时才能学习建构自己，教师不可以习惯性地为幼儿做事，教师要对幼儿个人自由的积极表现加以引导，使他们经由这些行动而形成独立，学会独立才能拥有自由。如：叠被是幼儿一日生活中的环节，很多教师都忽略了此环节对孩子的培养，幼儿叠被可以自由地展示自己，既动手又动脑，没有约束没有压力，但多数教师嫌幼儿叠被麻烦、速度慢，不愿让其做。其实每个幼儿都有独立做事的愿望，但这种愿望常常被成人剥夺了，而成人却没有意识到，因此应充分尊重幼儿，自己能做的应该自己做，把自由还给幼儿。第二，教师必须帮助幼儿发展他们的意志，教师不可以以自己的意志代替幼儿的意志，不可以用压制的方法来约束，要激励幼儿去完成一个目标以及完成自己所选择的事情。第三，教师必须帮助幼儿发展纪律，幼儿应该有机会做建构性的工作。蒙台梭利强调"要达到纪律"，成人到不需要成为儿童行为上的指导或良师，只要给了他们工作的机会就好了，所以教师一定要记住工作的重要性。教师在日常生活中嫌幼儿坐不住、太乱，实际上幼儿因为无事可做才会乱，给幼儿适时地提供能让他专心地工作，幼儿的内在约束力就会自然形成，而不需要成人过于苛求纪律。第四，教师必须帮助幼儿发展善恶的观念。为了使幼儿区别善恶，教师必须对幼儿的任何破坏性及利己的行为严格地限制。

2．结构与秩序

蒙台梭利环境中的第二个重要因素便是结构与秩序。所谓秩序，是指保证幼儿可以利用各种教具完成一系列的活动。他可以找到他选择练习的物品，而且每一件物品都完好无缺，没有任何的破损或遗失，不允许任何人去干扰或妨碍他的工作，他也会按照原来的样子将教具归回原位。例如：幼儿做拼图工作在没有别人打扰的情况下，该幼儿可专心地做完拼图，拼完之后拆开将其恢复原样放回原位后，也就完成了一个活动的周期，同时也成为保持教室秩序不可缺少的一分子。为了帮助幼儿选择，教师应该把教具按幼儿的兴趣归类，并且按照它们的难易或复杂的程度顺序排列。虽然保持环境中的秩序是极重要的事情，但这并不表示每一项东西都必须或应该每次都摆在完全一样的位置，一位好的教师必须经常以幼儿的成长需要来改变环境中许多个别教具的位置，从而把教室环境保持成为一个有生命的地方，只要教师记得幼儿建构的根本目的是帮助幼儿培养智慧及养成对环境的信任，同时教师不需要制造静态的环境来保持教室中的必要秩序，她可以有弹性的态度与做法。

3．真实与自然

蒙台梭利环境中第三个重要因素是强调真实与自然。教师必须将外在的自然与真实内在化，只有这样，幼儿才能发展自我训练

与探索内在及外在世界所需要的安全感，成为敏锐的有赏识力的生活观察者，所以教师要将教室中的各种设备安排在幼儿能与之密切接触的地方。如烤箱、水池等都是真的东西，为了保持与真实世界的联系，每个人都不可能同时拥有同样的东西，班级中每一种教具都只有一件，如果幼儿想练习的教具，别人正在使用，就要学习等别人用完再去拿来使用。幼儿因此会明白他必须尊重别人的工作，其原因不是别人叫他必须这么做，而是因为他从现实的环境中体验到这种道理。在蒙台梭利班级经过一段时间的培养，幼儿都能学会等待，而这种耐心对幼儿的成长是非常有益的。

4．美与气氛

与自然密切的环境中的第四个要素是美与气氛。蒙台梭利认为美并不是幼儿发展中的一种特别辅助作用，它根本就是为唤起幼儿对生活的反应能力的绝对需要。真正的美是以简洁为基础，所以教师要把教室布置的简洁明快，要有整体调和感，教室中的气氛必须温暖而轻松，让幼儿有家的感觉，从而让幼儿乐于参与在其中。

5．蒙台梭利教具

蒙台梭利环境的第五个要素是蒙台梭利教具。这是众所周知的，但是它的任务却经常受到误解。由于这些教具是具体可见的东西，所以显然比蒙台梭利教育中的其他要素还有被过分强调的倾向，教具的目的也常被弄错。蒙台梭利教具不是我们平常所说的教具，因为他们的目的并不是要经由正确的用法来教导幼儿获得技能或传授知识等，这些属于外在的目的。蒙台梭利教具的内在目的是帮助幼儿在自我建构中发展，这是一种属于内在的作用，由于教具提供幼儿刺激，激发幼儿的注意力而带领幼儿进入专心的历程，因此它们也就帮助了幼儿的成长，因为幼儿发展的第一要件便是专心。所以蒙台梭利教师必须充分了解教具，并且要预先以他将提示给幼儿的方法谨慎的实际练习，以获得坚定的信心，在基本提示时，教师要把自己的个性隐藏起来，以使幼儿的注意力只集中于幼儿能注意的教具上。幼儿第一次使用教具时，教师要在一旁观察幼儿的动作，要注意不要去干扰他的自由，只是在必要的时候聪敏地对他微笑或是说一声“很好”来强化幼儿的经验，然后就让他去尽情地工作。蒙台梭利教具大致可分为四类：日常生活练习教具、感官教具、数学教具、文化艺术性教具。

6. 社会性生活的发展

蒙台梭利的环境的第六个要素是社会性生活的发展。蒙台梭利教学法最显著的效果便是儿童社会的自发创造性，这种发展是由于蒙台梭利环境中的几种因素相互作用的结果。

（1）幼儿对班级环境所表现出来的所有权和责任感

因为这个班级是实在属于他们自己的，班级的所有东西，无论是体能的、智能的以及情绪方面的，都能满足他们的需要。幼儿是主人，要自己负责维持每日的秩序及教室的整理，他们也要自己负责将用过的教具归还原位，负责清理桌面。

（2）发生在他们彼此之间的责任感

因为大部分的时间中幼儿都是独自在工作，尤其年幼的幼儿更为明显，许多人无法明白在蒙台梭利教育中这种互相关怀的社会性行为是如何发展出来的，认为只有在同一时间内幼儿做同一件事情，进行统一的管理，才会发展社会情感。其实幼儿的社会和成人的社会是成正比的，在幼儿的社会中，所谓社会性意指每一个人都从事于自己的工作，大家自由而彬彬有礼地交流、互助。蒙台梭利主张在幼儿社会性的关系上给予幼儿充分的自由，只有在他们妨碍到别人的权利时才加以限制。

（3）将不同年龄的幼儿混合在同一个班级里

一个班级一般分为 2～3 个年龄段。当一年结束时，年龄大的部分幼儿升班，另外再加入部分年龄小的幼儿，每个幼儿在同一个班级大约经过三年的时间，每一年都会有 1/3 的幼儿是新伙伴。这样混合年龄的

安排可以使班上较年长的幼儿可以自发地帮助较年幼的幼儿，有人会担心，如果年长幼儿专帮助年幼的幼儿，那么他自己的进步便会受到影响。其实不然，第一他并不是一直都在教别的幼儿，他的自由仍同样受到尊重。第二，让他教别的幼儿能帮助他更了解已知的部分，甚至比以前理解得更好。他为了教别人，必须将自己脑中所存的有限的知识再加以分析重组当一回小老师，所以他的牺牲是有回报的。

上面提到的预备环境的六个要素就是由蒙台梭利教师负责为幼儿提供的。

（三）教师的责任

第一，教师的第一个责任便是保护环境，这一点要比任何其他的一切都优先。环境的影响是间接的，但是如果没有好的预备环境，那么在儿童的体、智、能及精神方面都无法发生有效而永久的效果。

第二，教师要负责教室中的气氛和秩序，教具的布置及维护，进行各项活动的计划，尤其重要的是将所有教具维持在最佳秩序状态。蒙台梭利强调："所有的教具都要保持秩序，即便是极小的细节，一切都在完美的状态，教具中的每一件都不可有缺少，要让幼儿觉得是新的，齐备而随时可以使用"。

第三，蒙台梭利教师在环境中以身作则，以此来激发幼儿的发展，这就是为什么蒙台梭利教师必须努力成为具有适应性、温暖、热爱生命，并能自我了解，自我

尊重的主要原因。

第四，教师的外表要能吸引人，整齐、清洁、宁静而庄重，这是获得幼儿的信任与尊敬的第一步，因此教师对自身的照顾也构成幼儿生活环境的一部分。

第五，教师也是连接幼儿与环境接触的人，在这一方面，幼儿完全要依靠教师的帮助，如果没有教师的启发和引导，幼儿无法从环境中获得充分的益处，这里需要教师注意的是，在幼儿知觉形成时期，幼儿特别容易受外界暗示和影响，对外界事物敏感，所以教师向幼儿说明任何方法时都不可表现得太过热切，或太过详尽，如不然将压抑了幼儿的判断力以及自由行为的能力。

值得注意的是：如果幼儿已经会由简到难选择，并独立专心进行工作时，内在纪律已建立好了，这时教师要特别地小心，不可以任何方式干扰幼儿，以免干扰他的工作周期或妨碍他的自由发展，但是如有的幼儿不断干扰别人的话，教师必须做的事就是制止他或对惹麻烦的幼儿表示特别的关怀。

三、做幼儿发展的支持者、辅助者和促进者

《新纲要》指出：“教师应成为幼儿学习活动的支持者、合作者、引导者。”教师要树立尊重幼儿，以幼儿发展为本的理念，要明确教师与幼儿不是教与被教的关系，是共同成长的伙伴关系，教师要充分体现主导作用发挥教育的社会功能，从人的发展的角度满足幼儿内在发展的需要、满足社会对未来人的需要。因此教师本身必须随时成长，为发挥自己的潜能不断努力，才能支持、辅助幼儿发展。

（一）做幼儿发展的支持者、辅助者

教师所需真正的准备是研究自己，要训练帮助幼儿发展的能力，其中包括性格的训练，也就是精神的预备。很多时候成人因为不了解幼儿才会不断地与他发生冲突，成人也常常把幼儿变成一个空的容器，等着我们把各种知识与经验去装满它，他们并没有将幼儿视为生命发展的个体。

所以成人不能以自我为中心的高度对待幼儿，要站在幼儿的立场上去看事情，因为幼儿并不是一种空间的存在，不需要成人去填满它，幼儿有一种自动自发地能力，他们不需要成人事事代劳。很多教师认为，幼儿的能力需要成人一步一步地引导，成人的举动表示出自以为是幼儿的创造者，喜欢从自己的立场来判断幼儿作为的善恶，成人采取这种的态度，已潜意识地抹杀了幼儿的人格。为了帮助幼儿的发展，成人应该放弃以自我为中心及独裁的态度对待幼儿，成人接近幼儿时一定要谦虚，明白自己的角色只是次要的，教师必须明确，如果幼儿的人格发展需要帮助，必须抑制自己不妨碍幼儿，把自己放在次要的地位而尽其所能地去了解幼儿支持帮助幼儿的发展。

（二）以幼儿为主体，做幼儿发展的促进者

幼儿是活动的主体，表现为生来就具有的本能的强烈的学习动机，生活本身就

是学习，学习即成长，他们不知疲倦的主动探索环境，尝试活动。每一种经验对他们而言都是新鲜而受欢迎的，正是这种对经验的开放态度使他们乐于并善于学习，逐步构建自己的经验体系。在实践中表现最突出的是好奇心，幼儿的好奇心几乎是一种本能，好奇心引导幼儿探索未知、积累经验，是幼儿一切活动的动力源泉。因为幼儿的好奇心是不定向的、容易消退的，所以教师要将其作为幼儿主体性品质的重要因素加以培养。引导与保护幼儿的好奇心使之发展成为持久的求知欲，无疑是为幼儿在终身教育的社会中获取其一生的知识打下良好的基础。在好奇心的影响下幼儿与有准备的环境相互作用，使幼儿的肢体和思想积极地参与活动，逐步地构建自己的经验体系，从而体验成功，树立自信心，自信心反过来又促进幼儿更主动地探索，从而超越自我，因此教师要努力促进幼儿的这种发展，了解幼儿已有的发展水平，并提出适当的发展目标，帮助幼儿明确自己的问题，协助他找出解决问题的方法，使幼儿通过问题的提出与解决，构建起自己的知识经验体系，形成解决问题的能力，从而促进创造性的发展。根据“最近发展区”的理论因人而异的使用教育手段，从幼儿的角度认识世界，设身处地为幼儿着想，帮助幼儿明确他可能并应该达到的水平，在承认并尊重幼儿是学习主体的前提下，在教学活动中发挥引导作用，帮助和促进幼儿的全面发展。

四、做反思型的教师

教师首先要对自己的实际有所了解，并且懂得如何去客观地反省自己的能力与作为，要成为一名成功的蒙台梭利教师，这种自知的发展是不可缺少的第一步。善于反思是现代教师的一种重要教育手段，也是其不断成长、成熟、进步的重要因素。

（1）反思性教学是教学主体借助于行动研究，不断探索与解决自身和教学目的以及教学工具等方面的问题，将“学会教学”与“学会学习”结合起来，努力提升教学实践的合理性，使自己成为学者型教师的过程。教师要使自己由单纯的教育工作者变为研究型教师，由“传道、授业、解惑者”变为学习型（或发展型）教师，必须要学会反思。教师每日和幼儿在一起，有很多的经验和感受，所进行的多种活动都是良好的反思素材，如果留心去反思，便会发现在自己身上也能学到很多的东西。

（2）反思体现在教育观念转变上，传统的教师把教育看成是一次性的行为，追求的是教育的结果。比如：一次语言活动，在教师的灌输下幼儿全部会背儿歌，老师认为是完成了任务，至于幼儿理解了多少？有无疑问？是否有兴趣？是否进行思考？学习的过程中师幼是否真正地互动了？教师并不关心，只要自己教了、幼儿学了就完成了任务，幼儿只是被动的接受者，不是主动的参与者，在教师的牵引下，学这学那。只有当教师开始反思自己，真正意识到学生是活动的主体时，才会调整自己，用正确的理念指导实践，教育的行为才会转变。

（3）在反思中教师的教育观念的转变不断地深化、细化，同时能用发展的眼光去认识幼儿去反思过去的教育行为。行为的转变首先来自思想的转变，当教师在学习备课的过程中，认识到反思的重要性时，行为也就随之而改变。教师所进行的活动也由单方面传授，变成和幼儿互相探讨学习，一个新的主题也往往是在教师和幼儿共同的学习活动中产生。幼儿在学习过程中，与教师的关系由被动变为主动平等的关系，教师也改变了以往有意无意中向幼儿流露出的高高在上的气势，这一切都体现在民主的、平等的、融洽的师幼互动的气氛里，教师行为的转变会使幼儿肯于思考、善于创新，敢提出不同的想法，教师也从一个管理者变成一个促进者。

五、建立良好的师幼互动关系

师幼互动就是教师与幼儿之间的相互作用、相互影响的行为和过程。他既影响着幼儿的行为与幼儿的发展，又标示着外显的教育手段、教育过程和教育结果以及内隐的教师的儿童观和儿童的教师观。《新纲要》指出："关注幼儿在活动中的表现和反应，敏感地察觉他们的需要，及时以适当的方式应答，形成合作探究式的师生互动。"教师的体态、动作、表情、语言等等都对幼儿有巨大的影响，反过来幼儿对教师的反映和情绪也对教师产生不可忽视的作用。

（一）转变教育观念

新时期要求幼儿教师自觉地树立起新的教育观念，并将新的教育观念转变为具体的教育行为。教师首先要端正教育思想，形成适合现代社会所需的新观念，成为幼儿的引导者、启发者、帮助者，建立互相学习、互相启迪的朋友关系。随着幼教改革的不断深入，教师由传统的教育思想带来的教育观念必须要转变。传统教育模式中的"教师要求，幼儿服从"，幼儿跟着教师转，完全以教师为中心，教师说什么幼儿就该跟着做什么，时时让幼儿处在唯命是从的被动地位，完全不顾及幼儿的情绪和心理感受的做法，已经适应不了社会发展的需要，幼儿的创造力和想象力的发展都将受到阻碍。传统教育中我们常看到这样的现象，例如：进行游戏活动时，个别幼儿不遵守规则，教师便大声训斥，幼儿不服气，和老师较劲儿，老师又觉得自己没有面子，既影响了幼儿活动的情绪又中断了活动进程。那么怎样体现以幼儿为中心呢？教师应该明确一切教育活动，无论室内、户外、上课还是游戏，都应该是师幼互动的双边活动，教师对幼儿采取的态度将直接影响到幼儿的情绪，上面所说的情况如果用正确的理念指导将会有以下的做法，例如：再出现不守规则的幼儿，教师可走到幼儿面前或用手摸一下头或一个暗示的眼神，这样既不影响活动的正常进行，又不伤害幼儿的自尊心，使幼儿心悦诚服的接受暗示，遵守规则。幼儿从教师的眼神看到的不再是厌烦，而是一种期望，这种期望使幼儿变成一种支配自己的动力，他会努力做好每一件事，而期待着老师下一次的表扬，而孩子们的努力会激励教师去做得更好。

（二）转变教育行为

1．活动的组织

传统活动的组织，往往是为了应付领导的检查，停留在完成任务上，教师从不考虑幼儿的需要，至于幼儿理解了多少、掌握了多少，她们一概不知，所有活动流于形式。现在教师明确了教师与幼儿互动的作用，应该认识到只有教师恰当的指导，幼儿积极地参与，活动才会有效果，而且幼儿对活动的理解又能促进活动的开展。教师是活动的积极组织者，幼儿则是活动的积极参与者，这种双边的活动才能提高教育活动的质量，比如远足活动，教师活动前将所要去的地方，简要的目的，所需要做的准备，在远足的同时还可以观察什么都说给幼儿听，还可以让幼儿提建议，教师合理的听取采纳，这样远足活动才会有意义。

2．更新教育内容

改革陈旧的课程内容是教育观念转变后所产生的一种教育行为，以往的课程内容都是根据课程目标及上级的要求不断地调整，但与现代社会的发展速度相比，已显得过于缓慢了。在进入 21 世纪的今天，知识更新的速度已经到了我们的想象力跟不上的程度，单纯地把课程内容定位在向幼儿提供固定的知识储备，既不符合

终身教育的要求，也不符合可持续发展的基本理论，单纯的课程内容只是满足了人的基本学习的需要，而没有满足幼儿发展的需要。面对日新月异、瞬息万变的未来社会，对幼儿来说，重要的不是在幼儿园里获得了多少知识，而是是否具备在新的环境下自己获得知识的能力，是否形成了对获得知识的积极态度。传统的学习只是教师教，幼儿被动地学习，比如：教师教幼儿认识“水”的内容，只是把水的特点和作用介绍给幼儿，告诉幼儿，水是无色无味的、流动的，我们的生活离不开水，整个活动如同一杯白开水一样，平淡无味。那么如何把单方面的教师的活动，变为教师和幼儿共同的活动呢？同样的内容变换一种方式效果就大不一样，教师围绕“水”的内容，以一种平等的、协商的、求得帮助的口吻，先给幼儿布置任务：“小朋友，明天老师要和你们一起学习关于‘水’的知识，学习之前老师要查找一些资料，也请小朋友帮个忙回去和你的爸爸妈妈一起找一找关于‘水’的资料和图片，比如：水是从哪里来的？水有哪些用途？你们和老师做一样的工作，明天我们共同来认识‘水’，好吗？”老师的语气有商量、有要求、有希望，幼儿感到容易接受，愿意去做。幼儿在家长的帮助下带来多种图片和资料，活动中教师再提问水是从哪里来的？水有哪些用途？幼儿就会说出多种答案。如水是从岩缝中流出来的，是从山上流下来的，是天上下的雨，是渗到地下挖井才出的水，洗澡离不开水，做饭离不开水，洗衣服离不开水，花和树都离不开水，大家都要保护水资源，没有水我们就无法生活了等等。那么整节活动，幼儿就会由被动变为主动，教师可针对

幼儿的回答，切实合理地引导，再领着幼儿玩水，在玩水中观察“水”的渗透，在装水倒水中观察“水”的各种变化，从而更深切地理解知识。幼儿真正参与了活动，在与教师的交互作用中得到了满足，这种满足不仅仅是知识上的。因为有了幼儿的主动，教师才感到与幼儿的配合效果是如此之好，同时也更加认可理解了师幼互动的作用。

改革课程内容的还要扩大范围，不但要增加生态教育、合作教育的内容，把认知、身体、社会、创造等方面的内容规范有序地交织在一起，以保证提供给幼儿的各方面的经验的平衡，使幼儿在幼儿园不但学到知识，还学会做事，学会共同生活，学会生存，从而为幼儿适应未来社会做好知识和能力上的准备。

3．改变教学方法

幼儿园的教育活动包括教师引发的活动、幼儿引发的活动以及师幼共同引发的活动三种形式，传统教育多是采用教师引发的活动。例如：认识春天，教师在教室里布置了春天的环境，在课程内容上设计了春天的儿歌，春天的图画等，幼儿在教室里看到春天的环境有新鲜感，等听完教师朗诵春天的儿歌后，再仿照教师的范例画一幅春天的画，新鲜感就没有了。教师辛苦布置的环境在没有新鲜感的幼儿面前已不再被珍惜，而留给幼儿的只不过是学了几句“春天来，春天来，花儿朵朵开”的儿歌，幼儿对春天到底了解多少，教师心里没有数。实际上这种由教师引发的活动和简单的环境刺激不足以引发幼儿的学习和发展，只有配合有意义的师幼互动，采用师生共同引发的活动形式，才能激发幼儿的学习兴趣，并在互动中学习，由幼儿引发生成新的活动内容。教师把独自布置环境变成由教师引导下师幼共同的环境布置，活动前组织幼儿到户外观察，教师把幼儿分成不同的组，每组设定组长，组长负责分派任务，有布置树干的、有布置草地的、有布置天空的、有粘贴、有画、有剪。个别、小组、全班的活动之间保持平衡，引发幼儿发生师幼互动，幼幼互动，同时发挥幼儿感官多通道的联合作用，把看到、听到的春天内容说出来，把听到、看到的画出来，这样班级的环境中都有幼儿的杰作，幼儿就会格外珍惜作品，教师也可让幼儿自己评价作品，因为评价是基于对外界环境的欣赏、观察、认识，所以幼儿会表现出极大的兴趣和成功感、愉悦感，教师也用不着大声喊：“不要把墙饰撕坏了”等告诫的话了。寓教于动、寓教于乐，师幼之间的活动交流也充分体现出来。

4．教学形式多样化

传统的以教师为中心，以传递知识为目的的课堂组织形式，很难调动幼儿的学习积极性、创造性和主动性。教师教起来没精打采，幼儿学起来枯燥无味。只有改变单一的课程组织模式，建立起多元化的综合课程体系，也就是说让幼儿在幼儿园各种教育因素与周围环境的相互作用中获得发展，实行一种扩展性教学，才会调动幼儿学习的兴趣。例如：教幼儿认识“青蛙”，教师先布置任务，让幼儿同教师一起收集有关青蛙的资料，教师再把幼儿收集的内容归纳整理，把知识扩展开，以青蛙的演变、青蛙的习性、青蛙的朋友、青蛙的敌人几方面为主线，再把每一方面细分，每一方面都让幼儿用自己收集的资料来讲解，让幼儿成为积极的参与者，对青蛙做一个整体的了解。为使幼儿有一个感性认识，同时还可在班级自然角中养殖蝌蚪，教师和幼儿每天观察并画下蝌蚪的生长变化。教师与幼儿共同的学习，获取经验，感受成功，幼儿自主地选择所需的内容，这种形式灵活、新颖、幼儿易接受，教师在参与幼儿的自主性活动中，使师幼互动平等、和谐的发展。

（三）转变情感交流的方式

教师与幼儿之间的关系不是单纯的教育者与被教育者之间事务性的关系，而是带有明显的情感性特征。在某种程度上幼儿对教师的依恋与他们对父母的依恋一样，也是以情感为纽带的。情感维系着教师与幼儿之间的互动关系，而教师的情绪又直接影响着师幼互动的效果。

幼儿园常常要求教师“微笑”服务于家长及幼儿，接待家长时，教师对家长微笑，家长走了以后，微笑也往往随之退去，教师认为只有板着脸才能管住幼儿。实际上一张生硬的脸和不良的情绪带给幼儿的是紧张和害怕，在这种情绪下无法产生情感的交流。板着脸不是管住幼儿的办法，对幼儿微笑幼儿会亲近你，会更好的配合你，从而建立起牢固的感情基础，促进师幼交流。

（四）转变言语、非言语交流的方式

每一个幼儿都希望得到教师的肯定和赞扬，这是幼儿社会性情感的表现。对于幼儿的进步，哪怕是点滴进步，教师都要及时地做出积极的反馈，如点头、微笑、亲切的抚摸、拥抱、语言肯定和表扬。这种正强化都可以帮助幼儿建立自尊、自信。有这样一个例子：有一次教师试着在班里找一名平时不太爱说话的小朋友，摸着她的头说：“××，今天老师请你给小朋友分球，老师相信你能分好。”××分完后对老师说：“老师，小朋友多，球少，不够分了，我又拿些毯子分给没有球的小朋友啦。”老师吃惊地看着这个曾被自己忽略，又不被重视的孩子，一时语塞。事后在笔记中写道：不是这些孩子没有能力，只要老师给予他们机会，肯定、支持他们，哪怕是一个亲近的眼神，一个手势，都会使这些孩子增强自信、发挥潜能。

之后这位教师开始试着去亲近每一个幼儿，效果非常好，她发现了班里那么多的“好孩子”。一次室内游戏教师组织幼儿拼七巧板，平时不太爱说话的××小朋友非常着急地拼着，反复几次都没有成功，教师走到他面前，微笑着抚摸了一下他的头，像是告诉他：别着急，你一定行。××受到教师的鼓励，很快就拼了出来。言语、非言语交流的方式很适合性格内向的幼儿，因为他们平时在班级不太爱讲话，活动中不爱回答问题，教师如果不去叫他（她），这些幼儿就始终和教师保持一定的距离，无法进行师幼互动。教师应主动接近这些幼儿，多向他们提出问题，并在幼儿回答之后给予肯定、赞扬，这样才会拉近教师和幼儿之间的距离，从而加强了师幼互动关系。教师现在已学会用身体动作向幼儿表示自己的情感和态度，经常地走进那些预期采取否定态度的幼儿，拍拍他们的肩，摸摸他们的头，向他们表示无声的支持和赞扬并能用视线与他们交流，告诉幼儿老师正在关注他们。

教师与幼儿之间的互动关系是一个需要教师不断反思、不断领悟的过程，而且这样的过程具有反复性，教师要时时提醒自己把幼儿放在主体地位，任何活动都需要教师和幼儿共同参与、相互作用，从而更好地促进师幼之间的交流。

第二节　蒙台梭利教育的家长

蒙台梭利在对教师提出要求的同时也阐述了家长的责任和使命，孩子是在教师和家长的共同教育下成长起来的，在其生命历程中家长的作用不可忽视。

一、家长的使命

家长的重要使命是为孩子在社会中建立一个正常的住处，凡是孩子所需要的事情必须列为优先，因为人类要求进步，必须将希望寄托在孩子身上，家长必须拯救他们的孩子，家长必须将自然交托的使命铭记在心。

现在很多家长没有尽到责任，相反心不在焉，认为只有吃好、穿好、照顾的好就可以了，所进行的教育也只是认字、算术、背诗等，做父母的除了要为孩子争取在社会中的权益以外，更应对自己孩子的生命与发展负重大的责任。蒙台梭利强调父母对孩子早年的责任，但她认为这并不是因为孩子是父母所生，父母对孩子就有完全的控制权，相反，孩子需要靠自己来完成自己，父母的权威只有当能够对孩子在形成自己的工作上有帮助时使用才被认为正常。她强调：“父母亲能担任的角色是监护人而不是创造者。”

父母如果知道自己并不是人生的建造者，而只是在建造过程中的合作人，那么他们会善尽自己真正的责任，把权威用在能给予孩子的帮助上。这样才真正发挥了父母亲伟大的权利。

二、与孩子一起成长

父母亲在面临孩子成长时也必须不断地面对挑战与孩子一起成长。如果父母想要与孩子一起成长，就必须先发展、观察孩子的能力，在喜欢、爱的基础上接纳他们，就必须愿意接受孩子缓慢步调，而且相信孩子才能做到。

在现实生活中，很多父母看到孩子花了很大的工夫去做一件成人看来完全无用的动作，或是看到孩子做一件太琐碎而成人可以立刻作完而且做得更好的事情时，父母就会情不自禁地想参与动手帮忙。大多家长都有过这样的经历，早晨孩子起床后自己穿衣服，家长急得一把抓过衣服三下两下套在孩子身上，接着又连拖带拽的给后子穿上裤子、袜子、鞋，给孩子洗脸、刷牙将孩子喂饱，在匆忙中不断地唠叨孩子这也不行那也不会，孩子已习惯了家长的做法，像个小木头人一样任由其摆布。因为成人的生活步调较快，常急着用最有效率的方法去完成工作，有时候看到孩子做一件没有必要的事，而且动作又不同于成人的拍子，行动的方式也不同于成人，成人总觉得不耐烦。所以便会不断匆匆忙忙地催促孩子做事情。蒙台梭利认为这是："鲁莽地拖着孩子作人生的跑步旅行"。所以父母一定要心情平静，动作缓慢这样才能让孩子清楚地观察到成人动作的全部细节，如果成人始终不放弃自己所习惯的迅速而有力的步调，以成人的意见代替孩子的意见，那么他不但无法启发孩子，相反地还会强迫孩子去继承成人的性格。所以要学着放慢步调与孩子做缓慢的努力，父母亲要学着和孩子一起成长。

三、让孩子自由的尝试

孩子到了可以自己做某件事情的时候，成人和孩子之间的冲突便会开始，父母显然深爱自己的孩子，但也有可能成为孩子生奋斗过程中的第一个敌人，在孩子成长的过程当中，这是人生的第一场争斗，而争斗的对手却正是他的父母。发生这种情形的原因是父母并不了解孩子与成人不同，成人的自我形成已经完成，但是孩子仍然是正在形成的阶段。

当孩子开始发展走路的能力时，父母就不断地干扰他，父母最常说的一句话是"拉着妈妈（爸爸）的手"，总是不断地提醒孩子"别跑，别摔着"，一方面是因为顾虑孩子的安全，而另一方面则是因为不愿意或不能放慢自己的脚步来配合孩子。

孩子第一次伸出幼小的手去触摸东西，这种动作的冲动是代表着孩子想洞察世界的自我努力，应该会使在旁观察的成人充满惊奇和尊敬，但是成人却害怕孩子伸出小小的手去碰无价值、无意义的东西，为了保护这些物品不要让孩子碰到，总是不断地反复告诉孩子："不要动手、不要乱摸，要安静"，而孩子总是故意玩弄一下别人正在使用的所有东西，只要可以做同样动作的东西即可满足。有很多成人让孩子自由地摸东西，但是结果变成支配孩子。如孩子看到成人手拿勺子盛饭想跃跃欲试，一种家长直接否定："你不行，别烫着。"丝毫不给孩子尝试的机会，孩子最初敢于尝试的勇气也被家长打消了。另一种家长找来与饭勺、饭盆相似的物件让孩子操作（危险系数不大），但却在一旁指手画脚："不对了，往里舀，手把住上边，水别洒外边……"那么多的指导，孩子虽然自己在做，但主动权仍在父母那里。

父母把孩子服侍到不必要的程度，使孩子没有机会展示出独立活动的能力，事实上受服侍的人是受到限制的，如果给孩子太多不必要的服侍，不但会使孩子停留在未发展阶段，更会形成负面的性格。常听家长抱怨自己为孩子做了那么多，多么辛苦等等，实际上教孩子比帮孩子要累得多，教孩子需要耐心，只帮不教的家长并没有尽到责任，如果想要孩子独立地运用本身的特殊能力，就必须正视这种不必要的帮助，家长千万记住这种帮助对孩子自身自然能力的发展是一种阻碍。家长一定要清楚地了解自由的重要性及其影响，以为自由就是将责任及义务降到最低限度的想法必须加以排除。我们给孩子的自由绝不是从父母和教师那获得解放的自由，也不是脱离自然法则、脱离国家社会规范的自由，而是为了孩子自我发展及自我实现所需要的最大自由，这是与服务社会并不相悖的，只有成熟又自信的父母才能给予孩子真正的自由并给予发展中的指导。

四、培养孩子善于思考独立地解决问题

每个做家长的都希望自己的孩子聪明，也常常夸自己的孩子如何聪明，能背几首唐诗等。聪明不仅仅体现在会背几首唐诗，认识几个汉字，而是看孩子会不会思索，会思索的孩子，在遇到问题时往往主意多，解决问题的能力强，教会孩子思索就是培养孩子的思维能力，当孩子有了一定的思维能力时，就会独立地解决问题。在解决问题的过程中，如果父母依据孩子认识发展的规律启发孩子尝试不同的解决问题的方法，让孩子在失败与成功中总结经验，将会收到事半功倍的效果。

（一）“做”是孩子思索的前提

试想所有事情都靠父母代劳的孩子怎么会思考呢？比如：两个孩子穿衣服，一个一直是由父母包办，每天穿得很舒服，没有穿错、穿反、穿倒的不舒服的体验，他也就没有对这件事思考的过程。另一个孩子在父母的指导下自己练习穿衣服，有时会穿反、穿错，他会感到不舒服，就会脱下来摆弄、思索，如何穿正确，穿得舒服，这是在做的前提下产生的思索，只有让孩子做，在具体形象的事物中体验失败和成功，才会发展思维，失败会促使他反复尝试思索，成功会使他感受喜悦，对新的尝试更有信心。

（二）启发孩子用不同的方法解决问题

方法是在具体的情境中经过思索产生的，孩子刚刚出生时，没有任何的解决问题的经验，而解决问题的方法是通过成人的启发教育在总结、思考中得来的，家长和孩子在一起游戏时，这样的事例很多，比如孩子玩球，当球滚到了床底下，孩子以自身的经验很快就知道钻进床下就可取出，这时候会有三种情况发生：第一种，家长替孩子取出。第二种，由孩子钻入床下取出。第三种，家长启发孩子想一想有没有一种办法不用钻床下也能取出？孩子不钻床，试一下由于胳膊短取不到，家长再启发，可不可以试试用别的东西帮你的忙呢？孩子会拿来妈妈的毛衣针试了几次未成功，后又拿来扫帚把帮忙取出球，兴奋不已，显然，第三种的家长最聪明。孩子在尝试中从失败到成功，独立的解决了问题，是思索和总结的结果。如果没有思

索和总结，失败永远不可能成为成功之母，成功也难以发挥更大的迁移效应，因此孩子在做事之前，家长要有意识地多启发孩子想一想：你打算怎样做，为什么？做完后让孩子总结一下，帮助孩子找到规律，使知识经验转化为自己的策略。因此，家长不仅要孩子独立动手做事情，还要孩子独立动脑筋去想问题，正如陈鹤琴所说的，凡是儿童自己能做的就让他自己去做，凡是自己能想的，就应该让他自己去想，培养孩子独立思考的习惯和能力。家长要不断地给孩子提问题，让孩子思考，启发孩子想问题，而不是有问必答。

五、强化自我服务意识，让孩子做力所能及的事

孩子的独立性是在实践中培养起来的，凡是孩子自己能做地让他自己去做，不要代替他，这是一个教育原则。

家长要提高孩子的自我服务意识，锻炼孩子做力所能及的事，并且要建立一定的常规，自己吃饭、自己穿衣、自己如厕、自己整理玩具，不同的玩具放在不同的地方，玩具玩后要放回原处，在家里给孩子制定作息时间，到了玩的时间尽情地玩，该休息就安心休息，日久天长使其形成好习惯，同时家长在培养孩子习惯时要讲究方法，当孩子做得不好时，不要求全责备，也不要看孩子做不好，马上去替代他；当孩子不愿做或哭闹时，不可硬性强迫而是要转移目标采取冷处理让孩子选择，只要孩子愿意做，不论做得如何都应该积极鼓励他，采取正面强化保护他的积极性，使孩子建立自信，从而进一步增强独立性和自我服务的愿望。同时家长要以身作则，为孩子做榜样，创建整洁的家庭环境，并且要持之以恒，不可以家长的心情随时变化要求，也不要因为孩子的“威胁”放松要求，需要强调的是：家长要统一要求，并且随机进行教育，使孩子在家长持之以恒的努力下，形成良好习惯。

如果孩子已形成一定的自我服务意识，家长还可以根据孩子的年龄、特点和自身状况分配给孩子一些家务，比如擦桌子、分碗筷、洗手绢、收拾房间、浇花。这些都需正面引导，在引起孩子的兴趣下主动地去做，不要使孩子生厌，而失去做事的愿望。

六、培养孩子的交往能力，使之爱交往、会交往

现代社会要求人们具有更广泛的合作精神，这就需要下一代有较强的交往能力，交往能力是孩子社会性发展的重要内容。孩子在与伙伴的交往中交流知识、经验与技能，在交往中认识自己，了解他人，体验欢乐和痛苦，并从中培养同情、分享、合作、友爱等良好的情感和行为。

家长应该了解伙伴交往是孩子的需要，不要把孩子之间的玩看成是无意义的消磨时间，在交往中能培养孩子的活泼开朗的性格，愉快的生活。这种交往的机会需要家长提供，家长应消除怕孩子吃亏的心理障碍，认识到交往能力发展的重要性，

为孩子创造与伙伴交往的机会，不要限制和阻挠孩子的交往。当孩子有了交往的机会时，家长要珍惜，如需介入就要正面引导，切不可参与处理矛盾中，要相信孩子的能力，因为他们能自己解决问题，并且在交往中还能站在他人的角度理解他人。在孩子体验到交往的快乐时，及时的教给孩子交往技巧，教孩子学会主动的方法，允许孩子带小客人来家玩，与小朋友共同分享自己的玩具、食品等，使之克服以自我为中心的行为，与小朋友团结友爱、尊敬父母长辈、礼貌待人，那样孩子就会爱交往、会交往。在孩子交往过程中家长要注意在新环境中表现的轻松愉快，不要在孩子的面前表露出对新环境和陌生人的排斥。家长要尽可能为孩子创造与外界接触的机会，鼓励孩子不断地适应新环境，为将来走入社会成为健康人奠定良好的基础。

第三节　家长如何帮助孩子

德里马洛依对家庭教育法的要点阐明如下：

1. 怀着“尊重与体谅的心情”与儿童接触

而且要使儿童感到他使家长重视。需留意的是：当幼儿与你说话时，家长一定要蹲下或弯下腰来，眼睛看着幼儿侧耳倾听，这样幼儿会与你无话不谈，家长和孩子的关系也就会非常融洽。

2. 儿童的变化很快，家长要注意与幼儿建立起比较有弹性的亲子关系

通常情况下，家长过分地把幼儿看成是长不大的孩子，一味地迁就放松。应该看到的是，幼儿正以惊人的速度在发生着变化，无论生理的还是心理的；所以家长要随时给予幼儿一定的约束和纪律，并且根据实际情况进行修改。

3. 让幼儿自小就过着有规律的自由生活

在共同生活中，家长与幼儿应共同遵守一定的规则，也可以和幼儿共同制定规则来遵守，在此之下幼儿可以自由的活动。

4. 要注意到幼儿的时间感觉比成人的缓慢

与儿童一起工作，要尽力放慢动作，决不可催促。应在一定的要求下给幼儿充足的工作时间，让孩子按照自己的时间进行工作；家长要尽可能的抽出一段时间与孩子一起工作，这对幼儿的教育有着不可估量的效果。

5. 尽量与孩子一起从事实际生活的工作

家长与孩子最好一起从事儿童所能承担的家庭实际生活的工作。如果儿童有愿意而且实际上做得到，最好让他放手去做。比如，自己穿脱衣服、自己吃饭、自己收拾玩具、自己选择活动等；家长不要怕麻烦，不要感觉到幼儿做得慢，做得不好，

试想没有失败哪又会有成功呢？家长应该看到的是，幼儿在活动中的乐趣以及工作结束后的成功感和满足感。

6．要尽量给儿童选择的自由

家长不能总是将幼儿看作是一个不懂事的小孩子，事事都要家长来为孩子做主。实际上，幼儿有自己的意见，自己的好恶，家长不应将自己的感觉强加给幼儿。而应该把幼儿看作是一个有思想的个体来对待和尊重，可以在一些不违反原则的事情上尊重一下孩子的选择，锻炼孩子的判断力当幼儿的选择正确时，家长应及时给予恰当的鼓励，用称赞的口吻带给孩子自信。

7．要尽量提供给儿童成功的机会

在日常生活中要尽可能地提供给幼儿成功的机会，使儿童体验成功的喜悦，确立自信，并丰富其自发性。

8．尽可能地以肯定的态度对待孩子

即使不是直接的训斥，如果家长使用“不好”“还不行”“你真笨”等否定的语气还是容易导致儿童情绪消沉，会觉得自己真的没有用，会产生自己不如别人的自卑感而丧失了进取心；相反，如果家长多以鼓励赞赏的语气对待孩子，则会让幼儿自己感觉很能干，什么都难不倒。

9．父母亲要多与孩子谈话，多用正确的语言规则交谈

与孩子谈话时，尽量采用正确语言，不要因为自己对孩子的那份爱而就经常使用重叠的词汇，这样不利于幼儿语言的学习和掌握。尤其是学龄前时期是语言发展的关键时期，他将在与家长的交谈中，不断学习语言来提高自己的语言表达能力。家长如果能够正确认识到这一点的话，就应该在日常的交谈中清晰具体的表达，使幼儿学会运用语言。

10．尽量提供儿童使用真实的东西

儿童喜欢使用与成人物品相同的实物，在日常生活中家长要创造条件、提供机会让幼儿使用与其体格相当的且品质优良的美观的实物。

11．家长是孩子的榜样

儿童以家长为学习的榜样而形成自己的人格，在家庭生活中，家长的善与恶、好与坏，以及对待事务的看法和处理方法，都会对幼儿的人格形成产生巨大的影响，这一点请家长务必铭记在心。

12．多制造与其他幼儿在一起的机会

一般 3 岁以前的幼儿与其他幼儿交往的机会很少，家长一是害怕孩子被别人欺负，二是怕感染疾病。在这种情况下长大的孩子，多数不会主动地去找朋友进行交往，比较胆小害羞，长期下去孩子将会自我封闭，给家长给孩子带来永久的伤害。因此从三岁开始，家长就要尽可能地寻找一切机会，让孩子进行交往，由此来发展幼儿的智慧和培养社交能力。

13．要为孩子选择优秀的幼儿园

幼儿园不是家长托放孩子的地方，也不是幼儿游乐的场所。要认识到幼儿园是幼儿接受教育的第一所学校，对幼儿的身心发展与正常发育会产生深远的影响。幼儿园的水平水准各不相同，家长应当尽力去选择优秀的幼儿园。

如何帮助孩子是家庭教育的核心，也就是一般所说的“家长应该教孩子哪些东西”。蒙台梭利教育法的要点并不是家长或教育者“应该用什么方法，怎样教孩子”，而是指家长或教师“如何协助孩子的自我发展”，要培养孩子能够自动的提出“帮助我独立去做”的要求；这时家长与教师需要从外部协助孩子的发展，当儿童积极地向家长或教师恳求协助解决疑难之处时，要尽力给予必要的协助，这是蒙台梭利教学法的精髓。家庭“帮助孩子的方法”就是蒙台梭利家庭教育的中心。

第八章

深解蒙台梭利教育内涵：科学发展下的新模式

科学发展是当代世界的主题，也是当代中国的主题。围绕这一时代主题，从 20 世纪 50 年代开始，国际上就产生了以不同世界观方法论为指导的发展观。纵观这些不同的发展观，其基本问题都是围绕“什么是发展、怎样发展”和“为谁发展、靠谁发展”而展开的。而蒙台梭利教育就是一种科学发展的新模式，其教育内涵是发展幼儿教育的最好体现。

第一节　蒙台梭利教育的特殊与重要

（1）蒙台梭利教育之特殊

蒙台梭利教育的特殊之处，已在前面的章节里有基本的论述。它主要的特殊之体现在于是使人（指具有生物性的人）成为人（指具有人格的人）。通过蒙台梭利教育形成人性，通过蒙台梭利教育构建人性。蒙台梭利教育不是随随便便的教育，是在适当的时期利用适当的方法让孩子成为具有人格的人。它又具体反应在：蒙台梭利教学法、创建儿童之家、幼儿黄金潜能期的教育、让孩子“工作”成长的本能教育、编制适合孩子的教具以及有准备的环境等几个方面。

蒙台梭利强调儿童是和成人截然不同的独立个体。成人必须重新看待孩子，发现孩子存在的价值，而不是任意将自我意识强加在孩子身上，而磨灭了儿童的人格意识。

她还以科学观察、验证的精神，发现了儿童成长的自然法则，即儿童具有自我学习、使自己趋于完善的潜能，也就是说孩子致力改善他自己。然而由于成人不适当的引导或环境的影响，孩子会出现偏差行为，如不整洁、不顺从、怠惰、贪婪、自我中心等等，因此蒙台梭利强调环境和成人的重要性，如果我们不能看见孩子的本来面目，将无法协助孩子正常地发展。

蒙台梭利科学幼教的借由诸多特殊方式协助孩子建构完善的人格。而专注则是孩子打开内心宝藏的一把钥匙，孩子必须在自由选择与专注的气氛下，才能增强他的能量与心智能力，进而达到自制的境界

（2）蒙台梭利教育之重要

伴随着经济的快速发展，独生子女越来越多，更多家长深刻的意识到早期教育的重要性和必要性，都已经认识到生命最重要的时期，是幼儿时期，并非大学念书时期，从出生到六岁，蒙台梭利教学法就是这样一种注重幼儿敏感期的科学的教育方法。

众所周知，感觉教育在蒙台梭利教育体系中占有重要的地位，并成为她的教育实验的主要部分。在她的著述中，有大量篇幅专门论述感觉训练、运动训练与智力发展以及感觉教育与纪律教育、知识、技能的培养的关系和密切的联系。

她认为，感觉教育的主要目的是通过训练儿童的注意、比较和判断的能力，使儿童的感受性更加敏捷、准确、精练。在她看来，学前阶段的儿童各种感觉特别敏锐，处在各种感觉的敏感期，在这一时期如不进行充分的感觉活动，长大以后不仅难以弥补，而且还会使其整个精神发展受到损伤。因此，在幼儿时期进行各处感觉教育显得至为重要。

同时，她认为感官是心灵的窗户，感官对智力发展具有头等重要性，感觉训练与智力培养密切相关。在她看来，智能的培养首先依靠感觉，利用感觉搜集事实，并辨别它们，而感觉训练也是初步的、基本的智力活动，通过感觉训练使儿童对事物的印象清晰、纯正，这本身就是一种智能和文化的学习，是智力发展的第一步。

再者，她还认为，人的智力高低与教育有较大关系，通过感觉教育可以

在早期发现某些影响智力发展的感官缺陷，并及时采取措施使其得到矫治和改善。蒙台梭利基于对感觉的极大重视，使感觉教育在她所提出的运动、感觉、语言和智力操练这一程序教学结构中处于十分重要的地位。

另外，蒙台梭利还特别提出了自己的儿童观，一切要以儿童为主，成人则是儿童自我发展的辅助者，儿童是独立的个体，不是缩小的成人，不是动物，儿童是成人的初级形态，儿童的发展要遵循其内在的生命规律。

蒙台梭利博士几乎在每次演讲的时候都会说：“Help me do it by my self”。这是

她代全世界儿童发出的来自心灵深处的呐喊。她的那句：“我听到了，但随后就忘记了；我看到了，也就记得了；我做了，我就理解了”更是被数以千万的教育工作者视为至理名言。

从以上说明中可以看出，蒙台梭利教育，在幼儿时期起着不可或缺的作用，更重要的是，对幼儿的影响是不可衡量的。

例：

罗森塔尔效应

希腊神话中，塞浦路斯国王皮格马利文是一个技艺超群的雕塑家。有一天,他完成了一个少女的雕像，雕像如此完美以致国王本人也深深地爱上了这个雕像。国王的爱情感动了爱神阿弗狄罗芯，爱神给雕像注入了生命。皮格马利文的幻想成为现实，从此，遂有了塞浦路斯人。

罗森塔尔是美国心理学家，1966 年他做了一项关于学生对成绩期望的试验。他在一个班上进行测验结束后将一份“最有前途者”名单交给了校长。校长将这份名单交给了这个班的班主任。8 个月后，罗森塔尔和助手再次来到这个班上时，名单上的学生成绩大幅度提高。同学成绩提高的秘诀很简单，因为老师更多地关注了他们。

每个孩子都可能成为非凡天才，但这种可能的实现，取决于父母和教师能不能像对待天才那样的去爱护、期望、珍惜这些孩子。孩子的成长方向取决于父母和教师的期望，简单地说，你期望孩子成为一个什么样的人，孩子就可能成为一个什么样的人。

第二节 蒙台梭利的教育智慧与精神

在蒙台梭利教育环境里我们可以看到，只要学习了一段时间的孩子，大家即会被孩子们的独立性，自控能力、秩序感折服。他们在操作工作中的观察能力、动手能力，小朋友之间的合作能力和浓厚的学习兴趣等等，都是蒙台梭利教育智慧的真实体现。

“Follow the child”是蒙台梭利教育的精神，其精神及智慧从教具的种类内涵就可见一斑，依荷兰新屋公司 20 世纪 80 年代的目录，蒙台梭利教具有 349 种之多。但实际上哪些是蒙台梭利自己所创制，却很少有人去研究，可见有一些必是经由后人自己发展出来的。其实这相当符合蒙台梭利的教育精神，因为她自己就不曾认为蒙台梭利教学是一种永恒的结论。她明白生命具有变动性，所以随着时代变通，教育的发展必会有些因循，也有所创新。这其实很合乎蒙台梭利教育法的精神以及目标。

（1）充满智慧的感觉目标教育

蒙台梭利认为，教育具有生物学与社会学上的两种目的，前者是为了帮助个体自然的发展，后者则是协助个体适应环境，也就是教导个体如何利用环境。所以蒙台梭利的感觉教育从这两方面的目的而言，便具有重要的价值，因为儿童是利用感官来建构自我并适应环境。

儿童并非一张空白的白纸，不是空无一物的。蒙台梭利的感觉教育扩大了儿童的知觉领域。知觉包括感觉。

感觉的熟练应当是儿童成为人的基本作用之一，儿童运用它来确认自己与环境以及自己与他人的差别，并使自己的各个重要器官灵活动作。当然，具有极高敏锐度的感觉，并非人人都能达到，然而当儿童愈能充分且正确的使用感官时，他便愈能增强其熟练度，智慧也就能够正确灵活地运用了。所以，蒙台梭利主张感觉教育的目标之一便是：经由反复练习使各种刺激所引发的不同认知，锻炼的更精致。

蒙台梭利认为：如果我们的感官能够联系得更加敏锐，那么即使只是属于芸芸众生中的一点短暂的成就，也是具有极大的价值，因为就在这一刻，个体发展出了基本的概念，形成了的智能模式。我们不得不惊叹蒙台梭利的敏锐发现，这种感觉形成的智能模式教育其实就是一种充满智慧的创造。

（2）奠定智慧发展基础的育人法

蒙台梭利教育在重视生活能力培养的同时，更注重早期智力、智慧的开发。其在尊重孩子人格尊严及其成长的过程中，从促进儿童身心发育角度去设计教学，为孩子一生奠定智慧与品格的良好基础。

作为一个育人者，我们有必要懂得，智慧发展的基础源于知觉、感知。而此基础的产生分为三个步骤：信息的收集、转换以及大脑的加工。那么，奠定智慧发展基础的幼儿早期教育法，就需要从这些步骤里找到并扩大这个智慧的领域。

搞过人体研究的人都知道，人和动物的身上都存有只对某些类型的刺激产生反应的感受器，而由环境所提供的刺激，也并非是被动的通过感受器中的神经冲动来传递给大脑，大脑也是主动的通过过滤、转换、编码和整合等过程，而这些讯息的处理都需要大量的神经元。

换句话说，神经元活动频率的高低，就有可能成为儿童智力发展的基础。鉴于神经元处于如此重要的位置，我们就需要知道它的发展历程才能有针对性的帮助儿童为其奠定智慧发展的基础。而经过心理学家验证，神经元开始形成时期是在 0～1 岁，2～3 岁是属于加速期，到了 7 岁神经元的成长就基本完成。

综上所述，我们知道蒙台梭利教育的智慧在于给予了儿童一个充满刺激的环境。而这个环境，正是正常的、美的、有秩序性的蒙台梭利教室，以及一位做好精神预备的蒙台梭利教师。一个充满刺激的环境是奠定智慧发展基础的载体，蒙台梭利这充满智慧发展基础的育人法，是优化、扩大儿童知觉领域的最佳途径教育法。

（3）将秩序与智慧完美结合的教学法

一位幼儿园老师曾与一所国际幼儿园为邻。她说：外国小孩挺奇怪的，平时疯得不得了，可是一旦老师发了令，就能一下收住。咱们的幼儿园平时管得严，一旦放开，孩子疯得根本收不住。孩子越疯得收不住，老师就越不敢放，形成了恶性循环。而蒙台梭利教育却将秩序与自由有机地结合起来，在充分尊重孩子选择的前提下使规则内化，这种教学法有助于我们走出传统教育的怪圈，培养出新一代的好公民。

蒙台梭利教育将秩序与自由的结合，实属于一种开发孩子心智的教学法，'孩子可以自己决定玩什么，玩多久。可是，这种自由是有前提的，孩子必须遵循一定程序。比如，把一样东西收拾好，然后再玩下一样。有了秩序，才能保证自由活动的有效进行，教室里不会乱作一团。而另一方面，正是因为有了充分施展的自由空间，孩子的能量有了适当的去处，好秩序也就自然而然地形成了，但这所体现的根本，更是一种将秩序与智慧完美结合的教学法。

蒙台梭利认为两岁半到三岁的儿童，在无意识状态下了累积了繁多的感觉印象，而这些印象在没有整理的情况下，变得混乱而模糊，此时的儿童是一个不清楚自己所拥有着的、模糊不清的智慧财富，如果透过成人或专家的协助，来了解其价值并能加以编目、分类，即可以成为完全控制这些财富的主人。

因为孩子在三岁前处于无意识的吸收状态，孩子在日常生活中所经历的事物是丰富多彩且纷繁复杂的。如果将这些事物以形态、色彩或数目等形式加以分类并表现出来，即可使围绕在孩子周围的混沌世界逐渐形成有秩序的状态。

蒙台梭利正是为了协助儿童拥有井然有序的心智，设计了一系列的感官教具与活动，并认为这个年龄的儿童所持有的敏感期，是有助于这种辨识与分类活动的。当儿童从事感知活动时，会立刻与遗留于记忆中的概念相互联结，使儿童将外界事物与语言加以联结而理解，例如大、小与红、黄的不同，儿童能理解到前者是体积，而后者是颜色的差异，并逐渐认知各种序列的对应活动，随着知识基础的奠定与累积，儿童的自我世界与不断地扩展而愈加地丰富。

（4）培养儿童自觉主动地探索精神

蒙台梭利的教学环境、教具是潜在的老师，我们知道适宜的、情趣化的环境更能轻易地吸引孩子们去感觉、去操作、去探索。

在蒙台梭利教育的各个场所，都注重情趣化环境的创设。我们在其情趣、感觉功能的基础上，充分发挥儿童玩具橱以及桌面、橱面的功用，提供各类源于儿童生活、具有情趣的材料，鼓励孩子们积极自由的探索、活动，使他们能够根据自己所扮演的角色来自由装扮自己。由于有了环境、教具内涵功用智慧的支持，孩子们的活动就更富有情景性和目的性。

蒙台梭利在使儿童拥有一定限度的自由环境的同时，更提供了一套能够增进儿童主动探索能力、促使儿童认知发展的教具。透过有系统而有次序地操作教具能为儿童奠定稳固的智慧基础，从而培养了儿童自觉主动地探索精神。

儿童本身有自主学习的需求和能力。因此，蒙台梭利教具都摆放在低矮的架子上，供孩子自由取放。蒙台梭利教具的设计遵循由易到难的顺序，不让他们因经历失败而失去自信。蒙台梭利教具都具有自我纠错功能，孩子自己发现、改正错误，培养儿童自主探索的信心和能力。

随着儿童各种感官的逐渐敏锐，他将成为一位环境的主动观察者与探讨者，也就是“对环境的自发研究……探索精神的自然爆发”，当儿童能够自发地探索周遭的环境时，活动便逐渐展开，无怪乎蒙台梭利强调感觉训练是教育的起点，那么，在这个教育的起点上，我们训练的不只是孩子的一种感觉，更是在培养儿童自觉主动地探索精神。

（5）及早矫正人性偏差的深刻内涵

三到五岁的阶段是个体发展的契机，错过了这个阶段，许多缺陷与障碍将无法获得完全的弥补。而三到五岁是儿童感觉最敏感的时期，这个时期的儿童能通过具有科学性的感觉训练，许多感官功能的障碍是可以逐渐被矫治的，这正好说明了感知教育最早开始的实施对象是障碍儿童的原因。这也是为什么对于感官系统失调的孩子来说，越早治疗效果越好的原因。

再者，蒙台梭利认为，在儿童三到五岁期间，儿童仍然有机会去矫正他前三年遭遇障碍时所造成的人格偏差。这时候如果教育能以科学的方式来实施，我们就能有效地减少种族与国家之间的差异，减少人类社会人格人性的偏差。这是一种深具人类教育意义的内涵教育法。

那么，我们因之就有理由相信，通过我们的社会性内涵教育，可以帮助儿童找到自己人生的最佳定位点，形成其对自我完善人格的认可，从而建构成一个利于社会、利于自然、利于整个人类发展的心态。

第三节　蒙台梭利教育的终极追求与意义

（1）精神胚胎期教育的社会性意义

人类生命的个体从产生、形成到发育成熟要经历两个胚胎期：一是从受孕到离开母体成为一个独立的个体，这是胎儿期；二是从出生到两岁半，这是精神胚胎期。这两个时期对一个人一生的发展非常重要，是人之素质与人格的奠基阶段。

我们知道，精神胚胎期是人类特有的，是一个社会的人的孕育时期。在精神胚胎期，婴儿是一个独立的个体，不再依附于母亲的肌体。他有自主性，能与环境进行物质、能量和信息的交换。从精神发育的角度看，发展各种感觉器官和肢体运动能力，使婴儿能自主地吸收多种信息促进头脑的发育，这是特别重要的一点。

从幼儿身心发展的特点可以看出，精神胚胎期的教育要着重培养运用感官和肢体认识周围事物的能力；在积极的情绪交往中获得愉快的人际交往经验，为以后发展成社会的雏形奠定良好的基础。因此，成人过多地把婴儿抱着使他处于被动状态，会养成过分地依赖和依恋，对身心发展不利。对躺着的婴儿可以在小床上悬挂彩条、气球、会响的玩具，让他挥舞手脚时带动玩具发出声音，慢慢感受自己的活动与周围事物的关系。会坐、会爬时，可以提供玩具让他自己触摸摆弄，激励他活动四肢和身体。成人可以和他一起玩，边玩边说话，让他慢慢地学会与人交往。

另一方面，当婴幼儿的大脑皮层逐渐发展时，要及时培养其控制情绪的能力。当婴幼儿情绪冲动时，可以用拥抱、抚摸等安慰性动作来缓和杏仁体的动力。同时恰当的宣泄、转移注意力，或用谈心说理等来帮助他发挥大脑皮层前额叶对杏仁体的控制作用，这些都是必要的培养过程。而必要的培养过程比错过了大脑发育的关键期再来培养就容易得多。

婴儿期受到环境中的情绪影响，对一生的精神发育特别重要。有人从情绪中枢发展的特点来推断，婴儿是借助与亲人交往的经验来建立情绪学习的基础。这些经验以非语言的形式储存在婴儿的大脑中，因为大脑皮层发育还不成熟，语言还没有出现。但这些经验的印象很深，以后受到情绪刺激时就会根据这些经验作出反应。因此，婴儿期与成人情绪的交往以及周围环境中人们之间的情绪交往，是积极的还是消极的，会对孩子以后的情绪发展造成深刻的影响。这是婴儿素质教育中需要特别重视的问题。

总之，精神胚胎期的教育要着重运用感官和肢体认识周围事物的能力，在积极的情绪交往中获得愉快的人际交往经验，为以后身体、认知、情感、社会性等各方面的良好发展奠定基础。这种有助于个人与社会发展的早期基础教育，实不失为一种具有社会性意义的最佳教育途径。

（2）蒙台梭利吸收性心智教育的内涵

蒙台梭利认为0～3岁的孩子为——精神胚胎，这意思是除了肉身的躯体外，他还是一个精神实体，所以他的任务除了吃奶以维持身体成长之外，还要从四周的环境吸取精神食物来孕育、建构他的心智与人格。然而，幼儿的心智特质与成人是不同的，从0～3岁的幼儿尚未发展出，如成人般的推理与记忆等的心智能力，但并不表示幼儿没有吸收知识、建构知识的能力。成人是运用他的理解力、推理能力与记忆力来获取知识，并且要付出毅力与努力才能成功；但幼小的孩子却在懵懵懂懂中，且毫不费力地获得了必要的基本知识。这种直觉式的内涵智慧，蒙台梭利称为“吸收性心智”教育。

蒙台梭利认为，儿童时期尤其是 0～3 岁幼儿的成长受其强烈的、天赋的内部潜能所控制，具有一种自觉的且不为自己所意识的感受能力，是“利用周围的一切塑造了自己”。在生命的最初几年中，个体通过与周围环境的接触和情感的联系，积极从周围环境中获得各种印象和文化模式，并成为心理的一部分。

我们可以从母语的获得来看幼儿吸收性心智的运作。幼儿从懵懂无知到两岁左右的语言爆发期，展示了惊人的学习能力。当他从母亲幽暗平静的肚子里坠落到人间时，是处在完全陌生的世界，我们四周围观人们七嘴八舌的语言，对他来说完全是外星人的语言；然而他却有本事在两年之内就把这外星人的语言学会了，就能跟这群人对话了。这是怎么办到的呢？他没有一本教科书，也没有专一的老师为他上课，更不需为他讲解文法句型，他只是游走在成人中间，漫不经心地捕捉着成人世界东一句西一句的词汇。整个的学习过程又是在无意之间进行的，是糊里糊涂学会的，因他的心智尚属于无意识心智，他原没有意念要学这语言，也没经过自己的判断与选择，更不是出于其意志的决定，可是却有着很高的学习效率。

当然，吸收性心智的内涵不止吸收语言而已，幼儿生活环境中一切物理与人文的刺激，如风土民情、生活习惯、社会文化等，他尽都吸收以适应环境，并用以建构他的心智与人格。这种无意识心智的特色是完全靠孩子自己学习，不接受成人的灌输与教训的，我们成人的任务只要为他准备一个健康丰富的环境，与周围的人事物有充分的互动，使他快乐地成长，我们其他过多的干涉行为都可能是拔苗助长。这些都属于蒙台梭利吸收性心智教育的内涵体现。

（3）蒙台梭利教育的终极追求

我们了解了蒙台梭利教育法，对蒙台梭利理论及其教玩具特色有了一定的认识与理解之后。接下来就需要深谙其教育的终极追求。基于幼教不同于一般商业领域的独特性，过分的商业化包装反而会引起人们不必要的疑虑，我们需要做的是让社会、让家长更清晰地看到孩子完全成长的样子，看到蒙台梭利教育鲜明而独特的追求。

首先，我们有必要回顾一下玛丽亚•蒙台梭利，这位创立了整套教学方法的幼儿教育家。她在不顾家人的阻挠和社会的压力下，毅然决然的进入医学院学习，虽然从中途遇上的重重困难，也曾使她有过退却的念头，但她还是拿到了让所有人信服的医学博士学位；之后，又为了孩子，蒙台梭利再一次进入罗马大学深造，学习哲学、心理学和教育学；更为了尊重孩子的自主性，顺应儿童天性的发展，蒙台梭利创建了以环境创设来影响孩子，用孩子喜爱的操作教具的来引起孩子们自由活动和自主学习的教育方法，来最大限度地开发孩子们的内在潜能。她坚持自己正确的教育观“我要教给孩子爱”而拒绝了墨索里尼的要求被迫离开她的祖国。在她临终的最后一刻，她还想为自己热爱的孩子、热爱的教育事业献出自己的力量。她所有的做法给我们一个最深刻地启示：坚持自己的信念是多么的重要！

创设自由练习的环境，让儿童拥有平和的心态，使其自愿地利用教具进行手脑活动，独立地摆弄、排列、比较、鉴别……经过多次重复，不但学会和掌握了一定的知识技能，而且从中提高认识，增长能力。坚定了其人性的信念和行动的智慧，从而达到人生幸福境界。

蒙台梭利多次强调儿童通过手脑的动作练习，不仅获得知识、技能，更要促进其独立性、自律、责任感、注意力、意志、自尊心以及道德行为等来塑造儿童的整体人性，以此达到儿童全面发展的目的。

其次，蒙台梭利教育的目的不仅为幼儿当前的学习和发展，并要为下一阶段学习的需要做准备。即为小学时期用语言、文字、数学等抽象的学习方式做准备。例如很多蒙台梭利教具都是以 10 为单位的；手的抓握姿势、动作的方式方法、逻辑顺序等等是为书写和认字做准备；计算教具的练习是为小学的数学教学做准备。强调培养幼儿的学习兴趣、注意力、坚持性、自学能力、探索的头脑等等，都是在小学学习所需要的。

再次，蒙台梭利教育还有更长远的目的，即为将来成为人类社会所需要的人打好基础。她说："儿童的工作是创造他将来要成为的人。""形成个人是为了建立一个健康的社会。"蒙台梭利教育要立足现在，考虑到未来。她说：假如儿童时期各种积极的品质得以发展，将来在成人社会中的邪恶会得到控制。反之，假如在儿童时期没有学会控制自己的行为和意志，成人后总要依赖别人的支持和引导，就不能成为独立的人。

蒙台梭利特别强调教育的整体性。认为每个阶段的教育目的和方法都是整体的一部分。任何阶段的成功和错误都会影响到以后的阶段。

此外，蒙台梭利还关心"全球的儿童"，全人类的未来。她到很多国家去宣传她的教育，目的是通过好的教育达到世界的和平。

蒙台梭利教育的本质是培养人的活动，所以，自然地它把其追求定位于开发每个主体的潜能，使他们的价值得以彰显。而这样不仅仅是为了增强人们认识和征服自然的能力，更深层的意义在于使每个个体获得自信的人生，成就一个有信念支撑、引导的幸福人生。其在知识的传递中，在能力的培养中，以崇高的教育信念和教师的人生信念塑造而形成了受教育者自身的信念。

第四节　蒙台梭利教育的理念实施与原则

在蒙台梭利看来，幼儿教育是人类最重要的一个问题，它的目的是两重性的：生理的和社会的。从生理方面看来，是帮助个人的自然发展；从社会方面看来，是使个人为适应环境做好准备。在幼儿的教育中，必须要把握其正确理念的实施，以及要注意的原则。

（1）蒙台梭利教育理念的实施

蒙台梭利教育理念都是一样的，但操作和实施起来却相去甚远。即便是在美国，各个蒙台梭利学校的优劣也不一样。有的老师强调孩子的自主，结果成了放羊式的自由主义。中国的情况则更复杂，升学的压力现在已经体现在幼儿园的教育上了，这是挺可怕的。因此，对蒙台梭利教育法，我们还需要把握好幼小衔接的教学。蒙台梭利的自由教育如果把握得好，那是相当优秀的，这就需要我们对其教育理念的实施方法得当，才不至于使其理论与实践的结果适得其反。

一般说来，实施蒙台梭利教育的幼儿园一开始就是对其理念先导的实行。首先是对教师们进行园本蒙台梭利教育的理念培训，之后是严格的操作培训，并将其内化。

然后在园内起眼的墙壁、长廊等必要的地方，悬挂精心挑选的蒙台梭利心语及名言，使教师、家长对蒙台梭利教育的理念都能有新的认识与理解。

这样一来，教师们能从理念入手，为即将开始的蒙台梭利教学，做好了充分的前期心理及教学的准备工作，只有这样才能稳扎稳打地提高教学工作的效率和质量。

其次是在园内设立咨询中心，以及向家长和教师分享教育心得，使家长和培训的教师在分享的过程里，逐步深刻地认识蒙式教育的各类活动形式及其意义。

对孩子的培养理念，我们要顺应孩子的天性和兴趣，满足孩子的需要。孩子们的好奇和探索精神随处都在，并不只满足于他的那些玩具。比如，孩子如果对厨房的各种活动充满好奇，我们可给他们准备不太锋利的小餐刀，不易碎的餐具，满足他们的需要，而且很明确地让孩子知道这些都属于他，由他支配。让他体会到参与家庭事务的快乐，更感受到成人对他的尊重。

蒙台梭利理念特别强调对孩子的尊重，尊重孩子是个独立的个体。尤其是两岁多的孩子逆反心理特别重，非常想独立，我们就应该努力给他创造一个他能自己独立处理的环境，比如：倒水、倒牛奶，我们把水和牛奶放到孩子端得动的罐里，把孩子的小杯子，放到孩子够得着的桌上，他就可以自己去拿。在家和在幼儿园都是这样，只要是孩子能做的事，老师就一定要让孩子自己去做，从独立做事中孩子得到极大的满足，也发展了自信心和独立精神。

给孩子选择的权利，这是蒙台梭利理念中又一个很重要的内容。体现在生活细节上，比如面对孩子的“闹腾”我们就难免会恼火。怎么办？给孩子选择。由他自己选择，并给他适宜的建议，等孩子的情绪“正常”，我们再给他讲道理。长此以往，会在孩子心里形成一种概念，你尊重他的权利，那么他也要尊重老师的建议。

我们在实施蒙台梭利教育理念的过程中，也只有顺应了孩子的天性和兴趣，满足了孩子的需要，并能有效地解读孩子那些心灵深处的敏感，才能更好地培养孩子对学习知识的专注行为，塑造孩子有利于社会的高尚品质。

（2）蒙台梭利教育的自由原则

根据蒙台梭利的儿童观，幼儿的内在冲动是通过自由活动表现出来的，他能根据自己的特殊爱好选择物体进行活动。“科学教育学的基本原理将是孩子的自由，允许个体的发展和儿童天性的自由表现。”

蒙台梭利和卢梭一样强调孩子们的个性和自由，自主的权利，蒙台梭利善以教具来引起孩子们自由活动和自动学习的精神，以此来最大限度地开发孩子们的内在潜能。为了养成孩子们自由与独立，蒙台梭利强调培养孩子的生活自理能力，学习照顾自己，照顾周围环境，待人接物的能力。

一位真正的自由儿童，就是能够一方面自己享有权利、享有自由，同时又乐意关怀同伴及环境，且有担任这些责任的能力。

蒙台梭利的自由观虽允许幼儿有充分活动的自由，却并不意味着孩子就可以为所欲为。她认为，教育必须让幼儿在自由的基础上培养一种自觉地纪律性。自由和纪律是同一事物不可分割的两个方面。自由活动是形成真正地纪律的重要方式，而真正地纪律也必须建立在自由活动的基础上。

（3）蒙台梭利教育的工作原则

蒙台梭利认为儿童的本质是工作，他们喜爱工作甚过玩具，他们可以通过参与工作达到学习的目的，工作可以使幼儿身心协调的发展。如果儿童能全神贯注的工作，正说明这种工作能够满足他内在的需要。这个过程也就是幼儿生理和心理实体化的过程。这种工作不仅使幼儿得到了心理上的满足，而且也使得他获得了独立的能力。

我们知道孩子要自由发展，首先需要一个适合他们成长和活动的环境，因此蒙台梭利教学的课堂是一个“有准备的环境”。所谓有准备的环境，就是一个符合儿童需要的真实环境，是一个提供儿童身心发展所需要的活动练习的环境，是一个充满爱、营养、快乐和便利的环境，儿童唯有通过这样的环境才能达到自我工作的能力，才能形成真正的自我人格的建构。

很多其他国外教学法都不在幼儿园阶段教孩子识字、做算术。但蒙台梭利教学法则不同，它使用多种作用于感官的教具循序渐进且科学地教孩子阅读，并在算术、自然知识等方面打下扎实基础。有能力的孩子还可以接触到很多颇为高深的内容，比如：平方、立方的概念，太阳系八大行星等自然与物理知识。这让学前幼儿能理解这些复杂知识，往往使人觉得不可思议，但当你仔细研究蒙台梭利教学工作原则之后就会恍然大悟。

总的来说，工作对于幼儿来说是极有帮助的，能有助于他的肌肉协调和控制，能使他发现自己的潜力，能有助于他培养独立性和意志力，能使他在生命力不断展现的神秘世界中，练习自己、锻炼自己，并进一步完善自我。从而为孩子的一生奠定了智慧与品格的良好基础，培养了孩子自主、持续学习的工作习惯。

第五节　蒙台梭利教育的阶段实施与环境

（1）蒙台梭利教育阶段的实施特点

在蒙台梭利教育的施行上，我们需要注意两个方面的事项：

第一，给孩子自由。

自由是蒙台梭利教育的最基本原理。蒙台梭利认为，自由可以是儿童不受任何人约束，不接受任何自上而下的命令或强制与压抑的情况，可以随心所欲地做自己喜爱的活动。生命力的自发性受到压抑的孩子绝不会展现他们的原来本性，就像被大头针钉住了翅膀的蝴蝶标本，已推动生命的本质。这样，教师就无法观察到孩子的实际情形。因此，我们必须以科学的方法来研究孩子，要先给孩子自由，以促进他们自发性地表现自己，然后我们再加以观察、研究并使之更好的发展。

这里所谓给孩子自由不同于放纵或无限制的自由，蒙台梭利说："让孩子学会辨别是非，知道什么是不应当的行为。如任性一、无理、暴力、不守秩序及妨碍团体的活动都要到严厉禁止，逐渐加以根绝，必须耐心的辅导他们，这是维持纪律的基本原则。"事实上，放纵也绝对不能使孩子得到真正的自由。

关于纪律蒙台梭利认为，纪律是一种积极的状态，是建立在自由的基础之上的。积极的纪律包括一种高尚的教育原则，它和由强制产生的"不动"是完全不同的。她说："一般学校给每个儿童都指定一个位置，把他们限制在自己的板凳上，不能活动，对他们进行专门的纪律教育，要求儿童排队，保持安静等。这样的纪律教育是不可能达到目的的。因为纪律的培养不能靠宣传和说教，也不能靠指责错误，而是在自然的活动中发展起来。"她认为儿童的活动应当是自愿的，是一种自然的潜在趋势，不能强加给他们。重要的是使儿童在活动中理解纪律，由理解而接受和遵守集体的规则，区别对和错。因此，真正的自由也包括思考和理解能力。她多次强调一个有纪律的人应当是主动的，在需要遵守规则时能自己控制自己，而不是靠屈服于别人。

第二，把握几个实施的特点。

在蒙台梭利教学的实施中，以"儿童为中心"的思想作为指导。可以从下面的几个特点中体现出来。

蒙台梭利反对以教师为中心的填鸭式教学，主张由日常生活训练着手配合良好的学习环境，以及丰富的教育，让儿童自发地主动学习，自己建构完善的人格，此也即不教之教。

对幼儿来说，若在某种特性的敏感期学习该特性，要比他在生命中的其他时期学习该特性来得容易。蒙台梭利教学环境运用了这些事实，让孩子在各阶段的敏感期，自由的选择活动。

我们知道，孩子从呱呱落地后到会走路、说话、吃饭、写字……就有一种自然赋予正在发育中的生命特有的力量促其成长。蒙台梭利指出，助长幼儿发展的主要动力有二：一是敏感力，一是吸收性心智。其中的敏感力是指一个人或其他有知觉的生物个体，在生命的发展过程中，会对外在环境的某些刺激，产生特别敏锐的感受力，以至影响其心智的运作或生理的反应，而出现特殊的好恶或感受，这种力量的强弱，我们称之为敏感力。当敏感力产生时，孩子的内心会有一股无法遏止的动力，驱使孩子对他所感兴趣的特定事物，产生尝试或学习的狂热，直到满足内在需求或敏感力减弱，这股动力才会消逝。蒙台梭利称这段时期为“敏感期”，有些教育家则称为学习或教育的关键期。

蒙特梭利形容“经历敏感期的小孩，其无助身体正受到一种神圣命令的指挥，其小小心灵也受到鼓舞”。敏感期不仅是幼儿学习的关键期。也影响其心灵、人格的发展。因此，我们应尊重自然赋予儿童的行为与动作，并提供必要的帮助。以免错失一生仅有一次的特别生命力。

一般称蒙台梭利教师为观察员或引导员。他必须对孩子的心灵世界有深刻的认识与了解，对于孩子发展状况了如指掌，才能给予孩子适性、适时地协助与指导，让儿童成为教育的主体，使他们动脑、有智慧。

教师另有必须掌握的三大原则：预备好符合孩子成长需求的环境；协助与观察孩子在环境中的需求；订立明确地行为规范，并时常提醒孩子自我控制。

蒙台梭利教育的最终目的是协助孩子正常化。孩子的教育，并不只限于幼儿园一隅，整个社会环境的影响，更是无所不在，在心爱乐园的亲子课堂中，家长不仅可以学到先进的教学理念与教学方式，还可以和宝宝一起上课，在课堂中增进亲子感情。透过环境的设计、教具的操作，使孩子一步步建构完善的人格。

让一岁到六岁的孩子在一起，可使较小的孩子有不同年龄层的模仿对象，而较大的孩子则可以从帮助年幼的儿童中增强自己的知识和能力。

混龄教育形式，因不同年龄段幼儿心理和生理发展明显的差异性，更加要求教师在教育的过程中全面细致的了解每个幼儿的情况，组织各项活动，促进其身心健康发展。简而言之，蒙台梭利教学方法的根本精神就是依照人类成长的自然法则，用科学的方法了解孩子各阶段的心理或生理成长变化情形及其需要，而给予适当的帮助，以启发或诱导其心智体能的有效活动，让他们发展成为未来最有用、最有效率和最幸福的人。

（2）蒙台梭利教育奇异的环境空间

蒙台梭利教育是“以自由为基础的教育法”，但没有观察和适合孩子发展的环境，我们会对孩子的现状产生完全错误的判断，这种情况下的自由并不是能够帮助孩子自我发展的自由。要达到此发展目的，环境的预备是蒙式教育最为核心的原则之一。

蒙台梭利认为：环境是养育儿童的场所，是儿童生活成长的场所，这个环境是由有知识并富有感受性的成人为儿童谨慎的预备好。我们借着这个有生命力的环境将教育负载其中，并使儿童因喜爱环境而自然地与之互动，从而促进儿童各方面的发展。

蒙台梭利说的环境就是儿童之家、幼儿园，培养儿童的场所。这个环境应该是一个挖掘儿童潜能的秩序教育空间，也是一个奇异的空间，我们需要为幼儿创设宽松、愉快、安全的环境和温馨的情感氛围，使幼儿得到积极的影响和发展。

像家一样的环境。幼儿园应该要为幼儿创设像家一样且益于智力活动的工作室。工作室里陈设的教具都是适合孩子，适合儿童需要的。环境的布置应该美观，有秩序，所有的设备都要适合孩子的尺寸大小。

环境的安全性，比如孩子的椅子，避免用折叠式的，椅子最好是固定的。

整洁、美观、真诚和富有生气的环境。幼儿园的环境布置，包括教室、楼道、庭院，这些布置有的幼儿园特别花哨，知识性和内涵不是很丰富，这并没什么意义。其实，幼儿园的布置能给人感觉很舒服，能带给孩子一种愉快的心情就是不错的。

有秩序。不但东西放得有条理，而且在使用上是否让孩子归还时能方便。

等待性（就成人而言）。等待孩子的求助，提醒、帮助，但不代办。

重复性。每一天孩子的生活流程都是同样的，这种规则化的状态符合儿童把握世界、适应世界的需要。

有社会性。主要体现在提倡混龄班，儿童能像兄弟姐妹般相处，可以培养孩子有关爱之心。设一个大的工作室，让小班的和大班的孩子在一起，混在一起工作，概括起来讲，儿童之家体现要充分地让孩子自由的活动，具有结构与秩序、真实与自然，美观与气氛以及各种教具，还要根据孩子的发展不断更新，引发孩子的选择。

蒙台梭利教育是一种以幼儿为学习的主人，鼓励大胆尝试、努力实践和挖掘潜能的秩序感教育。其教育中的环境更是一个奇异的空间，每一个空间的美丽对于任何一个孩子来说，就像是一块性能优越的磁铁，充满了无限的吸引力，而令我们看到的是孩子们真正地快乐，以及充满孩子们那双眼的无限新奇与探索的渴望。

例：

狼性法则

狼是世界上好奇心最强的动物，他们不会将任何事物当成理所当然，而倾向于亲身研究和体验，大自然的神迷，新奇永远令狼惊异。狼总是会有对周围环境的兴趣，因而它们能不断在环境中发现食物，了解危险，从而有力的生存下来。

因此要培养孩子超强的学习能力，一定要培养孩子对于世界的好奇心，让他仔细观察生活，用兴趣来作为他学习的老师。这样的孩子在未来的人生道路上做个明亮之星，不断对工作有新创见和新灵感。

第六节　蒙台梭利教学的具体方法与内容

（1）蒙台梭利教学的具体方法

我们可以把蒙台梭利教育教学的具体方法分为下面的几个步骤：

预备环境：我们不止一次强调，一个适合生命发展的环境对儿童的重要性，所以在蒙台梭利的教学中，如何为孩子准备一个适合他们生命发展的环境，被列为首要的条件。

发现意愿：儿童表现在外的行为，往往是内在需求的反应，尤其是幼儿时期会在某一阶段对某种需求有特别的“敏感期”。如果能掌握这一时期的需要而予以教育，对孩子的启发效果将是事半功倍的。

协调意愿：蒙台梭利老师与传统教师最大的差别，在于蒙台梭利老师所扮演的角色不在“教”学生，而是教具、儿童及学习意愿的协调者。她必须依孩子的需要而整理环境，并且观察孩子的需要和意愿，提出适当的教具来让孩子“工作”。

延长工作周期：如果孩子已经专心进入“工作”情境，引导员就该鼓励他继续操作，以“延长他的工作周期”，让孩子酌情的反复操作。蒙台梭利说：“延长工作周期的目的，在于培养孩子的专心和耐力。”我们更认为一个儿童未来生命发展的“精度”与其“专心和耐力”的程度是成正比的。因此，蒙台梭利特别重视并且告诉教师，需要“等待”孩子反复练习的行为发生，而予以鼓励，使孩子乐意“再来一遍”，甚至几十遍。因为儿童知道如何使用教具，只不过是教具的功能开始显现的阶段而已。孩子能对教具产生尽情地反复操作，才会使儿童发生“真正的成长”，我们称之为：“心智的任性发展”。这种尽情“反复”操作的情况，只有当儿童感到“工作”的乐趣，且能够符合他的“内在需要”时才会发生。

由于孩子的不断成长和他们之间的个别差异，以及敏感期各有不同，使老师的教育规划需要不断改进。唯有透过实际的观察、记录、研究，才能深入切实的发现儿童内在的需要，而给予适当的教育和引导，使其生命更美好的成长。

（2）蒙台梭利教学的具体内容

蒙台梭利教学内容具体可以分为五类，即日常生活训练、感官教育、数学教育、语文教育、文化教育。

日常生活训练：包括基本动作、照顾自己、生活礼仪、爱护环境等动作教育。直接目的是培养儿童独立生活自理能力、良好身体协调力和平衡感，培养儿童的社会性与人交往的能力，让孩子懂礼节，懂得尊重和信赖关心别人，并让儿童养成爱护环境的良好习惯。间接目的是培养儿童独立性、专注力及自我情感和意志力的控制能力；培养谨慎、协调力、表现能力、互助精神、观察力、社会性；自我涵养、自控力、耐心、宁静等。总之，使其孩子适应生活环境，奠定独立的生活基础。

感官教育：感官是人类与自然和外界沟通的窗口，它直接影响着人类对外界事物的感知力、判断力，是人类一切行为的基础。因此，蒙台梭利教育也是感官教育为基础的重点。蒙台梭利的感官教具的直接目的是培养幼儿敏锐的感官；间接目的则是培养儿童的洞察力，逻辑思考能力、专注力、判断能力和美感。包括视觉、听觉、触觉、嗅觉、味觉的训练。

数学教学：数学教学是让儿童先从“量”的认识再导入抽象的数学认识，培养儿童的心算能力，并非传统的抽象的灌输和口诀的死记硬背。让儿童通过教具了解数学、几何的原理而加强注意力及秩序性、自主性、正确性、精密性，加强理解能力。

美国的教育家史坦丁曾说：“在我三十年的教学经验中，从未遇到过，甚至听说过，一开始就以蒙台梭利体系受教的儿童不喜欢数学。”一般人视数学为困难学科，畏惧它的抽象特质。因此，蒙台梭利主张数学应从感官训练着手，养成观察、分析的能力，透过教具的重复操作，让幼儿轻松地获得数与量的概念，再进入加减乘除以及分数的运算中，自然地养成“不怕数学、喜欢数学”的推理习性。蒙台梭利曾说过“经过蒙台梭利教育出来的孩子，再进入高年级数学学习中他的数学没有差的。”

语文教学：0～3 岁时，是幼儿语言的敏感期，幼儿书写的敏感期虽推迟至五岁以后才爆发出来，但经过蒙台梭利的日常生活训练和感官的练习后，幼儿已具有读、写的预备基础，再加上蒙台梭利独特的语言教具——几何嵌图板、砂纸字母等教具的操作，幼儿即能自然习得书写和阅读的能力。

文化教育（包括语文、自然科学、音乐及美术的教育与社会性的培养）让儿童通过教具来学习语文、天文、地理、历史、生物、音乐、美术等知识。其目的是培养幼儿真、善、美的人格，养成儿童世界观、宇宙观，进而活泼快乐的生活。培养儿童对大自然的热爱；对生存环境的保护意识，热爱生命。了解和认识民族、社会的文化特质，建立宇宙观和探索新知识的兴趣。使儿童心理健康地成长，成为一个诚实、友善、头脑清晰、乐观自信的社会的人。

总之，蒙台梭利教育教学的目的是培养适应自然、社会环境发展，具有完善人格的人。

现在有很多幼儿园、早教中心，在运用蒙台梭利教学法之前，并未先彻底地探索其教育的根本原理，就直接运用“教具”来指导孩子。这是一个相当危险的行为，因为它会“误导”孩子，可能使孩子养成不用思考，生吞活剥知识的习惯；同样也会误用教具，使教具成为呆板的玩具。甚至于误解蒙台梭利老师简单且呆板的头脑和教育方法！

举个最简单的例子：假如指导师不知道教具的真正目的是在引发孩子内在认知；也不清楚每件教具都拥有秩序性、创造性的基本和变化功能，以及自动改正等在教育上的积极意义时，她可能对一个正在排放红色长棒的孩子，发出“先放这个”“再放这个”的指示，这又与传统式的教学有何区别？孩子仍然无法真正理解为什么那个应在前，这个该在后的道理，无异是在作积木的堆积游戏罢了！

不但孩子觉得教具不过是漆了颜色、大小不同的木头，也会让他感觉老师的头脑和那堆木头差不多！所以，唯有在我们对蒙台梭利的教育原理有了基本的心领神会后，才能进入正确教育孩子的进程。

第七节　蒙台梭利教育的现代意义与价值

一、蒙台梭利教育的现代意义

蒙台梭利是近代世界教育史上最有影响的儿童教育家之一。蒙台梭利的方法、思想和理论因其科学性和普遍性而属于国际，属于全世界。科学是没有国界的。只要我们把焦点或注意力放在我们的孩子那儿，就会在中国化、民族化的基础上使蒙台梭利教育更具现代意义。

蒙台梭利强调，要在充分挖掘儿童潜能的基础上帮助儿童形成自主、自信、独立、创造的精神，使儿童经过从0～18岁不同阶段的努力，在自信的基础上具有各方面的适应能力。蒙台梭利十分重视环境对儿童发展的作用以及教师、家长对儿童发展的作用。强调教师的作用及家长的文化素质是儿童软环境的具体体现，教师及家长是儿童心理发展和潜力激发的促进者、引导者，是造成儿童发展差异的背景基础。

我们知道，教师的主导作用，儿童的自主性、独立性以及宽松的学习环境是蒙台梭利教育思想的三大要素，自我教育是其教育思想的核心。在知识经济的今天，蒙台梭利的教育思想和教育方法，对学生尤其是学前儿童具有重要的现实意义。

蒙台梭利教育方法要提高的是人的基本素质，是人的基本品格。有人问了，从蒙台梭利学校出来，不适应现实社会怎么办？我们知道一个优秀的人，一个具有优秀品格的人，不管在哪个社会都是非常适应的。蒙台梭利自己也说："我只是创造了一种科学的方法，适合于任何一个民族。"她又说这个教育的目的是培养孩子的发展潜力，适应环境和利用环境的能力。新教育观也告诉我们：只有充分地发展人性，才能创造出未来的新人。

蒙台梭利教育思想给人以启迪，她的教育思想体系对世界幼儿教育的影响是巨大的。因此，我们可以这样说：作为一位幼儿教育思想大师，蒙台梭利是当之无愧的。

二、蒙台梭利教育的现代价值

蒙台梭利教育法的独特魅力源于对儿童的充分研究与了解，遵守儿童的敏感期，激发儿童潜能，在宽松、愉快的环境中发展孩子独立、自信、专注、创造等能力，为将来孩子的成长打下良好的素质基础。

目前，蒙台梭利教育在国内还没有完全被人们了解和接受，也就是说没能真正的重视起来，要落实蒙台梭利教育法的战略发展，关键在于转变观念，而首要的则是树立其教育的现代价值观。对于蒙台梭利教育的现代价值，可从三个方面反映出来。

（一）明显的双重功效

蒙台梭利教育以开发儿童的智力为首要目的。其教育不仅仅是为了传授知识、推进社会的精神文明建设，而且兼有发展个人及社会的重任。其教育的领域已从单纯培养儿童，拓展到全社会性质的教育，可以说在从本质上推动社会的发展。随着蒙台梭利教育内容、教育方法和教育手段的国情现代化，这一开拓的功效将愈加显著。我们知道社会若没有良好的教育打下根基，要发展将像无本之枯木一样没有生机。

（二）潜在的增值作用和长效作用

我们知道，人类社会生产及社会服务自动化、信息化、智能化水平正在不断提高，这些发展趋势必然对社会人的知识和技术水平的要求越来越高。而我们的教育就是要尽快培养能适应新的发展需要的社会人才，培养能进一步开拓创新的高级人才。蒙台梭利教育的这种价值是无法估量的，它将在较长时间里不断改变或提高社会人的高素质含量，形成新的高附加值。因此，蒙台梭利教育作为社会发展的一种推动力，具有潜在的增值作用和长效作用。

（三）高度的延展性

人是推动社会科学技术发展的动力，又是科学技术知识的载体，科学技术人才的水平是一个国家技术实力最根本的反映。通过教育能振奋民族的创新精神，这种教育的价值，在时空中具有的高度延展性，在世界高度开放，社会高度发展的今天显得更为明显，认识不到这一点，就不可能有战略眼光，我们要树立蒙台梭利教育的现代价值观，使其升华为民族的教育兴国的观念，达到一种民族意识的普遍觉醒。

总之，对于一种教育思想我们不应该全部照搬，而应该适时、适宜的继承和接收。上海市教科院顾伶沅教授有一句话说得很好：教育上的真理往往在两个极端的中间。

第九章

形成蒙台梭利教学特色：品牌化建设的新发展

第一节 蒙台梭利教育对园所的建设作用

（1）发挥示范作用，带动均衡发展

时代的发展和生活水平的不断提高，使学前教育日益受到社会和家庭的广泛关注，人们从来没有像今天这样高度重视儿童的早期教育和培养。近十年来，蒙台梭利教育促使我们大胆探索，充分发挥园所的示范作用，带动促进了园所幼儿教育均衡和谐的发展。

为推动幼教科研工作的开展，要加强如信息技术教育、幼教资料、幼教科研、教师培训、幼儿实验，并充分发挥蒙台梭利教育给园所带来的辐射作用，带动行业内区域性及一些外省市幼教科研水平的提高。按照优势互补、多元组合、自由协作的原则，制订教研活动计划，定期举办教研活动。协作教研使相关幼儿教师及园所之间加强了联系和沟通，促进了理解、交流与合作。我们成功的经验在各地薄弱园所得到了应用和推广，有些幼儿教师在艰苦条件下的敬业精神与工作态度也深深感动着我们。协作教研活动的开展，收到了明显的效果。

（2）发挥名园效应，促进文化建设

在多年对蒙台梭利教育实践的过程中，对本园的办园目标、理念、园风等进行梳理和提升，并加以完善。通过蒙台梭利教育实践带来的名园效应，促进了幼儿园的文化建设。

在园所文化建构的过程中，明确了园所文化建设的指导思想，从原则上遵循：《公民基本道德规范》的要求：爱国守法、名礼诚信、团结友善、勤俭自强、敬业奉献。这是每个公民必须遵守履行的职责；《幼儿园工作规程》总则中提出的保育和教育的主要目标和《幼儿园教育指导纲要（试行）》中教育内容与要求中提出的“各个领域的内容相互渗透，从不同的角度促进幼儿情感、态度、能力、知识、技能等方面的发展”。

园所文化是由全体成员认同的价值观念、情感态度、伦理道德、行为准则、习惯传统等凝聚而成的精神力量，其形成的过程一方面受社会的影响，另一方面在本园教育和管理的实践中被创造并逐渐完善。蒙台梭利教育的理论观点具备了当今时代幼教理念的基本观点，对园所文化的实施和深化，起着毋庸置疑的推动作用。其作用力必将推进园所的持续发展，使之进入一个新的阶段一由名园效应的发挥，促进园所文化的建设。

第二节　蒙台梭利特色对园所的促进作用

（1）特色教育的明确引路

优良的教育质量可以给园所带来良好声誉，而幼儿园的办园理念、园所文化、师资水平、发展目标等情况一般难以为外人了解。要解决这些问题，实质上涉及办园特色问题，特色园所的形成，就是幼儿园各方面资源的有效整合，而特色园所是为社会所认可，那么幼儿园被公众所了解的就是良好的整体形象了。

但我们需要明确特色教育园所的有关概念、特征，只有理清思路，增强认识，才不至于导致邯郸学步，东施效颦。

何谓特色？特色就是事物表现出来的格外突出的色彩、风格和特点等。幼儿园在办园过程中会有各自独特的地方，但有独特之处并不意味就形成特色园所。所谓特色园所，指的是在全面贯彻教育方针，全面提高教育质量，园所整体工作达到良好水平的基础上，从园情出发，有自己的理念、思路、独特的举措，整合发挥特色资源，形成独特的、优化的、辐射的、稳定的教育特征、风格和个性，为全园师幼、社会所认同，形成传统，并在幼儿教育中发挥示范带头作用的园所。

园所是各种资源的集合体，又是育人的起始站点，各项工作都呈现出分与合的特性，整体的发展，形象的形成需要以分步实施为基础，要形成特色园所，需要有一定的条件。特色园所是在狠抓常规管理工作的前提下，整体上以某一专项为突破口，辐射全局，带动整体，形成区别于别园的优势，并获得儿童、家长、社会认可和称誉。特色园所的形成，需要摸索感悟，需要发现研究，需要总结提升，以点带面，其突出表现为：

独特性——指园所在具有一般幼儿园共性的基础上，又有着与众不同之质，它从本园实际出发，在教育教学上形成个性风格。即“人无我有，人有我优，人优我特”的独特性，这是特色园所的主要特征。没有独特的教育，何言特色园所？

领先性——指园所的教育质量和管理水平处于领先地位，同时幼儿园的某项工作或某方面的教育科学研究或儿童某一方面的素质胜过其他园所，处于领先的地位。

示范性——指园所办园符合教育方针、教育规律和教育实际，体现社会的教育发展趋势，较为完整的、系统的办园思想和经验渐成体系，并为人们所接受，还具有一定的推广价值。

稳定性——指办园的个性和成果长期地显示、保持。但静止是相对的，运动是绝对的，稳定性不排除发展变化，而且是以与时俱进的姿态内涵式发展，并经受得住时间的检验，成为园所教育的传统，具有较深的社会影响，它标志着教育个性的定型和成就。

长期性——指特色园所的形成是一个复杂的长期探索积累、逐步完善的过程。特色不是展示一下表面功夫，更不是宣布我有什么特色，就会有什么特色，特色的形成要有基础、条件和过程。

充分认识特色园所的特性，可以让我们进一步接近特色园所，其中长期性所显现出的特色园所的形成，是一个周而复始的循环过程，这一特征值得我们重视。

思想决定行动，行动带来反思。从某种意义上来说，有一个具创新精神的园长就意味着有一所特色园所。园长是一个幼儿园的灵魂，我们无论办园时间长短，总会遭遇许多园所普遍存在的问题，如幼儿问题，教学效益不显著、教师热情不高、园所教育低迷不前等等问题。从辩证的角度审视，问题存在的价值正在于它促使奋发者，在努力寻找解决问题的方法过程中有所收获，但创新才是成功的核心。积极探索幼教改革道路，审时度势地选择以先进教育特色作为突破口，制定明确的指导思想、工作目标、工作策略、工作重点等一系列要求，创设条件形成办园特色。

（2）特色对园所的促进作用

蒙台梭利特色教育的引入，对园所起到了极大的促进作用，我们遵照“重规划设计，重组织实施，重目标管理，重条件保障，重队伍建设”五重之思路来制定我们的特色教育体系。

规划设计——自我剖析，挖掘论证本园优势资源；从利于幼儿的成长、利于园所的发展出发，体现幼儿园的办园理念及指导思想和办园宗旨，确定特色项目；并制定长、中、短期的发展规划。

组织实施——全园上下参与到特色的建设中，合理清晰、有效地运转管理流程；园长鲜明、坚定的特色办园思路，与领导班子上下步调一致的落实管理职责；让蒙台梭利特色建设理念贯穿渗透于园所各项工作建设过程中。

目标管理——常规管理以特色建设为中心，特色基础牢固；长、中、短期目标有序推进，得到全体教职员工的认同和积极参与；规划实现效果良好，特色教育逐渐得到园内外的公认。

条件保障——配套相应地、适应园情的蒙台梭利教育教学设施装备，有力地保证园所特色项目的开展；并建立与特色建设相适应的激励、保障机制，制度建设以特色为本。

队伍建设——围绕特色建设对教师提出明确要求，采取有力措施不断提高教师特色教育的素质、能力、知识和技能；基本形成一支事业心强、特色教育能力强并有一定参与比例的教师群体；将蒙台梭利教师培训与园本培训、科研课题研究相结合，研究与实践相融合，以研究带动特色建设走向深入。

目前，我们的蒙台梭利特色教育已步入健康发展与稳定状态，园所特色整合、提升，逐步形成稳定的蒙台梭利教育特征、风格和个性，教师也在特色园所的建设中提高了自己的综合素质。

教育要走特色之路是时代发展到现阶段的必然要求，也肯定是今后幼儿教育发展的最终目标。中国幅员辽阔，地区差异明显，经济发展的不平衡导致教育资源分布的不均衡。但幼儿教育有其自身的特点，其教育应该是重全面更重过程，幕天席地的环境下教育仍能培育出各具特长的学生，所以影响教育的因素是繁多的，关键还是必须掌握教育的规律。世界因万物的基因各异而异彩纷呈，幼儿教育亦因园所个性风格的异乎寻常而愈加繁荣，愈加精彩。

第三节　蒙台梭利品牌的形成及有效带动

（1）品牌的丰富内涵及其形成

品牌是一种标识，代表一种以文化底蕴为内涵的无形资产，同时，它又是一种有力的竞争手段和武器。那么，幼教品牌究竟包含哪些内涵，它又是如何形成的呢？下面作一简要分析。

先进的教育理念可以从诸如环境设施、办园宗旨、目标定位、课程设置、家长服务乃至繁杂的日常事务处理上得到淋漓尽致的体现。这其中管理者水平和师资队伍素质起到举足轻重的作用。同时，为发扬幼儿园教育科研传统，探索一条以科研领先的新路，依托和发挥科研资源及人才优势，并积极挖掘高素质家长群的潜力。经过对特色教育理念不断地实践和探索，逐步形成自己的园本特色，如园本课程、托幼一体化探究、保育保健课题等，积累许多的科研成果，还需要培养一支专业化、年轻化、多元化的高素质师资队伍，起到引领示范教育的作用。

一个园所要有自己鲜明的园本特色才能跻身于社会。但特色的定位需要各有侧重，条件优越的幼儿园可以从雄厚的师资、高水平的教学和管理等软件着眼创造特色，而一般幼儿园可以从直接引进国内外一流的现代化设施、先进的办园模式入手张扬个性。我国南方就有许多幼儿园把双语教学作为自己的园本特色，沿海地区的一些幼儿园则以中外合作交流研究为基点，更有具国际发展眼光的大都市幼儿园以率先吸纳男教师来作为自己的特色。

事实表明，我们在寻求发展和完善的同时，必须强化自身优势，把优质的保教质量、具有时代特点的创新服务，尤其是鲜明的园本特色呈现给孩子、家长和社会，从而在竞争中获得可持续发展的空间，赢得较好的社会声誉。

幼教服务目标的定位，已由原来比较单纯的独立项目服务向全面、全员、全过程服务方向过渡。

服务对象已不像过去只局限于在园的孩子和家长，而是向未来的家庭、社区、协作单位以及其他社会机构或团体延伸。对管理者而言，园内教职工是其内部的服务对象，其他的则是外部服务对象。

服务内容则趋向于人本化、细致化和个性化。如开办全托班、婴儿班、早晚托班、临托班、早晚餐班，针对家长需求的咨询式服务，以家庭育儿、疾病预防等为内容开办的讲座、沙龙、俱乐部，免费为孩子出借雨具、书籍，备用应急衣裤，为体弱孩子提供特殊饮食及给予特别照顾，专车接送，上门照看孩子，解决家教疑难问题，等等。

服务方式更是向透明、开放、自主、多元化选择方向发展，如公开挑班、挂牌选老师、自愿参加特色班、自选不同的才艺项目、特殊儿童个案跟踪等就有较好的发展势头。

现代幼教新服务观不仅从上述这些目标、对象、内容、形式上得到较好的体现，也从日常保教的相互渗透中逐渐得到升华，这是一种教育与服务有机相融的最高境界，体现了保教中有服务、服务中有保教的新理念。

我们应该在深入挖掘本国丰富资源和深刻内涵的基础上，引进、容纳、消化和吸收其他幼教方法的优秀方面，不断地加以创新，在打造形成内涵丰富、富有格调的品牌形象的同时，也让我们的园所具有了文化品位，更具有了知名度和美誉度。

（2）蒙台梭利教育品牌的有效带动

高质量、高水平的品牌教育实践，有效地带动着幼儿教育科研及教学水平的提升和发展，拓展了我们国际视野，更给了我们一个最好证明：选择蒙台梭利教育法，也是成就品牌教育教学的最佳捷径。

蒙台梭利教育品牌的成功运用，是园所教育的名至所归，也是社会和家长的众望所系，更是品牌教育的前景所展。我们围绕建设特色教育的目标，积极打造具有特色的学前教育品牌，从而最大限度地满足社会对优质学前教育的需求。

我们知道，以往幼儿教学的编班形式一直是以年龄为依据的，而在蒙台梭利教学的开展中，我们依据蒙台梭利的 3～5 岁混龄编班教学，让人们看到了教育的勃勃生机。并利用园舍的自然环境、空气、阳光和水等自然因素，把幼儿的锻炼运动与建立健康的学习行为和健康的心理品质结合起来。让每个孩子在乐中活动、乐中学习、乐中生活，促进了孩子身心的和谐发展。混龄编班的创新，实现了孩子们合作分享的快乐。好局的开创，是提升品牌的必由之举。

开展以幼儿数学教育为载体的幼儿思维品质培养的实践与研究，在促进每一个孩子全面发展的基础上，培育孩子思维能力的发展。

日常生活，是数学教育取之不尽的源泉。大环境中的数学自有它的自发性与偶然性，虽然它的信息量很大，但幼儿所得到的经验是零散的。这就需要教师有敏锐的目光，用心挖掘日常教学中的契机，提供幼儿丰富多样的操作机会，使幼儿在轻松自然的状态下，积累简单的数学经验，习得正确的学习方法，促进其思维能力的发展。

倡导让孩子们快乐地玩、有效地学的教学理念，并由之推动着教师持续践行在游戏中融入自然教育的行动研究。我们的教学基本是通过教学游戏化，教师把教育意图隐含在教育行为中，把一个个教学目标设计成一个个活泼有趣的教学游戏，让孩子们在游戏中自主、快乐的有效学习，让整个游戏活动贯穿、融入蒙台梭利教学的自然教育之中。

让游戏渗透到幼儿生活的每一个角落，让孩子拥有自主学习的空间和环境。给孩子应该拥有的权利，这也是教育对孩子的尊重。

以美术教育研究为支点，积极探索幼儿发展的规律，为培养未来社会的高素质公民。幼儿教育必须智力先行，开发幼儿独特的美术教育。一支独特的画笔、一个废旧物品都可以通过加工、设计而变成游戏的工具，给孩子一份独特的经历和欢愉。让孩子按自己的意愿，发挥创造想象，自己动手美化生活空间。孩子在游戏中获得快乐和自信，老师在游戏中发现、促进孩子的成长。

创建、开发美术特色活动，实施全面的启蒙教育，从追求美、追求行为得当、追求和谐互爱开始，追求生活、追求人生，有品质的健康文明生活是品牌教育的最佳追求。

品牌教育服务，需要满足优质多元的到位服务。比如亲子、早教服务，它需要协同合作并引领家长掌握科学育儿知识，家园共同促进幼儿的健康和谐发展。因此，它需要创设丰富、温馨、童趣且具特色并体现家庭式、开放式、游戏化的教育环境。我们因之需要立足于指导、培训、服务与研究的多功能定位，探索具有综合性、多元化特点的科学教育服务内容，定期举办专家咨询讲座、亲子主题活动及早教指导服务，这些都是品牌教育必需的格局，也是最完美的格局。

第四节　蒙台梭利教育推广需我们携手努力

（1）心，随时代的脉搏跃动

社会的发展，时代的要求，指明了办园方向，党的十六届四中全会的决定指出，“要充分发挥教育和科技在现代化建设中的基础性、先导性、全局性作用。全面贯彻党的教育方针，培养德智体美全面发展的社会主义建设者和接班人”。

幼儿教育是现代化教育体系的有机组成部分，它关系着未来人才的培养，以及人口素质的提高，又为首都高质量普及九年义务教育奠定基础。随着教育改革的不断深入，我们农科院幼儿园以提高办园质量、提升办园水平为主线，认真贯彻《幼儿园教育指导纲要》，努力提升教师职工的业务水平，幼儿园工作的整体水平逐年提高。

为了适应 21 世纪人才培养的要求，满足儿童健康成长、全面发展的需求，我们坚持以儿童为本、教科研为先导，以管理为基础，以质量求生存，以改革促发展，创特色品牌，把幼儿园办成了具有浓厚民族教育氛围、让儿童充满自信、建立自尊、享受无限关爱的天堂。

（2）蒙台梭利教育美好未来的设想

为了提高孩子们在蒙台梭利班学习的兴趣，在每个主题开题之时，向家长发一份“家园连线”，向家长介绍这个主题的目标、主要内容和现阶段孩子的发展情况，同时听取家长对蒙台梭利班工作的意见、建议，并阐明希望家长配合的工作内容。一个主题的生成和实施，必然要具备一定的基础即大量的前期准备工作。

蒙台梭利班的老师平时都要谦虚地听取来自方方面面的意见和建议，大家庭成员也能献计献策。对于家长提出的好建议，要积极地采纳，对于家长不了解的地方，也要耐心解答，以取得家长的理解和支持。

在蒙台梭利园里的每个孩子的行为都会被关注，每个孩子的自信心都将受到保护，每个孩子的个性都会受到尊重，每个孩子的利益都会被维护。孩子们能够在这里愉快地生活，快乐地度过难忘的童年，作为这个大家庭中的教师来说，还有什么比这些更高兴的呢用爱心去温暖童心，用真心去对待工作，用真情去感化家长，用公心去对待所有的孩子。要做到这些确实不是一件容易的事，但只要我们共同努力、一起去做，一定会使我们的大家庭一天更比一天美好。

（3）携手蒙台梭利教育，共创明天

20 世纪中期，蒙台梭利教育就盛行于欧美各国，德国还兴起过“蒙台梭利运动”。世界上没一成不变的东西，我们不必把蒙台梭利教育神化，其他教学模式及教学理念中的合理成分同样可以被吸收运用，如德国教育家奥尔夫儿童音乐教育等。同时，教师必须在教学细节处理上灵活把握，充分发挥主观能动性，审慎和冷静地吸取、运用其优秀成分，不能简单地照搬照抄。把蒙台梭利教育本土化是教育发展的必然。

总的来说，是金子就会发光，阳光的灿烂总能穿过一切障碍物的空隙，而一缕缕地洒满大地、人间；带着蒙台梭利教育金色收获和教育梦想的探索者们，在幼儿教育这片热土上，翻开我们人生新的篇章，用蒙台梭利教育理念为幼教的明天注入新鲜的血液和创造的活力。蒙台梭利教育的推广需要我们在耕耘的同时，共同探讨、共同奋进，这是一项异常艰辛的任务，需要全社会的携手努力。

参考文献

[1] 蒙台梭利. 蒙台梭利的教育[M]. 宿文渊，编译. 北京：中国华侨出版社，2018.

[2] 蒙台梭利. 蒙台梭利早期教育法 2018 年新升级版[M]. 龙玫，译. 杭州：浙江工商大学出版社，2018.

[3] 威特，蒙台梭利，斯托. 卡尔•威特的教育　蒙台梭利的教育　斯托夫人的教育[M]. 南昌：江西美术出版社，2018.

[4] 吴晓丹. 蒙台梭利教育思想与方法第 2 版[M]. 上海：复旦大学出版社，2018.

[5] 安潇. 家里的蒙台梭利教室　Suki 和 Sula 的早教游戏笔记（0～3 岁）[M]. 长沙：湖南科学技术出版社，2018.

[6] 蒙台梭利. 蒙台梭利幼儿教育丛书　童年的秘密[M]. 单中惠，译. 济南：山东教育出版社，2018.

[7] 程玮. 蒙台梭利练习册[M]. 北京：西苑出版社，2018.

[8] 杨香香，李永霞. 蒙台梭利教育[M]. 长春：东北师范大学出版社，2018.

[9] 宋新宇. 蒙台梭利教育理论与实践[M]. 开封：河南大学出版社，2018.

[10] 克伯屈. 蒙台梭利教育考察报告[M]. 北京：北京师范大学出版社，2018.

[11] 李芳霞. 蒙台梭利教育理论与实践[M]. 北京：九州出版社，2018.

[12] 孔翠薇，郝维仁. 蒙台梭利教育思想与方法[M]. 长沙：湖南师范大学出版社，2018.

[13] 蒙台梭利. 蒙台梭利幼儿教育丛书　有吸收力的心理[M]. 单中惠，译. 济南：山东教育出版社，2018.

[14] 蒙台梭利. 蒙台梭利幼儿教育丛书　科学的幼儿教育方法[M]. 单中惠，译. 济南：山东教育出版社，2018.

[15] 黄静洁. 蒙台梭利手工游戏四季大探索[M]. 北京：中国妇女出版社，2018.

[16] 尹亚楠，吴永和. 蒙台梭利家庭方案书图书[M]. 杭州：浙江教育出版社，2018.

[17] 单中惠. 蒙台梭利幼儿教育经典名著导读[M]. 济南：山东教育出版社，2018.

[18] 傅晨，贾红梅，王丛丛．蒙台梭利数学教育教具操作[M]．济南：山东教育出版社，2018．

[19] 兰小茹．蒙台梭利主题活动“课程与设计”[M]．北京：科学技术文献出版社，2018．

[20] 黄静洁．蒙台梭利手工游戏节日大发现[M]．北京：中国妇女出版社，2018．

[21] 傅晨，董吉贺，王丛丛．蒙台梭利幼儿教育丛书　蒙台梭利感官训练教具操作[M]．济南：山东教育出版社，2018．

[22] 单中惠．蒙台梭利幼儿教育丛书　蒙台梭利科学文化教具操作[M]．济南：山东教育出版社，2018．

[23] 傅晨，王玉华，王丛丛．蒙台梭利幼儿教育丛书　蒙台梭利实际生活练习教具操作[M]．济南：山东教育出版社，2018．

[24] 蒙台梭利．蒙台梭利幼儿教育丛书　为了新世界的教育/童年的教育[M]．济南：山东教育出版社，2018．

[25] 崔钟雷．蒙台梭利学习能力全培养生活能力（0～6 岁）[M]．哈尔滨：哈尔滨出版社，2018．